全国高职高专"十二五"规划教材

动物解剖生理

孟 婷　尹洛蓉　主编

中国林业出版社

内 容 简 介

本教材共分为13个项目，包括动物体的基本结构识别、运动系统解剖生理特征观察、消化系统解剖生理特征观察、呼吸系统解剖生理特征观察、泌尿系统解剖生理特征观察、生殖系统解剖生理特征观察、循环系统解剖生理特征观察、免疫系统解剖生理特征观察、神经系统解剖生理特征观察、内分泌系统解剖生理特征观察、被皮系统和感觉器官解剖生理特征观察、常用生理指标的测定和家禽解剖生理特征观察。本教材主要通过项目的形式展现动物体各组织、器官正常的形态、结构、位置和功能及相互间的关系和发生发展规律。为了巩固掌握所学知识，在每个项目的后面均附有练习与思考，旨在加深、巩固学员对所学知识的理解。

本教材适用于高职高专畜牧兽医等相关专业，也可作为基层畜牧兽医工作人员的自学教材和参考书。

图书在版编目（CIP）数据

动物解剖生理／孟婷，尹洛蓉主编.—北京：中国林业出版社，2015.5（2019.12重印）
全国高职高专"十二五"规划教材
ISBN 978-7-5038-7964-7

Ⅰ.①动⋯　Ⅱ.①孟⋯　②尹⋯　Ⅲ.①动物解剖学-高等职业教育-教材②动物学-生物学-高等职业教育-教材　Ⅳ.①Q954.5　②Q4

中国版本图书馆CIP数据核字（2015）第080923号

中国林业出版社·教育出版分社

责任编辑：高红岩
电话：83143554　　　传真：83143516

出版发行	中国林业出版社（100009　北京市西城区德内大街刘海胡同7号） E-mail:jiaocaipublic@163.com　电话：(010)83143500 http://lycb.forestry.gov.cn
经　销	新华书店
印　刷	中农印务有限公司
版　次	2015年5月第1版
印　次	2019年12月第4次印刷
开　本	787mm×1092mm　1/16
印　张	13.75（其中：彩色2.75）
字　数	330千字
定　价	45.00元

未经许可，不得以任何方式复制或抄袭本书之部分或全部内容。

版权所有　侵权必究

《动物解剖生理》编写人员

主　编　孟　婷　尹洛蓉

副主编　张步彩　丁小丽　程　汉

编　者（按拼音排序）
　　　　　程　汉（江苏农牧科技职业学院）
　　　　　丁小丽（江苏农牧科技职业学院）
　　　　　高月秀（江苏农牧科技职业学院）
　　　　　李志杰（山东畜牧兽医职业学院）
　　　　　刘　芳（上海新农饲料股份有限公司）
　　　　　刘　莉（江苏农牧科技职业学院）
　　　　　刘庆新（江苏农林职业技术学院）
　　　　　孟　婷（江苏农牧科技职业学院）
　　　　　冉林武（宁夏医科大学）
　　　　　杨　璐（成都农业科技职业学院）
　　　　　尹洛蓉（成都农业科技职业学院）
　　　　　张步彩（江苏农牧科技职业学院）

主　审　蒋春茂（江苏农牧科技职业学院）
　　　　　左伟勇（江苏农牧科技职业学院）

前 言

本教材是畜牧兽医类专业的一门重要专业基础课教材，编写中始终遵循职业教育"以能力为本位，以岗位为目标"的原则，淡化学科体系，重视能力培养。

本教材主要包括动物体重要的解剖构造及其生理功能。为了淡化与主要生理功能关系不大的解剖构造，降低学习难度，使之更加适合职业岗位教学要求，本教材改变了以往的章节编排方式，以项目化教材形式编排。教师可以根据学校具体情况以及学生专业、岗位需求选取不同的教学方式和教学内容。本教材共分13个项目，每个项目根据岗位技能需求分设不同的学习任务，教师可以根据专业岗位的需求选择学习全部或部分项目。与以往教材除了改为项目化编写形式外，全部选用原色图谱作为插图，更形象、更直观的体现解剖生理知识，更方便教师的教和学生的学。

本教材内容以项目化形式进行编排，旨在加强培养学生的团队协作精神和动手能力。通过本教材的学习，学生在获得基层动物疫病防治人员、防疫检疫人员、养殖场饲养管理人员应具备的解剖生理方面的基本知识和基本技能的同时，团队协作能力、集体荣誉感将大大加强，为继续学习畜牧兽医专业课程打下坚实的基础。

本教材的另一个重要特色是采用了原色图谱作为插图，更形象、更直观地体现解剖生理知识，更方便学生的学习。以往的教学为了加深学生对解剖生理的直观理解，一般另附一本辅助教材或多媒体课件中采用原色图谱，本教材直接插入原色图谱，既加深了学生对知识的理解，也减少了学生购买辅助教材的学习成本。

本教材由全国5所高等农牧院校有多年从事动物解剖生理教学一线的10位教师、1名行业技术人员参加编写。其中，尹洛蓉编写项目一，杨璐编写项目二，孟婷编写项目三、项目四，李志杰编写项目五，刘庆新编写项目六，程汉编写项目七，张步彩编写项目八，丁小丽编写项目九，冉林武编写项目十，刘莉编写项目十一，刘芳编写项目十二，高月秀编写项目十三。江苏农牧科技职业学院解剖生理教学资深教师蒋春茂教授和左伟勇博士担任主审。本教材还引用了国内外同行已发表的论文、著作，谨向他们表示最诚挚的感谢！

本教材除了作为高职高专学生的专业教材外，也可作为基层畜牧兽医工作人员的自学教材或参考书。

由于编者水平有限，教材中难免有缺点和错误，诚恳希望广大师生和同行批评指正。

编 者
2015年3月

目 录

前言

项目一 动物体的基本结构识别 1
    任务一 细胞形态、结构的图片识别 5
    任务二 显微镜构造、使用和保养方法 5
    任务三 四大基本组织的观察 7
    基础知识 9
        1.1 动物细胞 9
        1.2 基本组织 15
        1.3 器官、系统和有机体的概念 20
        1.4 解剖学常用方位术语 20
    练习与思考 21

项目二 运动系统解剖生理特征观察 23
    任务一 运动系统解剖结构图片识别 27
    任务二 动物体全身骨骼标本识别 27
    任务三 动物体全身肌肉标本识别 28
    基础知识 29
        2.1 骨 29
        2.2 骨连结 34
        2.3 肌肉 37
    练习与思考 41

项目三 消化系统解剖生理特征观察 43
    任务一 消化系统解剖结构图片识别 47
    任务二 消化系统解剖标本识别 47
    任务三 胃肠运动的观察 47
    任务四 小肠吸收与渗透压的关系观察 48
    基础知识 49
        3.1 内脏的概念 49
        3.2 内脏的构造 49

3.3　腹腔、骨盆腔与腹膜 ……………………………………………………………… 50
  3.4　腹腔分区 ………………………………………………………………………… 50
  3.5　消化和吸收 ……………………………………………………………………… 50
 练习与思考 ……………………………………………………………………………… 70

项目四　呼吸系统解剖生理特征观察 ………………………………………………… 71

 任务一　呼吸系统解剖结构图片识别 ………………………………………………… 75
 任务二　呼吸系统解剖结构标本识别 ………………………………………………… 75
 任务三　胸内压测定及其呼吸运动的调节 …………………………………………… 76
 基础知识 ………………………………………………………………………………… 77
  4.1　呼吸系统的组成 ………………………………………………………………… 77
  4.2　呼吸生理 ………………………………………………………………………… 80
 练习与思考 ……………………………………………………………………………… 83

项目五　泌尿系统解剖生理特征观察 ………………………………………………… 85

 任务一　泌尿系统解剖结构图片识别 ………………………………………………… 89
 任务二　泌尿系统解剖标本识别 ……………………………………………………… 89
 任务三　尿分泌的观察 ………………………………………………………………… 89
 基础知识 ………………………………………………………………………………… 90
  5.1　泌尿系统的组成 ………………………………………………………………… 91
  5.2　泌尿生理 ………………………………………………………………………… 93
 练习与思考 ……………………………………………………………………………… 95

项目六　生殖系统解剖生理特征观察 ………………………………………………… 97

 任务一　生殖系统解剖结构图片识别 ………………………………………………… 101
 任务二　生殖器官解剖标本识别 ……………………………………………………… 101
 基础知识 ………………………………………………………………………………… 101
  6.1　雄性生殖器官 …………………………………………………………………… 102
  6.2　雌性生殖器官 …………………………………………………………………… 104
  6.3　生殖生理 ………………………………………………………………………… 106
  6.4　乳腺与泌乳 ……………………………………………………………………… 111
 练习与思考 ……………………………………………………………………………… 112

项目七　循环系统解剖生理特征观察 ………………………………………………… 115

 任务一　循环系统解剖结构图片识别 ………………………………………………… 119
 任务二　循环系统解剖结构的标本观察 ……………………………………………… 119
 任务三　离体蛙心灌流 ………………………………………………………………… 120
 任务四　血液在血管中运行的观察 …………………………………………………… 121
 基础知识 ………………………………………………………………………………… 122

  7.1 心脏 ·· 122
  7.2 血管 ·· 123
  7.3 心脏的生理功能 ·· 125
  7.4 血管生理 ·· 126
  7.5 血液 ·· 127
 练习与思考 ··· 131

项目八 免疫系统解剖生理特征观察 ··· 133
 任务一 免疫系统解剖结构图片识别 ··· 137
 任务二 免疫器官解剖结构标本识别 ··· 137
 基础知识
  8.1 淋巴 ·· 138
  8.2 淋巴管 ·· 138
  8.3 免疫器官 ·· 139
  8.4 免疫组织 ·· 141
  8.5 免疫细胞 ·· 141
 练习与思考 ··· 141

项目九 神经系统解剖生理特征观察 ··· 143
 任务一 神经系统解剖结构图片识别 ··· 147
 任务二 神经系统解剖结构标本识别 ··· 147
 任务三 脊蛙反射与反射弧的分析 ·· 148
 基础知识
  9.1 概述 ·· 149
  9.2 中枢神经系统 ··· 150
  9.3 周围神经系统 ··· 154
  9.4 神经生理 ·· 158
 练习与思考 ··· 165

项目十 内分泌系统解剖生理特征观察 ····································· 167
 基础知识 ·· 169
  10.1 内分泌系统概述 ··· 169
  10.2 脑垂体及其功能 ··· 169
  10.3 甲状腺及其功能 ··· 170
  10.4 甲状旁腺的位置、形态和功能 ································ 171
  10.5 肾上腺及其功能 ··· 171
  10.6 胰岛激素的功能 ··· 172
  10.7 性激素的作用 ·· 173
 练习与思考 ··· 173

项目十一　被皮系统和感觉器官解剖生理特征观察 … 175
任务一　被皮系统和感觉器官解剖结构的图片识别 … 177
任务二　被皮系统和感觉器官解剖结构的标本观察 … 177
基础知识 … 178
11.1　皮肤 … 178
11.2　皮肤的衍生物 … 179
11.3　眼 … 181
11.4　听觉和位觉器官 … 183
练习与思考 … 185

项目十二　常用生理指标的测定 … 187
基础知识 … 188
12.1　体温及其波动 … 189
12.2　体温相对恒定的意义 … 190
12.3　机体的产热和散热过程 … 190
12.4　体温调节 … 193
练习与思考 … 195

项目十三　家禽解剖生理特征观察 … 197
任务一　家禽的解剖结构图片识别 … 201
任务二　家禽的解剖结构标本识别 … 201
基础知识 … 202
13.1　被皮系统 … 202
13.2　运动系统 … 203
13.3　呼吸系统 … 204
13.4　消化系统 … 205
13.5　循环系统和淋巴系统 … 207
13.6　泌尿系统 … 208
13.7　生殖系统 … 208
练习与思考 … 209

参考文献 … 210

项目一
动物体的基本结构识别

图 1-1
细胞的超微结构模式图

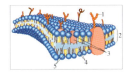
图 1-2
细胞膜结构模式图

图 1-3
变移上皮

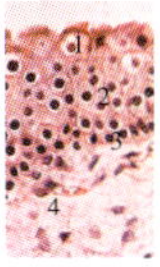

图 1-4
动物细胞的形态

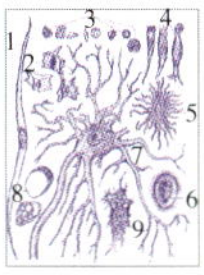

图 1-5
单层扁平上皮

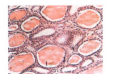
图 1-6
单层立方上皮

图 1-7
单层柱状上皮

图 1-8
假复层柱状纤毛上皮

图 1-9 复层扁平上皮

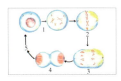
图 1-10 细胞分裂过程

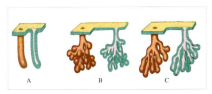
图 1-11 腺体

图 1-12
动物体的三个基本切面

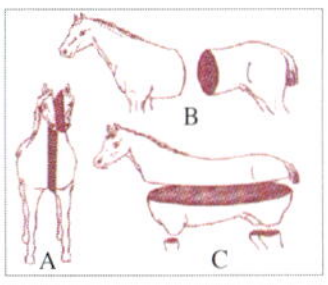

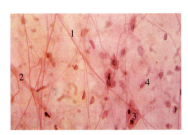
图 1-13 疏松结缔组织

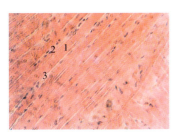
图 1-14 骨骼肌

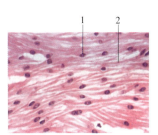
图 1-15 平滑肌

动物解剖生理

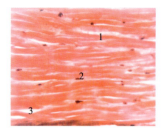

图 1-16 心肌

图 1-17 神经细胞模式图

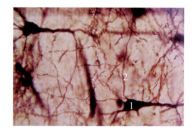

图 1-18 神经组织

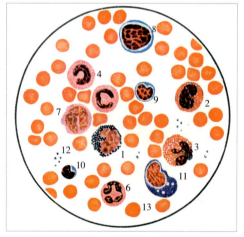

图 1-19 猪血涂片

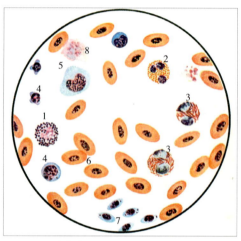

图 1-20 鸡血涂片

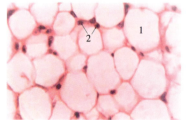

图 1-21 脂肪组织

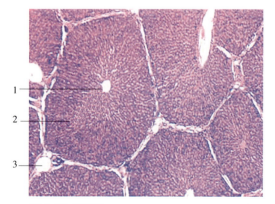

图 1-22 肝组织

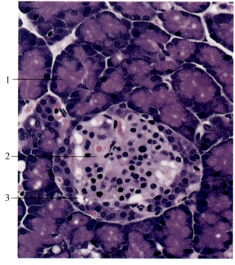

图 1-23 胰腺

项目一　动物体的基本结构识别

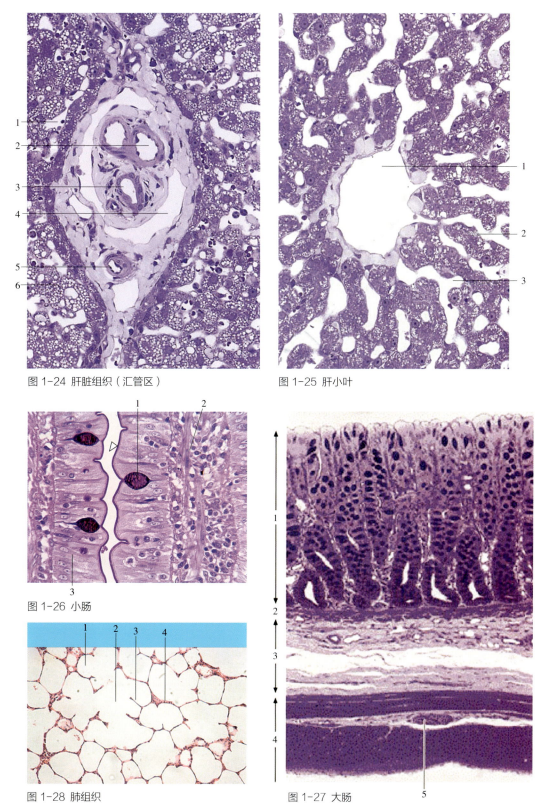

图 1-24　肝脏组织（汇管区）

图 1-25　肝小叶

图 1-26　小肠

图 1-28　肺组织

图 1-27　大肠

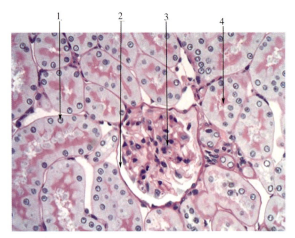

图 1-28 肾组织

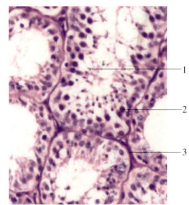

图 1-29 睾丸组织

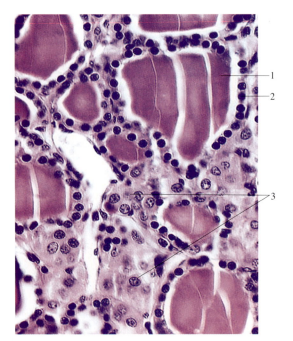

图 1-30 甲状腺

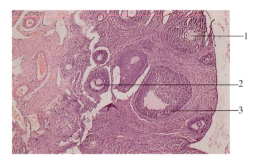

图 1-31 卵巢组织

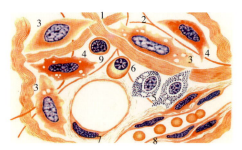

图 1-32 牛皮下疏松结缔组织

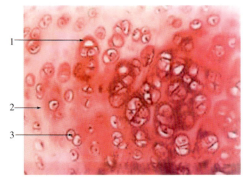

图 1-33 软骨组织

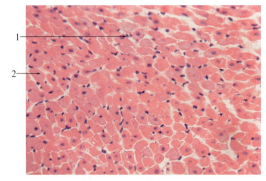

图 1-34 心肌（横切面）

任务一　细胞形态、结构的图片识别

【任务说明】

将学员随机分成小组，各小组在教师规定时间内利用后面的"基础知识"或网络找出本项目解剖结构图片中标号所代表的解剖名称并使每位组员熟记。实施过程中组员经过讨论也不能解决的问题可以请教老师。教师可以根据学习对象以及课时量选用不同的图片。

【任务内容】

每位成员均能独立说出标号所代表的解剖结构名称及其生理特点。

【考核要求】

各小组任务完成后由教师随机抽取1～2名成员介绍图片中标号所代表的名称，被抽取成员的成绩计入小组所有成员的平时成绩。

任务二　显微镜构造、使用和保养方法

【目的要求】

认识显微镜的一般构造，初步学会其使用和保养方法。用鸡血涂片观察，掌握动物细胞的一般结构。

【任务材料】

显微镜、鸡血涂片(瑞氏染色)。

【方法步骤】

1. 显微镜的一般构造

生物显微镜的种类很多，但其构造均分为机械和光学两大部分。如右图所示。

（1）机械部分

①镜座　一般呈马蹄形，直接与工作台面接触。

②镜柱　直接与镜座连接，与镜座一起支撑和稳定整个镜体。

③镜臂　呈弓形，移动时握持显微镜用。

④活动关节　由镜臂和镜柱构成，可使镜臂倾斜。

⑤镜筒　是目镜与转换器之间的金属筒。

⑥粗调节器　简称粗调，旋转它可使物镜与标本迅速拉开或接近。

⑦细调节器　简称细调，旋转它可使物镜与标本之间的距离缓慢变动，以便将观察

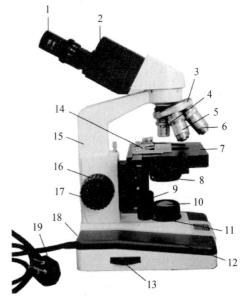

显微镜构造图

1.目镜　2.镜筒　3.转换器　4.低倍物镜　5.高位物镜　6.油镜　7.载物台光圈　8.集光器　9.前后推进螺旋　10.光镜　11.左右推进螺旋　12.镜座　13.滤光器调节螺旋　14.推进器　15.镜臂　16.粗调节器活动关节　17.细调节器　18.电源开关　19.电源线插头

物调至最清楚状态。旋转一周可使镜筒升降0.1mm。

⑧载物台 放标本的平台,中央有一个圆形的通光孔。

⑨推进器 旋转其旋扭,可前后、左右移动标本。

⑩压钳 用于固定标本玻片。

⑪转换器 在镜筒的前下部,上装各种倍数的物镜,可作转换物镜用。

⑫集光器升降螺旋 可使集光器升降,以调节光线强弱。

(2)光学部分

①接目镜 简称目镜,安装在镜筒上端,其数字表示放大倍数。有5×、8×、10×、16×等。

②接物镜 简称物镜,是显微镜最贵重的部分,安装在转换器上,分为低倍镜、高倍镜和油镜3种。低倍镜有4×、10×、20×、25×,高倍镜有40×、45×,油镜有90×、100×。显微镜的放大倍数等于目镜的倍数乘以物镜的倍数。例如,目镜为10倍,物镜为40倍,显微镜的放大倍数即为10×40 = 400倍。

③聚光器 又称集光器,位于载物台的下面,由聚光镜和光圈组成。聚光镜有聚集光线的作用,光圈由许多金属片组成,旁边有一调节手柄,移动手柄可使光圈开大或缩小,以调节光的亮度。

④滤光器 位于集光器下方,用于放置滤光玻片,以调节视野中光线的色彩。

⑤反光镜 在聚光器的下方,一面为平面,一面为凹面。自然光一般用平面镜,人工光需用凹面镜。用平面镜时若光线较暗,或将外界景物(如窗格、树叶)映入视野中,可改用凹面镜。

2. 显微镜的使用方法

(1)取放

右手握镜臂,左手托镜座,轻放于实验台上,距实验台边缘约一手掌宽(约10cm)。

(2)对光

将低倍镜旋至镜筒正下方,距载物台约1cm。完全打开光圈,提升聚光器至载物台的通光孔,一边用左眼观看,一边用手拨动反光镜,直至看到一个光线均匀的乳白色亮圈为止。观看时胸部挺直,左眼看时右眼同时睁开。

(3)放置标本片

将标本片置于载物台上,用压钳固定,注意标本片正面朝上,并不得将标本片置于压钳上面而与载物台之间留有间隙。

(4)观看物象

转动粗调,使低倍镜距标本片约0.5cm,一边观看,一边缓慢调节粗调,使得镜筒上升,出现物象时再调节细调节器,直至物象清晰为止。注意镜筒下降应缓慢,下降时应将头偏向一侧,观看物镜下降程度,以防物镜压碎标本片,损伤物镜镜头,特别是在用高倍镜或油镜观察时更要小心。低倍镜观看后,如要更细致地观看某一局部,可改用高倍镜。用转换器将高倍镜旋至镜筒正下方,若看到模糊的物像,可用细调调节,直至清晰为止。有些显微镜在转换高倍镜时,必须先转动粗调,使镜筒上升,转换高倍镜后,再转动粗调使之下降,使物镜接近标本片,然后,缓慢调节粗调,使镜筒上升,出现物像时再用细调节器调节至清晰为止。组织学标本多半在高倍镜下即可辨认。如需用油镜，应先用高倍镜观察，把欲观察的部位置于视野的中央，然后移开高倍镜，在标本片上滴1滴香柏油，转换油镜，使油镜头接触油面，缓慢调节粗调，使镜头接触油滴，再用细调调节至视野中物像最清晰为止。观看物像可简单地概括为"先低后高，先降后升，先粗后细"。需要注意的是，在电光源显微镜中，其镜筒是固定不动的，而是利用载物台的上下移动来调节物镜与标本片之间的距离。

3. 显微镜的保养方法

（1）显微镜使用后，取下标本片，将物镜呈"八"字叉开，下降镜筒，竖立反光镜，下降聚光器，关闭光圈，装入箱内。

（2）显微镜的光学部分应用擦镜纸擦净，不可用手擦或口吹。

（3）不得随意拆卸显微镜的零件，不要粗暴地旋转粗、细调节器和其他螺旋。活动关节不要随意弯曲。

（4）显微镜应保存在清洁、干燥的地方，保存处最好要有除湿设备。不能与酸、碱或其他腐蚀性药品接触。也不要放置于日光下或靠近热源处。

4. 鸡红细胞的观察

低倍镜：选择涂片最薄处，分辨出红细胞和白细胞，然后转换高倍镜观察红细胞。

高倍镜：红细胞呈卵圆形，中央有一染色呈深蓝色的卵圆形细胞核，细胞核与细胞膜之间是细胞质，呈粉红色。

【考核要求】

各小组任务完成后由教师随机抽取1~2名成员考核本任务所学内容，被抽取成员的成绩计入小组所有成员的平时成绩。

任务三　四大基本组织的观察

【目的要求】

要求每位组员认识基本组织的形态结构特点，进一步熟练掌握显微镜的使用方法。

【任务材料】

显微镜、擦镜纸、甲状腺或肾脏切片（HE染色）、小肠切片（HE染色）、皮下疏松结缔组织铺片（HE染色）。平滑肌纵切片或分离装片（HE染色）、骨骼肌切片（HE染色）、心肌切片（HE染色）、脊髓切片（Cajal氏镀银法）、血涂片（瑞氏染色）。

【方法步骤】

1. 单层立方上皮（甲状腺）

低倍镜下可见甲状腺实质由圆形或椭圆形的腺泡组成，腺泡内有大量类胶质。高倍镜下可见腺泡壁的上皮为单层立方上皮，细胞的高与宽大致相等，核呈圆形，位于正中央，呈蓝紫色或紫红色。

2. 单层柱状上皮（小肠）

低倍镜下可见整个小肠壁由四层膜构成。黏膜层的绒毛呈手指状，横切的绒毛为圆形，绒毛表面的上皮即为单层柱状上皮。高倍镜下可见细胞紧密排列，柱状上皮细胞的高大于宽，核呈椭圆形，蓝紫色或紫红色，位于细胞的基底部。细胞顶端有一层粉红色的纹状缘。在柱状上皮细胞之间，有散在的杯状细胞存在。

3. 皮下疏松结缔组织

低倍镜下可见粗细不等、交错成网的纤维和散在其中的细胞。高倍镜下可见胶原纤维为粉红色粗细不等的索状结构，数量较多，交叉排列，有的较直，有的呈波浪形。弹性纤维较细，呈紫蓝色或紫红色，有分支，断端常出现卷曲。成纤维细胞数量多，靠近胶原纤维，轮廓不明显，细胞核椭圆形，染色较浅，核仁比较清楚，细胞质一般看不见。组织细胞轮廓清楚，呈圆形、卵圆形或棱形，细胞核较小，染色较深，细胞质内有大小不等的蓝色颗粒。

4. 单层扁平上皮（腹膜铺片）

注意观察扁平上皮细胞的形态、排列和细胞核的位置。

5. 假复层柱状纤毛上皮（气管横切切片）

注意观察细胞的层次和下端的基膜。

6. 复层扁平上皮和致密结缔组织（皮肤切片）

注意观察表皮各层细胞的形状和排列。真皮层内有成束的胶原纤维，彼此交织成致密的网，细胞成分少。

7. 网状组织（淋巴结镀银染色切片）

用高倍镜观看淋巴结，可见交织成网的棕黑色纤维，即网状纤维，以及附着在网状纤维上的网状细胞，它们的突起互相吻合。

8. 平滑肌

低倍镜下可见成片状的平滑肌层，有时边缘常见个别的平滑肌纤维。高倍镜下可见长棱形的肌细胞，两端尖，中央粗，细胞核位于中央，卵圆形，呈紫蓝色。

9. 骨骼肌

低倍镜下可见纵断面肌纤维呈带状，横断面呈不规则的多角形，肌纤维间均由结缔组织填充。高倍镜下可见肌纤维边缘有许多卵圆形的核，肌原纤维纵向排列。肌纤维的横纹很明显，染色深的为暗带，染色浅的为明带。

10. 神经元

低倍镜下可见脊髓腹角内有许多大小形态不同的呈棕褐色的神经细胞，选择一个突起较多而又含细胞核的神经元用高倍镜观察。高倍镜下可见神经元细胞核大而圆，呈淡黄色，有的呈空泡状，中央有一个深色的圆点状核仁，细胞体及突起内有棕褐色的神经元纤维，从细胞体四周发出许多突起。

11. 心肌

低倍镜下可见纵断面为分支的带状，横断面为多角形。高倍镜下可见心肌纤维彼此分支吻合成网状，可见胞核呈卵圆形位于纤维的中央，肌浆丰富，色浅染，有横纹但不如骨骼肌明显。

12. 血细胞

用高倍镜或油镜观察血涂片。

①红细胞 为无核、红色的圆形小体，数量多。因它是双凹盘形，所以中央染色较边

缘淡。

②中性粒细胞　细胞质内含有淡红色微细颗粒，胞核有2～5个分叶。

③嗜酸白细胞　细胞质内有深红色大而圆的颗粒，胞核通常分为2～3个叶。

④嗜碱白细胞　细胞质内有粗细不等的紫蓝色颗粒，胞核分叶不明显。

⑤淋巴细胞　细胞核呈圆形、椭圆形、蚕豆形，蓝紫色，细胞质较少，呈淡蓝色。

⑥单核细胞　是白细胞中最大的一种，细胞质约占细胞的1/2，核较大，呈圆形、椭圆形、肾形、马蹄形。

⑦血小板　体积最小，常聚集成团，形态不规则，内含紫色颗粒，无核。

【考核要求】

各小组任务完成后由教师随机抽取1～2名成员考核本任务所学内容，被抽取成员的成绩计入小组所有成员的平时成绩。

基础知识

动物体的基本结构包括细胞和基本组织。细胞是生物体结构与功能的基本单位。组织由一些形态相同或类似、功能相同的细胞群构成，每种组织完成一定的功能。动物体由具有很多不同形态和不同功能的组织构成。按照其特点可分为四大类基本组织：上皮组织、结缔组织、肌肉组织和神经组织。

1.1　动物细胞

1.1.1　概念

细胞是动物机体结构与机能的基本单位。一般比较微小，需要用显微镜才能看见。动物体的细胞由细胞膜、细胞质（包括各种细胞器）和细胞核构成。细胞的共同特征有：在形态结构方面，一般细胞都具有细胞膜、细胞质（包括各种细胞器）和细胞核的结构。少数单细胞有机体不具核膜（核物质存在于细胞质中的一定区域），称为原核细胞，如细菌、蓝藻。具核膜的细胞有真正的细胞核，称为真核细胞。细胞的功能有：①能够利用能量和转变能量。例如，细胞能将化学键能转变为热能和机械能等，以维持细胞各种生命活动。②具有生物合成的能力，能把小分子的简单物质合成大分子的复杂物质，如合成蛋白质、核酸等。③具有自我复制和分裂繁殖的能力，如遗传物质的复制，通过细胞分裂将细胞的特性遗传给下一代细胞。此外，还具有协调细胞机体整体生命的能力等。

1.1.2　动物细胞的结构

动物细胞的基本结构包括细胞膜、细胞质、细胞核。

1.1.2.1　细胞膜

细胞膜是包围在细胞表面、具有一定通透性的生物膜。生物膜由两层类脂分子和嵌入其中的蛋白质组成。每个类脂分子的一端为亲水极，另一端为疏水极。膜中的蛋白质有的镶嵌在双层类脂之间，称为嵌入蛋白质；有的附在类脂双层分子的内外表面，称为表在蛋白质或外周蛋白质。嵌入的蛋白质可以在液态的类脂双层中做一定程度的运动。细胞能够有选择地吸收和排出一些物质，接受某些刺激，进行催化反应等，与这些蛋白质有较大关系。细胞质中细胞器的膜结构与细胞膜相似，故又称为单位膜。细胞膜具有保持细胞形态结构完整、保护细胞内含物、进行物质交换等功能。

(1) 细胞膜的结构

①化学成分　细胞膜主要由蛋白质和脂类构成，此外还有少量糖类。

②电镜结构　细胞膜是包在细胞质表面的一层薄膜，又称质膜，总厚度7~10nm。电镜下，可见有3层结构：内、外两层电子致密度高，深暗；中间一层电子致密度低，明亮。各层厚约2.5nm，具有这样3层结构的膜称为"单位膜"。单位膜不仅存在于细胞膜，而且也存在于细胞内某些细胞器的膜结构即细胞内膜中。细胞膜和细胞内膜统称为生物膜。细胞内凡具有单位膜的结构统称为"膜相结构"。细胞内的膜性细胞器包括线粒体、内质网、高尔基复合体、溶酶体、微体等。

③分子结构　目前公认的细胞膜结构是"液态镶嵌模型"学说。细胞膜的分子结构是由两层脂类分子(主要是磷脂分子)和镶嵌其中的蛋白质分子构成。位于膜的内外表面的磷脂分子端为亲水极，位于膜中央的另一端为疏水极。蛋白质分子分布于膜的内外表面形成膜周边蛋白(也称膜外在蛋白)和膜内在蛋白(也称整合膜蛋白)；蛋白质分子嵌入磷脂双分子结构中，称跨膜蛋白。前者附于膜的内侧面，能收缩，与细胞的变形运动、吞噬和分裂功能有关；而跨膜蛋白构成物质转运的载体和接受刺激的受体，具有个体特异性的抗原，与能量、信息的传递和细胞的免疫功能有关。

在细胞膜的外表面，糖分子可与蛋白质分子或脂质分子相结合，形成糖链。糖链常突出于细胞膜的外表面形成致密丛状的糖衣，叫作细胞衣，具有黏附、支持、保护和物质交换等作用。

(2) 细胞膜的功能

细胞膜有重要的生理功能，它既能使细胞维持稳定代谢的胞内环境，又能调节和选择物质进出细胞。细胞膜通过胞饮作用、吞噬作用或胞吐作用吸收、消化和转运细胞膜内外的物质。在细胞识别、信号传递、纤维素合成和微纤丝的组装等方面，质膜也发挥重要作用。

①界膜作用　细胞膜的基本作用是作为细胞的分界，维持细胞的形态结构的完整；构成细胞的屏障，维护细胞内环境的相对稳定；与细胞的识别、粘连和运动以及能量、信息的传递有关，对细胞的生长、分裂和分化都是至关重要的。

②物质转运作用　细胞膜具有选择性通透性，可通过单纯扩散、易化扩散、主动运输以及胞吞和胞吐作用完成细胞内外的物质交换。

- 单纯扩散：又叫自由扩散，指小分子由高浓度区向低浓度区的自行穿膜运输，属于最简单的一种物质运输方式，不需要消耗细胞的代谢能量，也不需要专一的载体。

- 易化扩散：指离子和水溶性小分子物质在细胞膜特殊蛋白质的帮助下，顺电化学梯度进行跨膜转运的过程。一种是依靠膜上通道蛋白转运的易化扩散，另一种是依靠膜上载体蛋白转运的易化扩散。易化扩散是被动扩散的一种。

- 主动运输：是指物质逆浓度梯度，在载体的协助下，在能量的作用下运进或运出细胞膜的过程。Na^+、K^+和Ca^{2+}等离子，都不能自由地通过磷脂双分子层，它们从低浓度一侧运输到高浓度一侧，需要载体蛋白的协助，同时还需要消耗细胞内化学反应所释放的能量。

• 胞吞作用：也称入胞作用或内吞作用，质膜凹陷将所摄取的液体或颗粒物质包裹，逐渐成泡，脂双层融合、箍断，形成细胞内的独立小泡。动物的许多细胞均靠胞吞作用摄取物质。胞吞作用是主动运输的一种，需要消耗能量，根据所摄物质物理性质不同把胞吞作用分为胞饮和吞噬两类。

胞饮：是指物质吸附在质膜上，然后通过膜的内折而转移到细胞内摄取物质及液体的过程。胞饮作用是细胞吸收水分、矿物质元素和其他物质的方式之一。胞饮作用是非选择性吸收，它在吸收水分的同时，把水分中的物质一起吸收进来，如各种盐类和大分子物质甚至病毒。

吞噬：是生物体最古老的特征，也是最基本的防卫机制之一。吞噬主要指浆细胞和颗粒细胞将体内异物和侵入的病原体摄进细胞质内并消化的过程。

1.1.2.2 细胞质

细胞质是位于细胞膜与细胞核之间，生活状态下呈半透明的胶状物质，故又称为细胞浆或胞浆。细胞质由基质、细胞器及内含物组成。基质的成分是蛋白质、糖、无机盐和水等。细胞器悬浮于基质中，动物细胞中已发现的细胞器有"一网、五体、三微"，即内质网，线粒体、中心体、核蛋白体、高尔基复合体和溶酶体，微体、微管和微丝。

(1) 内质网

内质网是由膜形成的一些小管、小囊和膜层（扁平的囊）构成的。普遍存在于动植物细胞中（哺乳动物的红细胞除外），形状差异较大，在不同类的细胞中，其形状、排列、数量、分布不同，即使在同种细胞，不同发育时期也不同。但在各类型的成熟细胞内，内质网有一定的形态特征。根据内质网形态的不同可分为几种，主要的是粗面内质网及滑面内质网。粗面内质网的表面附有颗粒，这些颗粒叫作核蛋白体或称核糖体。核蛋白体由2个亚单位构成，它们相互吻合构成直径约20nm的完整单位。核蛋白体含有丰富的核糖核酸和蛋白质，是蛋白质合成的主要部位。滑面内质网的特点是膜上无颗粒，膜系常呈管状，小管彼此连接成网。这两种内质网可认为是一个系统，因为它们在一个细胞内常是彼此连接的，而且粗面内质网又与核膜相连。粗面内质网不仅能在其核蛋白体上合成蛋白质，而且也参加蛋白质的修饰、加工和运输。滑面内质网与脂类物质的合成、与糖原和其他糖类的代谢有关，也参与细胞内的物质运输。整个内质网提供了大量的膜表面，有利于酶的分布和细胞的生命活动。

(2) 线粒体

除了成熟的红细胞外，所有细胞都有线粒体。在光学显微镜下，线粒体呈颗粒状或粗线状；在电子显微镜下，线粒体表面是由双层膜构成的。内膜向内形成一些隔，称为线粒体嵴。在线粒体内有丰富的酶系。线粒体是细胞呼吸的中心，它是有机体产生能量的一个主要机构，它能将营养物质（如葡萄糖、脂肪酸、氨基酸等）氧化产生能量，贮存在ATP（腺苷三磷酸）的高能磷酸键上，供给细胞其他生理活动的需要，因此有人说线粒体是细胞的"动力工厂"。根据对线粒体机能的了解，近些年来试验用"线粒体互补法"进行育种工作,即将两个亲本的线粒体从细胞中分离出来并加以混合,如果测出混合后呼吸率比两亲本的都高,证明杂交后代的杂种优势强,应用这种育种方法,能增强育种工作的预见性,缩短育种年限。

(3) 中心体

中心体由1~2个中心粒组成,位于细胞中央近核处,它在细胞分裂时形成纺锤体,与细胞有丝分裂有关。这种细胞器的位置是固定的,具有极性的结构。在间期细胞中,经固定、染色后所显示的中心粒仅仅是1个或2个小颗粒。而在电子显微镜下观察,中心粒是一个柱状体,长度为0.3~0.5μm,直径约为0.15μm,它是由9组小管状的亚单位组成的,每个亚单位一般由3个微管构成。这些管的排列方向与柱状体的纵轴平行。中心粒通常是成对存在,2个中心粒的位置常成直角。中心粒在有丝分裂时有重要作用。

(4) 核蛋白体

核蛋白体也称核糖体,是细胞内合成蛋白质的重要细胞器。它是由核糖核酸和蛋白质构成的致密小体,存在于各种细胞中,在光学显微镜下有的均匀分布于细胞质中,称游离核蛋白体,其合成的蛋白质主要供细胞本身生长发育需要;有的附着在内质网表面,形成粗面内质网,称附着核蛋白体,主要合成分泌蛋白。因此,分化程度低的细胞或蛋白质合成旺盛的细胞内核蛋白体含量较多。

(5) 高尔基复合体

高尔基复合体又称高尔基器、高尔基体,分布在细胞核附近。在电子显微镜下,高尔基器也是一种膜结构。它是由一些表面光滑的大扁囊(或称网内池)和小囊构成的。几个大扁囊平行重叠在一起,小囊分散于大扁囊的周围。高尔基器参与细胞分泌过程,将内质网核蛋白体上合成的多种蛋白质进行加工、分类和包装,或再加上高尔基器合成的糖类物质形成糖蛋白转运出细胞,供细胞外使用,同时也将加工分类后的蛋白质及由内质网合成的一部分脂类加工后,按类分送到细胞的特定部位。高尔基器也进行糖的生物合成。

(6) 溶酶体

溶酶体在光学显微镜下一般不易见到,能分解消化进入细胞内的异物、细菌和自身已失去功能的细胞器,因此,是细胞内重要的"消化器官"。溶酶体是一些颗粒状结构,大小一般在0.25~0.8μm,界于光学显微镜的分辨范围。表面围有一单层膜(一个单位膜),其大小、形态有很大变化。其中含有多种水解酶,因此称为溶酶体(就是能消化或溶解物质的小体)。目前已鉴定出60多种水解酶,特征性的酶是酸性磷酸酶。这些酶能把一些大分子(如蛋白质、核酸、多糖、脂类等大分子)分解为较小的分子,供细胞内的物质合成或供线粒体的氧化需要。溶酶体主要有溶解和消化的作用。它对排除生活机体内的死亡细胞、排除异物保护机体,以及胚胎形成和发育都有重要作用。溶酶体对病理研究也有重要意义。例如,当细胞突然缺乏氧气或受某种毒素作用时,溶酶体膜可在细胞内破裂,释放出酶,消化了细胞本身,同时也向细胞外扩散损伤其他结构。又如,过量的维生素A可使溶酶体膜破裂,造成自发性骨折等。根据上述对溶酶体作用的了解,可以考虑以药物来控制溶酶体膜的破裂。例如,对溶酶体膜有稳定作用的药物,可在临危条件下,用来保护细胞;或对膜有特异性削弱作用的药物,可以用来清除不需要的甚至是对机体有害的细胞(如癌细胞等)。已制成人工溶酶体,它在试管中的作用与在机体内的作用相同。

项目一 动物体的基本结构识别

(7) 微体

微体又称过氧化体，其作用与细胞内物质的氧化分解有关。线粒体是一些线状、小杆状或颗粒状的结构。

(8) 微丝、微管

微丝、微管参与细胞支架形成，对细胞器起支架作用，在不同的细胞内可参与运动、物质运输等。微管在细胞有丝分裂时形成纺锤体。

1.1.2.3 细胞核

细胞核是细胞的重要组成部分，蕴藏着遗传信息，控制着细胞的代谢、分化和繁殖等活动。缺乏细胞核，正常的生命活动就不能进行。细胞核一般位于细胞中央，也有偏于一侧的。其体积一般为细胞体积的1/4～1/3。家畜体内除成熟的红细胞外，所有细胞都有细胞核。多数细胞是1个核，肝细胞有2个核，骨骼肌细胞有几百个核。

(1) 核膜

核膜是包于细胞核外的薄膜，在电子显微镜下此膜为双层，膜上有核孔。核孔是细胞核与细胞质之间进行物质交换的通道。

(2) 核仁

核仁是细胞核内的球形小体，通常1个或多个。核仁主要参与核糖核酸的合成。

(3) 核质

核质由核液和染色质组成。核液为无结构的胶状物质，主要是水、蛋白质、无机盐等。染色质在细胞间期呈颗粒状或块状，化学成分主要是脱氧核糖核酸(DNA)和蛋白质。

当细胞进行有丝分裂时，染色质变粗、变短，形成一定数目和形状的染色体。每种动物都有其特定的染色体数目和形态，如猪的染色体有19对，牛30对，马32对，驴31对，绵羊27对，山羊30对，狗39对，兔22对，鸡39对，鸭40对。其中的一对为性染色体，起决定下一代性别的作用，其余的则称为常染色体。染色体中的DNA贮藏着大量遗传信息，控制着细胞的分化、机体的形态发育和代谢特点，决定子代细胞的遗传性状。

1.1.3 一些典型的动物细胞形态

细胞是生物体进行生命活动的基本单位。动物体的细胞形态多样，有圆形、椭圆形、方形、柱形、扁平形、梭形及星形等。形态的多样性与细胞的功能特点和分布位置有关。例如，在血液中流动的血细胞多呈球形；接受刺激并传导冲动的神经细胞呈星状；能收缩的肌细胞则呈长梭形或纤维状；腱细胞呈不规则形；骨细胞为扁椭圆形多突起的细胞；软骨细胞椭圆形无突起；成纤维细胞呈梭形或扁的星状，具有突起，核大；脂肪细胞中央有一大脂滴，胞质呈薄层，位于细胞周缘，包绕脂滴。

细胞的大小相差悬殊较大，大的如鸵鸟的卵细胞，直径可达10cm；小的如能独立生活的支原体，细胞只有0.1～0.3μm，只有在显微镜下才能看到。

1.1.4 细胞的生命活动

1.1.4.1 新陈代谢

每一个活细胞，在维持其生命活动过程中，必须不断从外界摄取营养物质，合成自身需要的物质，称为同化作用；另外，细胞内原有物质不断发生分解，放出能量供自身生命活动需要，同时排出废物，称为异化作用。两者的对立统一就是新陈代谢。

1.1.4.2 感应性(兴奋性)

细胞受到外界刺激，会产生不同的反应，以适应环境的变化。细胞这种对外界环境刺激作出应答性反应的能力，称感应性或兴奋性，如神经细胞受刺激后会产生兴奋和传导冲动，肌细胞受刺激会收缩，腺细胞受刺激可分泌腺液等。

1.1.4.3 运动

细胞在各种环境条件下，能表现出不同的运动形式，如白细胞的变形运动、肌细胞的收缩运动和呼吸道上皮细胞的纤毛运动等。

1.1.4.4 生长与繁殖

动物体的生长、发育、创伤的修复和细胞的更新，都是通过细胞的繁殖来实现的。细胞繁殖通过细胞分裂的方式进行，主要有3种类型：无丝分裂、有丝分裂和减数分裂。

(1) 无丝分裂

无丝分裂常见于低等生物，是一种比较简单的分裂方式。当细胞分裂开始时，首先核仁一分为二，接着细胞核分成两半，最后细胞质分成两部分，形成两个细胞。

(2) 有丝分裂

有丝分裂是动物体细胞繁殖的主要方式，其过程较复杂，整个过程是连续的，为了研究和叙述方便，人为地将其分裂过程划分为以下几个时期：

①分裂间期　指这次分裂结束到下次分裂开始的一段时间。分裂间期细胞并没有静止，而是贮备能量和分裂时所需要的酶，进行DNA的合成和复制，为进入分裂期做准备。细胞分裂间期可出现3种情况：一是不再继续分裂，二是暂不继续分裂，三是继续分裂。这与动物体所处生长发育时期及细胞所处的状态和功能等有关。

②分裂期　有丝分裂过程划分为前期、中期、后期和末期。

前期：细胞染色体开始纵裂，分成两条染色单体，但在着丝点处相连。与此同时，核仁、核膜消失，细胞内的两个中心体向两极移动，并伸出放射状丝芒，形成星体。分向两极的中心体之间有许多细丝相连，称纺锤体。

中期：染色体移至纺锤体中部并排列在赤道板上，中心体已接近两极，从中伸出的纺锤体与染色体上的着丝点处相连，借此向两极牵引。

后期：染色体的着丝点分开，各自形成染色单体，并在纺锤体的牵引下向两极移动。与此同时，细胞膜在细胞中部出现缢缩。

末期：纺锤体消失，染色体到达两极，重新形成染色质，核仁、核膜重新出现，细胞膜进一步缢缩，将细胞质分开，最后形成2个子细胞。

(3) 减数分裂

减数分裂是生物细胞中染色体数目减半的分裂方式。性细胞分裂时，染色体只复制1次，细胞连续分裂2次，染色体数目减半的一种特殊分裂方式。减数分裂不仅是保证物种染色体数目稳定的机制，同且也是物种适应环境变化不断进化的机制。

1.1.4.5 分化、凋亡和坏死

（1）细胞的分化

细胞的分化指胚胎细胞或分化细胞转变为各种形态、功能不同的细胞过程。例如，早期的胚胎细胞形态结构基本相似，随着胚胎进一步生长发育，出现了形态结构和生理功能完全不同的细胞。这种由相同到不同、由共性到个性的演变过程就是细胞的分化。

（2）细胞的凋亡和细胞坏死

细胞的凋亡和细胞坏死是多细胞生物细胞死亡的两种方式。细胞凋亡是指细胞在一定的生理或病理条件下，遵循自身的程序，自己结束自己生命的过程，最后细胞脱落离体或裂解为若干凋亡小体，被其他细胞吞噬或自溶解体，随排泄物排出体外，体表死亡的细胞则自行脱落。细胞凋亡是细胞发生、发展过程中的必然规律。细胞坏死则发生于急性、非生理性的损伤。急性坏死细胞在形态学、生化代谢、分子机制、结构和意义方面与细胞凋亡有本质的区别，例如，细胞凋亡时，机体不会表现出炎症，其所在组织有修复性反应。

1.2 基本组织

一些起源相同、形态和功能相似的细胞和细胞间质结合在一起，构成组织。动物体内的基本组织可分为四大类：上皮组织、结缔组织、肌肉组织和神经组织。

1.2.1 上皮组织

1.2.1.1 上皮组织的分布、功能和结构特点

（1）分布

上皮组织在体内分布很广，一般覆盖在动物体的外表面和体内的腔、管、囊、窦等内表面，此外，还分布在腺体和感觉器官内。

（2）功能

上皮组织主要对机体起保护作用，具有吸收、排泄、分泌及感觉等功能。

（3）结构特点

上皮细胞成层分布，并紧密排列成膜状，细胞之间被少量细胞间质黏合。面向体表或内腔的、不与任何组织相连的一面称为游离面；另一面与结缔组织相连，称为基底面。游离面上往往有一些适应功能活动的特殊结构，如气管上皮的纤毛、小肠上皮的纹状缘等。基底面与相连的结缔组织之间有一薄层基膜，由上皮组织和结缔组织两者的细胞间质共同构成。上皮组织缺乏血管和淋巴管，其代谢主要靠基膜的渗透作用来实现。上皮组织内有丰富的感觉神经末梢，对刺激非常敏感。

1.2.1.2 上皮组织的分类

根据上皮组织的功能和形态结构的特点，将其分为被覆上皮、腺上皮、感觉上皮和生殖上皮4类。

（1）被覆上皮

被覆上皮是上皮组织中分布最广的一类上皮，根据其细胞排列层数和形态的不同可分为单层上皮和复层上皮。

①单层上皮　由一层上皮细胞构成。根据细胞的形态又分为单层扁平上皮、单层立方

上皮、单层柱状上皮和假复层柱状纤毛上皮。

单层扁平上皮：细胞呈扁平不规则多边形，单层排列为膜状，细胞核呈扁圆形，位于细胞中央。根据所处位置的不同，单层扁平上皮分为间皮和内皮。间皮被覆于胸膜、腹膜、心包膜和某些脏器表面，光滑而湿润，可减少内脏器官运动时的摩擦；内皮衬在心脏、血管和淋巴管内表面，薄而光滑，有利于血液、淋巴的流动和内外物质交换。另外，单层扁平上皮也分布在肺泡壁、肾小囊壁和髓袢降支等处。

单层立方上皮：细胞呈六面形矮柱状，长宽高几乎相等，细胞核大而圆，位于细胞中央。多分布于腺体排泄管、肾小管和甲状腺腺泡等处，其功能随不同器官而异。

单层柱状上皮：细胞呈多面形高柱状，核卵圆形，靠近细胞基部。多分布在胃、肠黏膜的表面，有保护、分泌和吸收的作用。

假复层柱状纤毛上皮：由一层高矮和形状不同的3种上皮细胞构成。这3种细胞分别呈高柱状、梭状、锥状，三者互相夹杂排列在同一基膜上，只有高柱状细胞才能到达上皮游离面，其游离面上有纤毛。由于细胞核分布在不同水平面上，看起来很像复层上皮，实际是单层，故称假复层柱状纤毛上皮。其主要分布在呼吸道、输精管及猪、反刍动物的输卵管等处。其功能是有助于分泌物的排出。

②复层上皮　由两层以上的上皮细胞构成。仅基底层细胞位于基膜上。动物机体中常见的复层上皮有复层扁平上皮和变移上皮。

复层扁平上皮：细胞层数较多，表层细胞呈扁平形，中间层细胞呈多角形且较大，深层细胞呈立方形或矮柱状。主要分布在皮肤、口腔、食管、阴道、尿道外口和角膜等处，修复能力强，耐摩擦，起保护作用。

变移上皮：由数层不规则的立方形和梨形细胞排列而成。其特点是上皮细胞的层数和细胞的形态随器官的收缩或扩张而改变。主要分布在泌尿系统的肾盂、肾盏、输尿管和膀胱等处。

(2) 腺上皮

腺上皮是由具有分泌功能的细胞构成的上皮组织。腺上皮细胞多排列成团状、索状、泡状或管状，有的也单个分散存在，如杯状细胞，或少量散在分布，如睾丸间质细胞。腺上皮分泌物有激素、酶、黏液、乳汁、汗液及胃液等。以腺上皮为主所构成的器官称为腺体。根据其形状分为单管状腺、复泡状腺、复管泡状腺；腺体根据是否有导管又分为外分泌腺和内分泌腺。外分泌腺又称有管腺，有乳腺、汗腺、唾液腺及胃腺等。内分泌腺又称无管腺，有甲状腺、肾上腺、脑垂体等。

(3) 感觉上皮

感觉上皮又称神经上皮，是具有特殊感觉功能的上皮，其游离面往往有纤毛，另一端与感觉神经纤维相连。分布在舌、鼻、眼、耳等感觉器官内，具有味觉、嗅觉、视觉及听觉等功能。

(4) 生殖上皮

生殖上皮分布于雄性动物的睾丸和雌性动物的卵巢，内部含有原始的生殖细胞，比一般的体腔上皮厚。

1.2.2 结缔组织

1.2.2.1 结缔组织的分布、功能和结构特点

①分布　结缔组织是动物体内分布最广、形态结构最多样化的一类组织。

②功能　其功能主要有连接、填充、支持、保护、营养、修复和运输等作用。

③结构特点　它是由少量的细胞和大量的细胞间质组成，细胞种类多，细胞分散在细胞间质中。细胞间质由纤维和基质所组成。

1.2.2.2 结缔组织的分类

根据结缔组织的形态结构和功能的不同，将其分为疏松结缔组织、致密结缔组织、脂肪组织、网状组织、软骨组织、骨组织、血液和淋巴。

(1) 疏松结缔组织

疏松结缔组织又称为蜂窝组织，是一种白色而带黏性的疏松柔软组织，细胞数量较少，细胞种类很多，形态不固定。多位于皮下、浆膜和器官之间，并随血管、神经、淋巴管伸入器官内部，具有支持、填充、连接、防御、贮存和保护等作用。疏松结缔组织由细胞、纤维和基质3部分组成。

①细胞　疏松结缔组织中有成纤维细胞、巨噬细胞、肥大细胞和浆细胞等。

成纤维细胞：在光学显微镜下呈多突起的扁平星状，细胞核呈椭圆形，染色淡，核仁不明显。它可产生纤维和基质。

巨噬细胞：巨噬细胞又称为组织细胞，在光学显微镜下呈圆形。细胞内有大量的溶酶体，可吞噬异物、细菌及衰老的细胞器。

肥大细胞：在光学显微镜下呈球形或卵圆形，细胞核呈豆状，位于中央，染色较淡，常被胞质中的大量碱性颗粒所掩盖。碱性颗粒中含有肝素和组织胺。

浆细胞：在光学显微镜下细胞呈椭圆形，细胞核位于细胞的一端，核内染色质呈块状，沿核膜作辐射状排列，状如车轮。浆细胞多存在于胃肠道固有膜内，其主要功能是产生抗体，因此在机体免疫活动中起重要作用。

②纤维　疏松结缔组织中的纤维有胶原纤维、弹性纤维和网状纤维3种。

胶原纤维：用伊红染色，胶原纤维呈红色，在光学显微镜下成束排列，纤维较粗，呈波浪状。胶原纤维新鲜时呈白色，煮之可成动物胶，易被胃蛋白酶所分解，有较强的韧性。

弹性纤维：弹性纤维用伊红染色，呈紫红色，在光学显微镜下单独存在，纤维较细，常卷曲而有分支，富有弹性。新鲜时略呈黄色，不为胃蛋白酶所分解，煮之不会变成胶。

网状纤维：伊红染色不易着色，不易分辨，但用银染色法很容易染成黑色，又称为嗜银纤维。网状纤维细短而分支较多，常相互交织成网，在疏松结缔组织中数量较少。

③基质　基质含量多，为无色透明胶体，主要成分是透明质酸。细胞和纤维分散于基质中。

(2) 致密结缔组织

致密结缔组织由大量的紧密排列的纤维和少量细胞及基质构成，形态固定。纤维排列不规则的，相互交织，构成坚固的纤维膜，如真皮、骨膜、软骨膜和巩膜等；纤维排列规

则的，其方向一致，具有较强的韧性和抗牵引力，如肌腱、韧带等。

(3) 脂肪组织

脂肪组织由大量的脂肪细胞聚集在疏松结缔组织内构成。细胞质内含有大量脂肪滴。主要分布在皮下、大网膜、肠系膜、腹膜、肾周围和心外膜等处。脂肪组织能贮存脂肪并参与能量代谢，对机体有支持、保护和维持体温作用。

(4) 网状组织

网状组织由网状纤维、网状细胞和基质组成，为脾、骨髓、淋巴结和胸腺等器官的基本支架。网状细胞呈星状，多突起，连接成网，核大，核仁明显，细胞质丰富。其功能可能与免疫反应有关。

(5) 软骨组织

软骨组织由少量的软骨细胞和大量的纤维和基质构成。根据纤维性质和数量不同，又可分为透明软骨、纤维软骨和弹性软骨。

透明软骨：主要分布在成年动物骨的关节面、肋软骨、鼻中隔软骨、喉、气管和支气管处。

纤维软骨：主要分布在椎间盘、半月板、耻骨联合处。

弹性软骨：主要分布在耳郭、会厌、咽鼓管处。

(6) 骨组织

骨组织由骨细胞、纤维和基质构成，其最大特点是大量钙盐沉积在纤维和基质中，使骨组织具有坚硬性。它与软骨组织一起，构成动物体的支架，具有支持和保护作用。

(7) 血液和淋巴液

血液和淋巴液由细胞(各种血细胞)和细胞间质(血浆和淋巴液)组成。

1.2.3 肌肉组织

肌肉组织主要由肌细胞组成。肌细胞一般呈纤维状，故又叫作肌纤维。其细胞质中含有许多肌原纤维，因此，肌细胞的细胞质也称为肌浆。肌细胞具有收缩与舒张能力，机体的各种动作，如躯体运动、消化管蠕动、心脏跳动等都是靠肌细胞的收缩与舒张实现的。根据肌细胞的形态结构、分布和功能特点，肌组织可分为3种。

(1) 骨骼肌

骨骼肌由骨骼肌纤维组成。肌纤维呈圆柱状，多核，细胞质中的肌原纤维有横纹，故又称横纹肌。由于其多附于骨骼上得名骨骼肌。骨骼肌收缩强而有力，但不持久，易疲劳，可受意识支配，故又称为随意肌。

(2) 平滑肌

平滑肌由平滑肌纤维组成。肌纤维呈长梭形，细胞核位于肌纤维中央，呈杆状。细胞质中的肌原纤维平滑，没有横纹，故称为平滑肌。平滑肌不受意识支配，属于不随意肌，其收缩力弱而缓慢，但持久，不易疲劳。主要分布在消化、呼吸、泌尿等内脏器官壁和血管壁内。

(3) 心肌

心肌由心肌纤维组成。肌纤维为短圆柱状，有分支并互相连接成网状。肌原纤维有横纹，但不明显。每个肌纤维有1~2个卵圆形核，位于肌纤维中央。心肌是心脏特有的肌肉，收缩力强而持久，因不受意识支配，故属不随意肌。

1.2.4 神经组织

神经组织主要由神经细胞和神经胶质细胞组成，神经细胞又称为神经元。神经组织在体内广泛分布，构成脑、脊髓和周围神经等。周围神经末端伸入器官组织内，构成神经末梢。

1.2.4.1 神经元

（1）神经元的形态结构、功能

神经元由胞体和突起两部分构成。胞体包括细胞膜、细胞核及细胞质。突起从胞体伸出，分为2种：一种是树枝状的短突，有多个，称为树突；另一种是细而长的单突，称为轴突。树突能接受刺激，把冲动传导给胞体，轴突能把细胞体发出的冲动传给另一个神经元，或者传至某一器官或组织。神经元的主要功能是接受刺激和传导神经冲动。

（2）神经元的分类

神经元可按神经细胞突起数目多少和功能进行划分。

按神经细胞突起数目可划分为假单极神经元、双极神经元和多极神经元。

按功能可划分为感觉神经元、运动神经元和联络神经元。

①感觉神经元　又称为传入神经元。它能感受内外环境的刺激并转变为神经冲动，进而将冲动传至脑和脊髓，使机体产生各种感觉。感觉神经元的胞体位于周围神经系统中，如脊神经节内。

②运动神经元　又称为传出神经元。它能把中枢的神经冲动传至肌肉和腺体等效应器，引起肌纤维收缩或腺体分泌。运动神经元主要分布于脑和脊髓。

③联络神经元　能把感觉神经元和运动神经元联络起来。联络神经元位于脑、脊髓等中枢神经的灰质内。

（3）神经纤维

神经元的长突起，称神经纤维。其典型结构是以轴突为中轴，外边包有髓鞘和薄的神经膜。其中，具有髓鞘的称为有髓神经纤维，如脑、脊神经纤维，自主神经（植物性神经）的节前纤维；没有髓鞘的称无髓神经纤维，如自主神经的节后纤维。神经纤维的功能是传导神经冲动。神经冲动的传导是在轴膜上进行的。一般来说，轴索粗、髓鞘厚的神经纤维传导速度快，而无髓鞘的神经纤维传导速度慢。

1.2.4.2 神经胶质细胞

神经胶质细胞是不具有兴奋传导功能的一种辅助细胞，此种细胞数量多（如少突胶质细胞、小胶质细胞、被囊细胞），夹杂在神经细胞（神经元）中，具有很多突起，但无树突和轴突之分。突起相互交织成网，围绕着神经细胞，对神经细胞起支持、营养和保护作用。

1.3 器官、系统和有机体的概念

1.3.1 器官

器官由几种不同组织按一定规律有机地结合在一起，在体内占有一定位置，具有一定的形态结构，并执行一定功能，如胃、肠、肾等。器官分为两大类：管状器官（中空性器官）与实质性器官。管状器官是指内部有较大空隙的器官，如食管、胃、肠、气管、膀胱及血管等。其基本结构是内表面有一层上皮，周围是结缔组织和肌组织。肌组织一般是平滑肌。肌组织夹在结缔组织之间，为层状结构。

实质性器官是指内部没有大腔的器官，如肝、脾、肺及肌肉等。它们的基本结构分两部分：一是实质，指直接代表这个器官主要功能特征的某一组织，如肌肉的实质是肌肉组织，脑的实质是神经组织；二是间质，指器官内的辅助成分，一般由结缔组织构成，是血管、神经通过的地方，对实质有支持和营养作用。

1.3.2 系统

若干个形态结构不同，而功能上密切相关的器官联合起来，彼此分工合作，共同完成体内某一方面的生理功能，这些器官就构成一个系统。例如，口腔、咽、食管、胃、肠、肛门及消化腺等器官共同完成对食物的消化、吸收，称为消化系统。

动物体由一系列不同的系统所组成，它们分别是运动系统、被皮系统、消化系统、呼吸系统、泌尿系统、心血管系统、淋巴系统、生殖系统、内分泌系统、神经系统等。

1.3.3 有机体

有机体也称为生物体，是由许多系统构成的统一有机整体。动物体中所有器官系统都不能脱离整体而单独活动，各部分之间是相互依存、相互影响、彼此分工而又相互联系的，同时，有机体与周围环境必须经常地保持平衡。这一切通过神经调节和体液调节来实现。

神经调节是指神经系统对动物有机体各部分功能活动进行协调。例如，强光下眼的瞳孔会缩小；食物进入口腔会引起唾液分泌；蚊虫叮咬时动物体会摆动尾毛驱赶等现象，都是神经系统通过感觉器官反馈至神经中枢，再指挥相应的部位作出反应的结果。

体液调节是指激素和某些其他化学物质，通过体液循环，对动物体各部分的功能活动起到调节作用。体液调节的特点是作用缓慢，持续时间较长，作用范围较广。

1.4 解剖学常用方位术语

1.4.1 3个基本切面

（1）矢状面

矢状面与动物体长轴平行，同时又与地面垂直的切面。又可分为正中矢面和侧矢面，正中矢面只有一个，经过动物的正中线，将动物分为左右对称的两部分；侧矢面位于正中矢面侧方，侧矢面有无数个。

（2）额面（水平面）

额面与地面平行，与矢状面垂直，将动物体分为背、腹两个不对称部分的切面。

（3）横切面（冠状面）

横切面与矢状面、额面垂直，将动物体分为前、后两个部分的切面。

1.4.2 方位术语

（1）用于躯干的术语

内侧：靠近正中矢状面的一侧；

外侧：远离正中矢状面的一侧；

背侧：位于额面上方；

腹侧：位于额面下方；

头侧：近头端的一侧；

尾侧：近尾端的一侧。

（2）用于四肢的术语

近端：离躯干近的部分；

远端：离躯干远的部分；

背侧：指四肢的前面；

掌侧：指前肢的后面；

跖侧：指后肢的后面。

>>> 练习与思考

1. 细胞的共同特征是什么？
2. 四大类基本组织的主要特征及其最主要的机能是什么？
3. 细胞膜的基本结构及其最基本的功能是什么？
4. 细胞质各重要成分（如内质网、高尔基器、线粒体、溶酶体、中心粒等）的结构特点及其主要机能是什么？
5. 细胞核包括哪些部分？各部分的结构特点及其主要机能是什么？
6. 有丝分裂一般分为几个时期，各期的主要特点是什么？
7. 减数分裂与有丝分裂有何区别？
8. 试述器官、系统的基本概念。

项目二
运动系统解剖生理特征观察

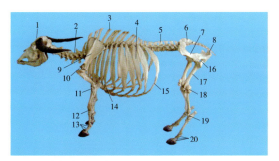

图2-1 牛的全身骨骼

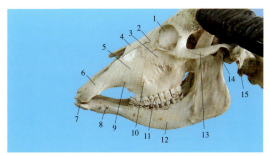

图2-2 牛的头骨侧面观

图2-3 骨的结构

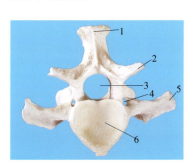

图2-4 第三颈椎后侧观

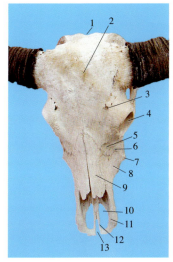

图2-5 头骨顶面观

图2-6 头骨腹侧观

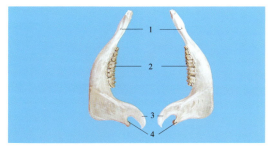

图2-7 下颌骨外侧观

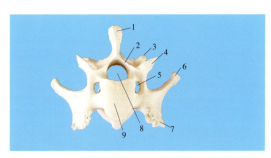

图2-8 第三颈椎前面观

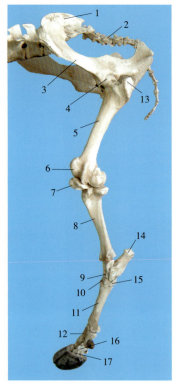

图 2-9 后肢骨

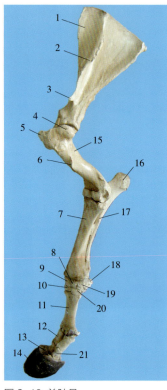

图 2-10 前肢骨

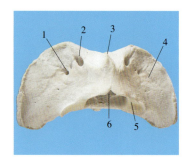

图 2-11 寰椎背侧观

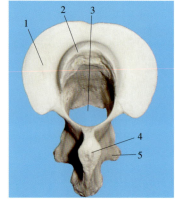

图 2-12 枢椎前侧观

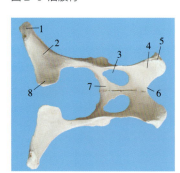

图 2-13 牛髋骨背侧观

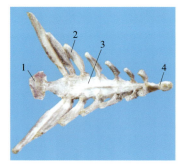

图 2-14 胸骨

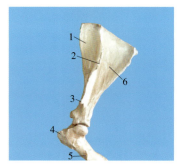

图 2-15 肩关节

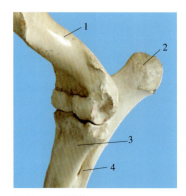

图 2-16 肘关节

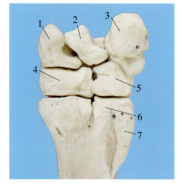

图 2-17 腕骨关节掌侧观

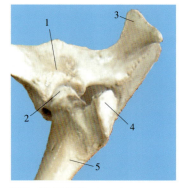

图 2-18 髋关节

项目二　运动系统解剖生理特征观察

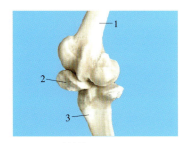
图 2-19　膝关节

图 2-20　跗关节侧面观

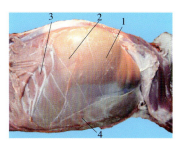
图 2-21　羊腹壁肌深层肌肉

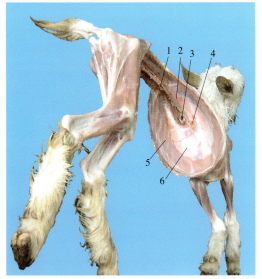
图 2-22　羊的膈肌

图 2-23　牛前肢外侧肌肉

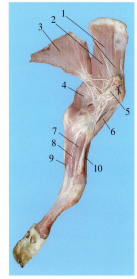
图 2-24　牛前肢内侧肌肉

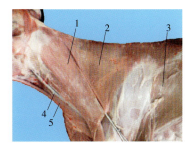
图 2-25　牛肩带肌（浅层）

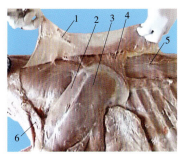
图 2-26　牛肩带肌（深层）

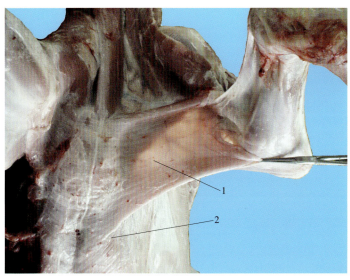
图 2-27　牛胸肌

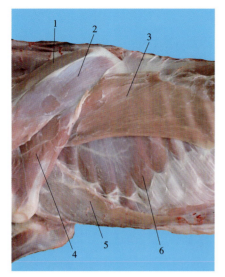

图 2-28 牛前肢及前胸肌肉

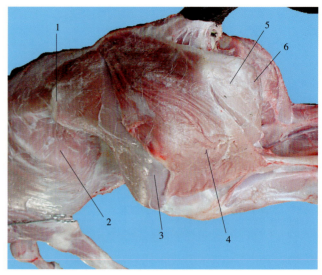

图 2-29 牛臀股部浅层肌

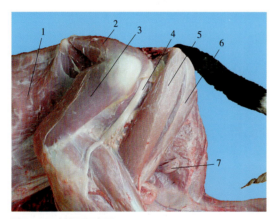

图 2-30 牛臀股深部肌

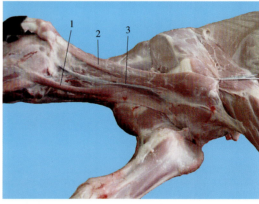

图 2-31 牛颈部肌

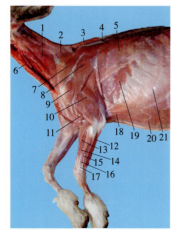

图 2-32 羊前驱浅层肌肉

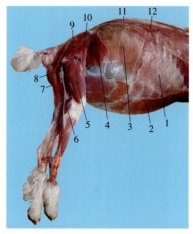

图 2-33 羊后躯浅层肌肉

项目二　运动系统解剖生理特征观察

任务一　运动系统解剖结构图片识别

【任务说明】

将学员随机分成小组，各小组在教师规定时间内利用后面的"基础知识"或网络找出本项目解剖结构图片中标号所代表的解剖名称并使每位组员熟记。实施过程中组员经过讨论也不能解决的问题可以请教老师。教师可以根据学习对象以及课时量选用不同的图片。

【任务内容】

每位成员均能独立说出标号所代表的解剖结构名称及其生理特点。

【考核要求】

各小组任务完成后由教师随机抽取1~2名成员介绍图片中标号所代表的名称，被抽取成员的成绩计入小组所有成员的平时成绩。

任务二　动物体全身骨骼标本识别

【目的要求】

通过观察，掌握骨的一般结构，熟悉牛全身各骨和关节的名称及重要的骨性标志；认识关节的基本结构。

【任务材料】

牛的全身骨骼标本、新鲜长骨纵剖面标本、关节标本。牛全身骨骼挂图。

【方法步骤】

1. 骨的结构观察

骨膜呈粉红色，覆盖在骨的表面（关节面没有）。

骨质分骨密质和骨松质两种。前者分布在骨的外层，致密而坚硬；后者分布在骨的内部，疏松而呈蜂窝状。

骨髓是存在于骨髓腔内和骨松质间隙内的柔软组织。呈红色的称为红骨髓，老龄动物的骨髓呈黄色，称为黄骨髓。

2. 关节的结构观察

关节面是两骨互相接触的光滑面，其中一个凸面叫关节头，一个凹面叫关节窝。关节面上覆盖一层透明软骨。

关节囊是围绕在关节周围的结缔组织囊，外为纤维层，内为滑膜层。

关节腔是关节面与关节囊之间的空隙，内有少量滑液。

3. 全身骨骼的观察

(1) 头骨

头骨分颅骨和面骨。颅骨需认识枕骨（注意枕骨大孔）、顶骨、额骨、颞骨、筛骨和蝶骨。面骨需认识鼻骨、上颌骨（注意齿槽、眶下孔、面结节）、切齿骨、泪骨、颧骨、腭骨和下颌骨(注意齿槽、下颌间隙和下颌血管切迹)。

(2)躯干骨

躯干骨分为脊柱、肋和胸骨。脊柱观察应注意各段椎骨的数目和基本形态(椎体、椎弓、突起)。认识鬐甲部的棘突、腰椎横突、椎管及椎间孔；认识真肋、假肋、肋弓、肋间隙、肋骨和肋软骨；认识胸骨柄、剑状软骨、胸骨片以及胸廓的形态、结构。

(3)前肢骨骼

前肢骨自上而下包括肩胛骨、肱骨、前臂骨(桡骨和尺骨)、腕骨、掌骨、近籽骨、系骨、冠骨、远籽骨和蹄骨。注意这些骨的形态位置及与其他骨的关系。前肢关节自上而下是肩关节、肘关节、腕关节、系关节、冠关节和蹄关节。注意这些关节的结构及运动类型。

(4)后肢骨骼

后肢骨自上而下包括髋骨、股骨、膝盖骨、小腿骨(胫骨、腓骨)、跗骨、跖骨、近籽骨、系骨、冠骨、远籽骨和蹄骨。认识大转子和跟结节。髋骨由髂骨、耻骨、坐骨组成。注意认识髋臼、髋结节、荐结节、坐骨结节、坐骨弓和骨盆联合。后肢关节自上而下是荐髂关节、髋关节、膝关节、跗关节、系关节、冠关节和蹄关节。注意这些关节的结构和运动类型。

【考核要求】

以小组为单位考核，要求每位组员都能指认牛全身骨骼的名称及骨骼的典型特征。随机抽取小组成员指认标本上的主要器官并介绍其解剖生理特征，考核成绩作为全组成员的成绩。

任务三　动物体全身肌肉标本识别

【任务内容】

了解全身肌肉的分布；掌握主要肌肉的名称、位置、形态和作用。

【任务材料】

牛或羊全身肌肉标本。解剖器械。

【方法步骤】

1. 头部肌肉识别

颜面肌分布在口、鼻、眼、耳的周围。咀嚼肌主要观看闭口肌中的咬肌、颞肌。

2. 脊柱肌肉识别

背侧肌群主要有背最长肌和髂肋肌；颈部腹侧肌群有胸头肌和胸骨甲状舌骨肌；腰部腹侧肌群有腰大肌和腰小肌。

3. 胸壁肌肉

肋间肌位于肋间隙，有外层的肋间外肌和内层的肋间内肌，识记肌纤维的走向。膈肌是胸、腹腔之间的圆顶状的板状肌，凸面向前，周围是肌质，中央为腱质。有三个裂孔即主动脉孔、食管孔和后腔静脉孔。

4. 腹壁肌肉

腹壁肌肉是构成腹腔侧壁和底壁的板状肌，自外向内由腹外斜肌、腹内斜肌、腹直肌和腹横肌组成。注意识记各层的肌纤维方向。腹白线位于腹底壁的正中线上，由两侧腹肌的腱膜互相交织而成，白线中部稍后方有一瘢痕，称为脐；腹股沟管是腹外、内斜肌之间的一个斜行裂隙，雄性动物的精索从此通过（雌性动物只留一痕迹）。

5. 前肢肌肉

肩带部背侧肌群有斜方肌、菱形肌、臂头肌、背阔肌；肩带部腹侧肌群有下锯肌、胸浅肌和胸深肌。作用于肩关节的外侧肌肉有冈上肌、冈下肌、三角肌，内侧有肩胛下肌、大圆肌。作用于肘关节的伸肌为臂三头肌、前臂筋膜张肌，屈肌为臂二头肌、臂肌。

6. 后肢肌肉

作用于髋关节的伸肌有臀肌、股二头肌、半腱肌、半膜肌，屈肌有股阔筋膜张肌，内收肌包括内收肌、股薄肌。作用于膝关节的伸肌是股四头肌，屈肌为腘肌。

【考核要求】

以小组为单位考核，要求每位组员都能指认牛全身各主要肌肉的名称及其典型特征。随机抽取小组成员指认标本上的主要器官并介绍其解剖生理特征，考核成绩作为全组成员的成绩。

基础知识

运动系统由骨、骨连结和肌肉 3 部分组成。全身骨通过骨连结形成骨骼，构成动物体的支架，在维持体型、保护脏器和支持体重方面起着重要的作用。肌肉附着于骨骼上，肌肉收缩时，以骨连结为支点，牵引骨改变位置，产生各种运动。因此在运动中，骨起杠杆作用，骨连结是运动的枢纽，肌肉是运动的动力。位于机体皮下的一些骨性突起和肌肉，可以在体表摸到，在畜牧兽医实践中常用来作为确定内部器官位置和体尺测量的标志。

2.1 骨

动物每一块骨都有一定的形态和功能，是一个复杂的器官。骨主要由骨组织构成，坚硬而有弹性，有丰富的血管、淋巴管及神经，具有新陈代谢及生长发育的特点，并具有改建和再生能力。骨基质内沉积有大量的钙盐和磷酸盐，是动物体的钙、磷库，参与钙磷的代谢与平衡。

2.1.1 骨的主要成分

骨主要由有机质和无机质组成。有机质主要是骨胶原纤维束和黏多糖蛋白等，形成骨的支架，赋予骨以弹性和韧性。无机质主要是碱性磷酸钙，使骨坚硬挺实。脱钙骨（去掉无机质）仍具原来骨的形状，但柔软有弹性；煅烧骨（去掉有机）虽形状不变，但脆而易碎。两种成分比例，随年龄的增长而发生变化。幼龄动物有机质和无机质各占 1/2，故弹性较大，柔软，易发生变形，在外力作用下不易骨折或折而不断。成年动物骨的有机质和无机质比例较为合适，因而骨具有很大硬度和一定的弹性，较坚韧。老龄动物的骨无机质所占比例更大，脆性较大，易发生骨折。妊娠母体骨内钙质被胎儿吸收，不及时补钙，易使雌性动物骨质疏松而发生骨折。为预防幼龄动物的骨软症，应注意饲料中钙成分的调配。

2.1.2 骨的构成

骨由骨膜、骨质、骨髓、血管和神经等构成。

(1) 骨膜

骨膜是被覆在骨表面的一层致密结缔组织膜，呈淡粉红色，富有血管、神经和成骨细胞，对骨有保护、营养和再生等作用。骨膜可分为内外两层，外层致密有许多胶原纤维束穿入骨质，使之固着于骨面。内层疏松有成骨细胞和破骨细胞，分别具有产生新骨质和破坏骨质的功能，幼年期功能非常活跃，直接参与骨的生成；成年时转为静止状态，但是，骨一旦发生损伤，如骨折，骨膜又重新恢复功能，参与骨折端的修复愈合。如骨膜剥离太多或损伤过大，则骨折愈合困难。衬在髓腔内面和松质间隙内的膜称骨内膜，是菲薄的结缔组织，也含有成骨细胞和破骨细胞，有造骨和破骨的功能。

(2) 骨质

骨质是构成骨的基本成分，分骨密质和骨松质。骨密质分布于长骨的骨干和其他类型骨的表面，质地致密，耐压性较大。骨松质分布于长骨骺和其他类型骨的内部，由许多骨板和骨针交织呈海绵状，这些骨板和骨针的排列方式与该骨所承受的压力和张力的方向一致。骨密质和骨松质的这种分布，使骨既轻便而又坚固，适于运动。

(3) 骨髓

骨髓位于长骨的骨髓腔和骨松质的间隙内。胎儿和幼龄动物的骨髓腔中全为红骨髓，是重要的造血器官。随着年龄的增长，骨髓腔中的红骨髓逐渐被黄骨髓所代替。因此，成年动物有红、黄两种骨髓。黄骨髓主要是脂肪组织，具有贮存营养的作用。

(4) 血管、神经

骨具有丰富的血液供应，分布在骨膜上的小血管经骨面的小孔进入并分布于骨密质。骨膜、骨质和骨髓均有丰富的神经分布。

2.1.3 骨的类型

骨的形状多种多样，可分为以下 4 类。

(1) 长骨

长骨主要分布于四肢的游离部，呈圆柱状。两端膨大，称骺或骨端，有光滑的关节面，与相邻关节面构成关节；中部较细，称为骨干或骨体。骨体表面有 1~2 个血管出入的孔，称滋养孔。骨干中空为骨髓腔，容纳骨髓。骨干与骺相邻的部分称于骺端，幼龄时保留一片软骨，称骺软骨，骺软骨细胞不断分裂繁殖和骨化，使骨不断加长。成年后，骺软骨骨化，骨干与骺融为一体，其间遗留一骺线。长骨的作用是支持体重和形成运动杠杆。

(2) 扁骨

扁骨为板状，主要位于颅腔、胸腔的周围及四肢的带部等，可保护脑等重要器官，或供大量肌肉附着，如颅骨、肋骨和肩胛骨等。

(3) 短骨

短骨呈立方形，多分布于四肢的长骨之间，起支持、分散压力和缓冲震动的作用，如腕骨、跗骨等。

(4) 不规则骨

不规则骨形状不规则，一般构成动物机体的中轴，具有支持、保护和供肌肉附着的作用，如椎骨、蝶骨等。

2.1.4 动物体骨骼的构成

动物的全身骨骼，按其所在部位可分为头骨、躯干骨、前肢骨和后肢骨。

2.1.4.1 头骨

头骨分为颅骨和面骨两部分。

（1）颅骨

颅骨位于后上方，围成颅腔，容纳并保护脑，包括枕骨、顶骨、顶间骨、额骨、颞骨、蝶骨和筛骨。

①枕骨　枕骨位于颅骨后部，构成颅腔的后壁和底壁。枕骨后下方有枕骨大孔，孔的两侧有枕髁，与寰椎构成关节。

②顶骨与顶间骨　位于枕骨之前，额骨之后，并与枕骨愈合，构成颅腔的后壁。

③额骨　位于鼻骨后方，构成颅腔的顶壁，外面平整，向外侧伸出颧突（曾称作眶上突），构成眼眶的上界。眶上突基部有眶上孔。额骨后方两侧有角突。

④颞骨　位于头骨的后外侧，构成颅腔的侧壁。

⑤蝶骨　位于颅腔的底壁，形似蝴蝶。前方与筛骨、腭骨、翼骨和犁骨相连，侧面与颞骨相连，后面与枕骨基部连接。

⑥筛骨　位于颅腔的前壁，介于颅腔与鼻腔之间。

（2）面骨

面骨位于前下方，形成口腔、鼻腔、咽、喉和舌的支架，包括鼻骨、上颌骨、泪骨、颧骨、切齿骨、腭骨、翼骨、鼻甲骨、犁骨、下颌骨和舌骨组成。

①鼻骨　鼻骨构成鼻腔的顶壁。后接额骨，外侧与泪骨、上颌骨和切齿骨相连，前端有深切迹。

②上颌骨　构成鼻腔侧壁、底壁和口腔顶壁。上颌骨外侧面宽大，有一纵嵴称面结节。面结节前端的上方有眶下孔。上颌骨的下缘有臼齿槽，内外骨板间形成发达的上颌窦。

③泪骨　位于眼眶前部，背侧与鼻骨、额骨相接，腹侧与上颌骨、颧骨相邻。眼眶大而深，泪骨的眶面形成一薄壁的泪泡，向眶窝下部突出。

④颧骨　位于泪骨下方。

⑤切齿骨　位于上颌骨的前方。牛的切齿骨骨体薄而扁平，无切齿齿槽。两侧的切齿骨互相分开。

⑥腭骨　位于骨性口腔顶壁后方。

⑦鼻甲骨　是两对卷曲的薄骨片，附着于鼻腔的两侧壁上，上面的一对称背鼻甲骨，

下面的一对称腹鼻甲骨，支持鼻黏膜，并将每侧鼻腔分为上、中、下三个鼻道。

⑧犁骨　位于蝶骨体前方。犁骨的后 2/3 不与鼻腔底壁接触，因此，鼻后孔不分为二。水牛的犁骨发达，直伸至鼻后孔正中，将其分为左右两半。

⑨下颌骨　是面骨中最大的骨，分左、右两半，每一半均有骨体和下颌支。

⑩舌骨　位于下颌间隙后部，由数块小骨组成，支持舌根、咽及喉。

（3）鼻旁窦

鼻旁窦为头骨内外骨板之间含气腔体的总称，包括额窦和上颌窦，它们直接或间接与鼻腔相通。

2.1.4.2　躯干骨

躯干骨包括脊柱、肋和胸骨。躯干骨除具有支持头部和传递推动力外，还可作为胸腔、腹腔和骨盆腔的支架，容纳并保护内脏器官。

（1）脊柱

脊柱由颈椎（C）、胸椎（T）、腰椎（L）、荐椎（S）和尾椎（Cy），借软骨、关节和韧带连接而成，构成了动物体的中轴。各部分椎骨有一定数目，如表 2-1 所示。

表 2-1　动物各部分椎骨数

动物	颈椎	胸椎	腰椎	荐椎	尾椎
牛	7	13	6	5	18～20
羊	7	13	6～7	4	3～24
猪	7	14～15	6～7	4	20～23
马	7	18	6	5	14～21

脊柱中央有纵行的椎管，容纳并保护脊髓。椎骨一般由椎体、椎弓和突起组成。

①椎体　位于椎骨的腹侧，呈短圆柱形。前面略凸，称椎头；后面稍凹，称椎窝。

②椎弓　是椎体背侧的拱形骨板。椎弓与椎体之间形成椎孔，所有的椎孔依次相连，形成椎管，容纳脊髓。椎弓基部前后各有一对切迹。相邻椎弓的切迹合成椎间孔，供血管、神经通过。

③突起　有 3 种。从椎弓背侧向上方伸出的突起，称为棘突；从椎弓基部向两侧伸出的突起，称为横突；从椎弓背侧的前后缘各伸出一对关节突，与相邻椎骨的关节突形成关节。

各部分椎骨因所执行的功能和所在部位的不同，其形态结构略有差异。颈椎形状不规则，第 3～6 颈椎形态相似，第 1 颈椎呈环形又称为寰椎。第 2 颈椎称为枢椎。第 7 颈椎与胸椎相似。胸椎棘突发达，第 2～6 胸椎的棘突最高，是构成鬐甲的骨质基础。腰椎横突发达，构成腹腔顶壁的骨质基础。成年动物的荐椎愈合成一整体称为荐骨，构成了骨盆腔顶壁的骨质基础，其横突相互愈合并向两侧突出，称为荐骨翼，翼的背外侧有粗糙的耳状关节面，与髂骨成关节。尾椎腹侧有一血管沟，供尾中动脉通过。

（2）肋

肋左右成对，构成胸廓的侧壁，为呼吸、运动的杠杆。肋由肋骨和肋软骨两部分组成。

①肋骨　位于背侧，近椎骨端有肋骨小头，与两相邻胸椎的椎体连接成关节；肋骨小头的后上方有肋结节，与胸椎横突成关节。肋骨的腹侧端接肋软骨。在肋骨的后缘，有血管通过的沟。

②肋软骨　位于肋的腹侧，为透明软骨。前几对肋的肋软骨直接与胸骨相连，称胸骨肋或真肋；后几对肋的肋软骨则由结缔组织顺次连接形成肋弓，这种肋称为弓肋或假肋。兔等动物有的肋软骨末端游离，称为浮肋。牛、羊有13对肋，其中真肋8对，假肋5对。肋骨之间的空隙称为肋间隙。

(3) 胸骨

胸骨位于腹侧，构成胸廓的底壁，由6～8块胸骨片借软骨连结而成，呈上下压扁的船形。胸骨由前到后可分为胸骨柄、胸骨体、剑状软骨3个部分。

(4) 胸廓

胸廓由胸椎、肋和胸骨组成，保护胸腔内器官。胸廓前口较窄，由第1胸椎、第1对肋和胸骨柄围成。胸后口较宽大，由最后胸椎、最后1对肋、肋弓和剑状软骨构成。

2.1.4.3　前肢骨

前肢骨包括肩胛骨、臂骨、前臂骨、腕骨、掌骨、指骨和籽骨。

(1) 肩胛骨

肩胛骨为三角形扁骨，斜位于胸廓两侧的前上部，由后上方斜向前下方。其背缘附有肩胛软骨。外侧面有一条纵行的隆起，称为肩胛冈。肩胛冈的下端向下方伸出一突起，称为肩峰。肩胛冈的前上方为冈上窝，后下方为冈下窝。肩胛骨的远端较粗大，有一浅关节窝，称为肩臼，与臂骨头成关节。其肋骨面凹陷处称为肩胛下窝。

(2) 臂骨

臂骨又称肱骨，为长骨，斜位于胸部两侧的前下部，由前上方斜向后下方。近端粗大，外侧隆起称为大结节，很发达，近端的前方有臂二头肌沟，后方为臂骨头，与肩臼成关节。臂骨远端有一深的肘窝，又称为鹰嘴窝。

(3) 前臂骨

前臂骨由桡骨和尺骨组成，为长骨。前臂骨近端与臂骨成关节，前臂骨远端与近列腕骨成关节。尺骨位于后外侧，近端特别发达，向后上方突出形成肘突，又称为鹰嘴。桡骨和尺骨之间的间隙称为前臂骨间隙。成年牛尺骨骨干与桡骨愈合，有近、远两个前臂骨间隙。

(4) 腕骨

腕骨位于前臂骨和掌骨之间，排列成上、下两列。

(5) 掌骨

掌骨为长骨，近端接腕骨，远端接指骨。牛有3块掌骨。第3、第4掌骨发达，近端两骨体愈合在一起，称为大掌骨。骨干短而宽。近端有关节面，与远端腕骨成关节。

(6) 指骨和籽骨

动物有4指，即第2、3、4、5指。其中，第3指和第4指发达，称为主指。每指有3节，分别称系骨、冠骨和蹄骨。系骨较窄，呈圆柱状。冠骨与系骨形状相似，但较短。蹄骨近似三棱锥状，蹄尖向前并弯向轴侧。每个指各有1对近籽骨和1块远籽骨。

2.1.4.4 后肢骨

后肢骨包括髋骨、股骨、膝盖骨、小腿骨、跗骨、跖骨、趾骨和籽骨。

(1)髋骨

髋骨是体内最大的扁骨,由背侧的髂骨和腹侧的坐骨、耻骨愈合而成。三骨愈合处形成深的杯状关节窝,称髋臼,与股骨头成关节。

①髂骨 位于髋骨的前上方,前部宽而扁,呈三角形,称为髂骨翼,髂骨翼的外侧角粗大,称为髋结节;内侧角称为荐结节。翼的外侧面称为臀肌面,内侧面称为骨盆面。在骨盆面上有粗糙的耳状面与荐骨翼的耳状面成关节。后部成三棱柱状,称为髂骨体。

②坐骨 位于后下方,构成骨盆底壁的后部。后外侧角粗大,称为坐骨结节,呈三角形。两侧坐骨的后缘形成弓状,称为坐骨弓。前缘与耻骨围成闭孔,内侧缘与对侧坐骨相接,形成骨盆联合的后部。外侧部参与髋臼的形成。

③耻骨 位于前下方,比较小,构成骨盆底的前部,并构成闭孔的前缘。

骨盆是由左右髋骨、荐骨和前3~4个尾椎及两侧的荐结节阔韧带构成,为一前宽后窄的圆锥形腔。前口以荐骨岬、髂骨及耻骨为界;后口的背侧为尾椎,腹侧为坐骨;两侧为荐结节阔韧带的后缘。

(2)股骨

股骨近端内侧有球形股骨头,头上有头凹,供圆韧带附着。外侧有粗大的大转子。骨干较细,呈圆柱形。远端粗大,前方为滑车,后方为内、外侧髁。

(3)膝盖骨

膝盖骨又称髌骨,是一大籽骨,位于股骨远端的前方,与滑车关节面成关节。

(4)小腿骨

小腿骨包括胫骨和腓骨。胫骨是一个发达的长骨,呈三面棱柱状,近端粗大,有内、外髁,与股骨的髁成关节,髁的前方为胫骨粗隆,向下延续为胫骨前缘;远端有滑车关节面,与胫跗骨成关节。腓骨位于胫骨外侧,与胫骨间形成小腿骨间隙。腓骨近端与胫骨愈合为一向下的小突起,骨体消失。远端形成一块小的踝骨,与胫骨远端外侧成关节。

(5)跗骨

跗骨位于小腿骨和跖骨之间。牛的跗骨有5块3列,近列有2块,内侧为距骨,外侧为跟骨,中列为中央跗骨(与第4跗骨愈合),远列第2跗骨与第3跗骨愈合,第1跗骨很小。

(6)跖骨

跖骨有3块,牛的大跖骨(第3、第4跖骨)比前肢大掌骨细长;第2跖骨为一退化的小跖骨,呈小盘状,附着于大跖骨的后内侧。

(7)趾骨和籽骨

趾骨和籽骨分别与前肢相应的指骨和籽骨相对应。

2.2 骨连结

骨与骨之间借纤维组织、软骨或骨相连,称为骨连结。

2.2.1 类型

骨连结根据能否活动和活动范围的大小分为纤维连结、软骨连结和滑膜连结3种。

(1) 纤维连结

纤维连结是指两骨间由纤维结缔组织相连结，不能活动。如头骨的连结、桡骨和尺骨的韧带联合等。

(2) 软骨连结

软骨连结是指两骨借纤维软骨直接相连，可有小范围的活动，如椎骨之间的连结。

(3) 滑膜连结

滑膜连结又称关节，是骨连接中较普遍的一种形式。骨与骨之间形成关节腔，可灵活运动，如四肢的关节。

2.2.2 关节的构造

关节由关节面、关节软骨、关节囊、关节腔及其辅助结构组成。

(1) 关节面

关节面是骨与骨相接触的光滑面，骨质致密，形状彼此互相吻合。关节面表面覆盖一层透明软骨，为关节软骨。关节软骨表面光滑，富有弹性，有减轻冲击和吸收震荡的作用。关节软骨无血管、神经分布。

(2) 关节软骨

关节软骨属于透明软骨，表面光滑，有光泽，呈淡蓝色。上端朝向关节面，有缓冲压力的作用。不含神经、血管，营养成分从关节腔内液体中获取。

(3) 关节囊

关节囊是围绕在关节周围的结缔组织囊，密闭关节腔。囊壁分内外两层：外层是纤维层，厚而紧张，由致密结缔组织构成，有保护作用；内层是滑膜层，薄而柔润，由疏松结缔组织构成，能分泌透明黏稠的滑液，有营养软骨和润滑关节的作用。

(4) 关节腔

关节腔为滑膜和关节软骨共同围成的密闭腔隙，内有滑液，其形状大小因关节而异。

(5) 关节的辅助结构

关节的辅助结构是适应关节的机能而形成的一些结构。主要有：

①韧带　见于多数关节，由致密结缔组织构成，位于关节囊周围和关节囊内，有增强关节稳定性的作用。

②关节盘　是介于两关节面之间的纤维软骨板，有加强关节稳定性、缓冲震动等作用。

2.2.3 全身骨连结

2.2.3.1 躯干连结

(1) 脊柱连结

脊柱连结为椎骨之间的连结。为适应头部灵活运动，脊柱前端形成寰枕关节和寰枢关节。

①寰枕关节　由寰椎的关节窝与枕髁形成，为双轴关节，可做屈、伸运动和小范围的侧运动。

②寰枢关节　由寰椎的鞍状关节面与枢椎的齿突构成，可沿枢椎的纵轴做旋转运动。

（2）胸廓的连结

①肋椎关节　是肋骨与胸椎所形成的关节，包括肋骨小头与肋凹形成的关节和肋结节与横突形成的关节。

②肋胸关节　是胸骨肋的肋软骨与胸骨两侧的肋窝形成的关节。牛第 2～11 肋的肋骨与肋软骨间还形成关节，且有关节囊。

2.2.3.2　头骨的连结

头骨大部分为不动连结，其连接的主要方式是缝隙连结。只有颞下颌关节具有活动性，颞下颌关节由颞骨的颞髁与下颌髁构成，可进行开口、闭口和侧运动。

2.2.3.3　前肢的关节

前肢的肩胛骨与躯干间不形成关节，借助肩带肌肉连接，其余各骨间均形成关节，由上向下依次为：

①肩关节　为多轴关节，由肩胛骨远端的肩臼和臂骨头构成，关节角顶向前。关节囊松宽，无侧韧带。由于两侧肌肉的限制，主要进行屈、伸运动。

②肘关节　为单轴关节，由臂骨远端和前臂骨近端的关节面构成，关节角顶向后，有关节囊及内、外侧韧带，只能行屈伸运动。

③腕关节　为单轴关节，由桡骨远端、腕骨和掌骨近端构成。关节角顶向前。腕关节韧带多，只能行屈伸运动。

④指关节　为单轴关节，在正常站立时呈背屈状态和过度伸展状态，包括系关节、冠关节和蹄关节。系关节又称球节，为由掌骨远端、系骨近端和一对近籽骨构成的单轴关节，关节角顶向前。系关节掌侧除有强大的屈肌腱外，还有悬韧带和籽骨下韧带等，可以缓冲由地面带来的震动，同时可以固定系关节，防止过度背屈。冠关节由系骨的远端和冠骨近端的关节面组成，关节角顶向前，有关节囊和韧带。蹄关节由冠骨的远端、蹄骨的近端和远籽骨组成，角顶向前有关节囊和韧带。

2.2.3.4　后肢的关节

后肢在推动身体前进方面起主要作用，因此，髋骨与荐骨由荐髂关节牢固连接起来，以便把后肢肌肉收缩产生的推动力沿脊柱传至前肢。后肢游离部的关节有髋关节、膝关节、跗关节和趾关节，分别与前肢各关节相对应。除趾关节外，相应关节的角方向相反。

（1）荐髂关节

荐髂关节由荐骨翼与髂骨的耳状面构成，成年动物的荐髂关节属于不动关节，有利于支持后躯体重和传递后肢向前的动力。荐骨和髋骨有发达的荐结节阔韧带。

（2）髋关节

髋关节为髋臼和股骨头构成的多轴关节。关节角顶向后，关节囊内有一条粗而强的股骨头韧带（圆韧带），髋关节受肌肉和韧带的限制，主要做屈伸运动。

（3）膝关节

膝关节由股骨、膝盖骨和胫骨构成的单轴复关节，包括股膝关节和股胫关节。关节囊的外面有股膝内、外侧韧带，将股骨与膝盖骨相连；此外，还有膝内侧韧带、膝中间韧带、膝外侧韧带，将膝盖骨与胫骨相连。膝关节主要作伸屈运动。

(4) 跗关节

跗关节又称飞节，为由胫骨、跗骨和跖骨构成的单轴复关节，包括胫距关节、两个跗间关节和跗跖关节，其中以胫距关节屈伸范围最大。跗关节只能行伸屈运动。

(5) 趾关节

趾关节与前肢指关节相似。

2.3 肌肉

2.3.1 概述

2.3.1.1 肌肉的结构

组成运动器官的每一块肌肉都是一个复杂的器官。构成肌肉的主要部分是骨骼肌纤维，还有结缔组织、血管、淋巴管和神经。包在整块肌肉外表面的结缔组织形成肌外膜。肌外膜向内伸入，将肌纤维分成大小不同的肌束，称为肌束膜。肌束膜再向肌纤维之间深入，包围着每一条肌纤维，称为肌内膜。血管、淋巴管、神经随着肌膜进入肌组织，分布到肌纤维上。每块肌肉分成肌腹和肌腱两部分。腱不能收缩，但具有很强的韧性和抗张力。肌肉借腱牢固地附着于骨。

2.3.1.2 肌肉的形态

肌肉由于其位置和机能不同，而有不同的形态，一般可以分为4种。

(1) 板状肌

板状肌呈薄板状，主要位于腹壁和肩带部，其形状和大小不一，有的呈扇形，如背阔肌；有的呈锯齿形，如下锯肌；有的呈带形，如臂头肌等。板状肌延续为腱膜。

(2) 多裂肌

多裂肌主要分布于脊柱的椎骨之间，是由许多短肌束组成的肌肉，如背最长肌、背髂肋肌等。

(3) 纺锤形肌

纺锤形肌多分布于四肢，中间膨大部分主要由肌纤维构成，称为肌腹；两端多为腱质，上端为肌头，下端为肌尾。

(4) 环形肌

环形肌分布于自然孔周围，如口轮匝肌。肌纤维环绕自然孔排列，形成括约肌，收缩时可关闭自然孔。

此外，还有一些其他形态的肌肉，如仅有1个肌尾而有数个肌头的臂三头肌、股四头肌；由一中间腱分为2个肌腹的二腹肌，以及由一段肌纤维和一段腱纤维交错构成的具有腱划的腹直肌等。

2.3.1.3 肌肉的辅助器官

(1) 筋膜

①浅筋膜　位于皮下，又称为皮下组织，由疏松结缔组织构成，内含脂肪、血管、神经和皮肌。浅筋膜有联系深部组织，保护、贮存脂肪，参与体温调节等作用。

②深筋膜　位于浅筋膜深层，为厚而坚固的致密结缔组织膜，紧贴肌肉表面，或形成

包围群肌的筋膜鞘，或深入肌肉之间形成间隔，或形成环状韧带以固定肌腱。牛腹部的深筋膜含有大量的弹性纤维，呈黄色，又称为腹黄膜。

(2) 黏液囊和腱鞘

①黏液囊　是密闭的结缔组织囊，多位于肌腱与骨之间，运动时可减少肌腱的磨损。

②腱鞘　多位于关节处，为黏液囊卷裹于腱的外面形成。外层为纤维层，内层为滑膜层。滑膜层能分泌滑液，润滑肌腱，减少肌腱在运动时的摩擦。

2.3.2　肌肉的分布与作用

2.3.2.1　皮肌

皮肌为分布于浅筋膜中的薄层肌，大部分与皮肤深面紧密相连。皮肌并不覆盖全身，根据所在部位可分为面皮肌、颈皮肌、肩臂皮肌及躯干皮肌。皮肌的作用是颤动皮肤，以驱除蚊蝇、抖掉灰尘及水滴等。

2.3.2.2　头部的主要肌肉

(1) 面部肌

面部肌是位于口腔和鼻孔周围的肌肉，可分为开张自然孔的开张肌和关闭自然孔的括约肌。

(2) 咀嚼肌

咀嚼肌主要是位于下颌支外面的咬肌和位于颞窝的颞肌，作用是上提下颌，使之闭口。

2.3.2.3　躯干的主要肌肉

躯干的主要肌肉包括脊柱肌、颈腹侧肌、胸壁肌和腹壁肌。

(1) 脊柱肌

脊柱肌是支配脊柱活动的肌肉，可分为背侧肌与腹侧肌两部分。

①脊柱背侧肌　脊柱背侧肌肉很发达，尤其是颈部。

胸腰最长肌又称背最长肌，位于胸椎、腰椎的棘突和肋骨椎骨端所形成的三棱形凹陷内，是躯干部最大的肌肉，作用为两侧同时收缩，有很强的伸背腰作用，一侧收缩可使脊柱侧屈。

背髂肋肌又名髂肋肌，位于背最长肌的腹外侧，作用为向后牵引肋骨，协助呼气。

②脊柱腹侧肌　腰肌位于腰椎腹侧面和椎体两旁，作用为屈腰。

(2) 颈腹侧肌

主要有：

①胸头肌　位于颈下部外侧，构成颈静脉沟的下缘。胸头肌向前分浅、深两部。

②胸骨甲状舌骨肌　位于气管腹侧，为一扁平的带状肌，作用为向后牵引喉和舌骨，帮助吞咽。

(3) 胸壁肌

胸壁肌分布于胸腔的侧壁，并形成胸腔的后壁。因参与呼吸运动，所以也称为呼吸肌。

①肋间外肌　位于所有肋间隙的表层，作用为向前外方牵引肋骨，使胸廓扩大，引起

吸气。

②肋间内肌 位于肋间外肌的深面，作用为向后方牵引肋骨，使胸廓变小，帮助呼气。

③膈肌 为一大圆形板状肌，构成胸腔和腹腔的间隔，又称横膈膜。膈肌舒张时，呈圆顶状突向胸腔，使胸腔变小，引起呼气；收缩时胸腔变大，引起吸气。膈上有3个裂孔：主动脉孔，位于左、右膈脚之间；食管孔，位于右膈脚中，接近中心腱；后腔静脉孔，位于中心腱上，稍偏中线右侧。

(4) 腹壁肌

腹壁肌构成腹腔的侧壁和底壁，由四层纤维方向不同的板状肌构成。

①腹外斜肌 起于肋骨的外面，肌纤维由前上方斜向后下方，止于腹白线。

②腹内斜肌 位于腹外斜肌深面，起于髋结节，止于腹白线，牛的止于最后肋骨，肌纤维由后上方斜向前下方。

③腹直肌 起于胸骨，止于耻骨前缘，牛腹直肌的肌腹上有腱划。

④腹横肌 是腹壁肌的最内层，起于腰椎横突和弓肋，肌纤维垂直向下，以腱膜止于腹白线。

腹股沟管位于腹股沟部，是腹外斜肌和腹内斜肌之间的楔形缝隙。有内外两个口，外口通皮下，称腹股沟管皮下环或外环；内口通腹腔，称腹股沟管腹环或内环。雄性动物供精索和血管、神经通过，雌性动物仅供血管神经通过。

2.3.2.4 前肢的主要肌肉

前肢肌肉可分为肩带肌、肩部肌、臂部肌及前臂和前脚部肌4部分。

(1) 肩带肌

肩带肌是躯干与前肢连接的肌肉，大多为板状，可分为背侧和腹侧两组。背侧组包括斜方肌、菱形肌、背阔肌、臂头肌和肩胛横突肌；腹侧组包括胸肌和下锯肌。

①斜方肌 为扁平的三角形肌，起于项韧带索状部、棘上韧带，止于肩胛冈。斜方肌可分为颈、胸两部分。其作用是提举、摆动和固定肩胛骨。

②菱形肌 起于躯干背侧，止于肩胛软骨的内面，作用同斜方肌。

③背阔肌 位于胸侧壁的上部，为三角形的大板状肌，作用是向后上方牵引前肢。

④臂头肌 呈带状，位于颈侧部浅层，形成颈静脉沟的上界，作用是牵引前肢向前。

⑤肩胛横突肌 是牛羊特有，牛肩胛横突肌的前部位于臂头肌的深层，后部位于颈斜方肌和臂头肌之间。

⑥胸前浅肌 位于胸底壁与肩臂部之间的皮下，作用是内收前肢和后退前肢。

⑦胸深后肌 位于胸浅肌的深层，牛的胸深肌发达，其作用是内收和摆动前肢。

⑧下锯肌 位于颈、胸部的外侧面。牛的颈下锯肌很发达，起自后5~6个颈椎的横突和前三个肋骨；有负担体重和向前、向后牵引肩胛骨的作用。

(2) 肩部肌肉

肩部肌肉分布于肩胛骨的外侧面及内侧面，起于肩胛骨，止于臂骨。主要有：

①冈上肌 位于冈上窝内，全为肌质，起于冈上窝和肩胛软骨，作用为伸肩关节和固定肩关节。

②冈下肌　位于冈下窝内，起于冈下窝及肩胛软骨，止于臂骨外侧结节，作用为外展及固定肩关节。

③肩胛下肌　位于肩胛骨内侧面，作用为内收和固定肩关节。

④大圆肌　位于肩胛下肌后方，呈带状，作用为屈肩关节。

(3) 臂部肌肉

臂部肌肉分布于臂骨周围，主要对肘关节起作用，对肩关节也有作用。主要有：

①臂三头肌　位于肩胛骨后缘与臂骨形成的夹角内，呈三角形，是前肢最大的一块肌肉，主要作用为伸肘关节。

②前臂筋膜张肌　位于臂三头肌的后缘和内面，作用为伸肘关节。

③臂二头肌　位于臂骨前面，为多腱质的纺锤形肌，作用主要是屈肘关节。

(4) 前臂及前脚部肌肉

前臂及前脚部肌肉作用于腕关节和指关节。主要有：

①腕桡侧伸肌　位于桡骨背侧面，为前臂部最大的肌肉，主要作用为伸腕关节。

②指总伸肌　较小，位于指内侧伸肌与指外侧肌之间，作用为伸指关节、腕关节和屈肘关节。

③指内侧伸肌　又称为第三指固有伸肌，位于腕桡侧伸肌与指总伸肌之间，作用为伸展第三指。

④指外侧伸肌　位于前臂外侧面，在指总伸肌后方，又称第四指固有伸肌。作用为伸指关节、腕关节，牛的还可外展第四指。

⑤腕外侧屈肌　又名腕尺侧伸肌，作用为屈腕关节。

⑥腕尺侧屈肌　位于前臂内侧后部，作用为屈腕、伸肘。

⑦腕桡侧屈肌　位于腕尺侧屈肌前方，起于臂骨远端内侧，止于第三掌骨近端内侧，作用为屈腕关节、伸肘关节。

⑧指浅屈肌　位于前臂后方，起于臂骨远端内侧。肌腹分浅、深两部分，分别止于内、外侧指的冠骨后面。作用是在运动时，屈指关节和腕关节；在站立时，可维持肘以下各关节的角度，支持体重。

⑨指深屈肌　指深屈肌肌腱在系关节上方分为两支，分别通过指浅屈肌腱形成的腱环，止于内、外侧指的蹄骨掌侧面后缘，指深屈肌的作用与指浅屈肌相同。

2.3.2.5　后肢的主要肌肉

后肢肌肉较前肢发达，包括臀部肌肉、股部肌肉、小腿和后脚部肌肉。

(1) 臀部肌肉

臀部肌肉位于髋骨的外面和内面，髋骨外面为臀肌群，内面为髂腰肌。臀肌是臀部的主要肌肉，决定臀部的轮廓，主要作用为伸髋、外旋后肢。

(2) 股部肌肉

股部肌肉分布于股骨周围，主要有：

①臀股二头肌　位于股后外侧，是一块长而宽大的肌肉。牛的分前、后两部，分别以腱膜止于膝盖骨、胫骨嵴和跟结节。其作用是：伸髋关节、膝关节和跗关节；在踢踢和竖立时伸展后肢；在提举后肢时可屈膝关节。

②半腱肌　为一大长肌，位于股二头肌后外侧，作用同股二头肌。

③半膜肌　呈三棱形，位于股后内侧，作用为伸髋关节和内收后肢。

④阔筋膜张肌　位于股前外侧浅层，在髋结节至膝盖骨之间。

⑤股四头肌　位于股骨前面及两侧，作用为伸膝关节。

⑥股薄肌　薄而宽，位于股内侧皮下，作用为内收后肢。

（3）小腿和后脚部肌肉

①背外侧肌群　背外侧肌群第3腓骨肌为发达的纺锤形肌，位于小腿背侧面的浅层，作用为屈跗关节。

②趾内侧伸肌　又名第3趾固有伸肌，位于第3腓骨肌深面及趾长伸肌前面，作用为伸第3趾。

③趾长伸肌　位于趾内侧伸肌后方，作用为伸趾关节、屈跗关节。

④腓骨长肌　位于小腿背外侧面，在趾长伸肌后方，作用为屈跗和伸趾关节。

⑤趾外侧伸肌　又名第4趾固有伸肌，位于小腿外侧，腓骨长肌后方，作用为伸第4趾。

⑥腓肠肌　是位于小腿后部的纺锤形肌。

⑦趾浅屈肌　夹于腓肠肌内、外侧之间，主要作用是屈趾关节，也有屈膝和伸跗关节的作用。

⑧趾深屈肌　作用是屈趾关节和伸跗关节。

>>> 练习与思考

1. 列出动物后肢全部骨的名称和数目，其形成哪些关节以及关节特点？
2. 简述后肢形成的关节及其特点。
3. 动物腹壁肌肉有哪几层？肌纤维走向如何？
4. 骨的作用有哪些？

项目三
消化系统解剖生理特征观察

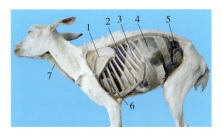

图 3-1 羊内脏投影左侧观

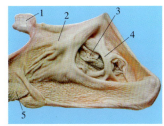

图 3-2 犊牛胃的黏膜

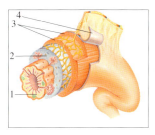

图 3-3 消化管的一般结构

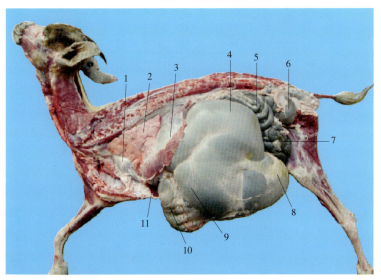

图 3-4 羊内脏左侧观

图 3-6 上腭

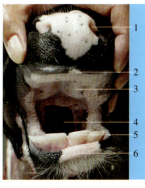

图 3-7 口腔

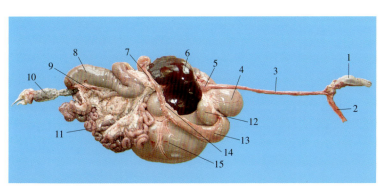

图 3-5 羊消化系统右侧观

图 3-8 羊网胃黏膜

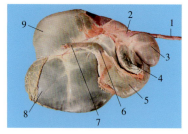
图 3-9 羊胃右侧观

图 3-10 瘤胃黏膜

图 3-11 羊瓣胃

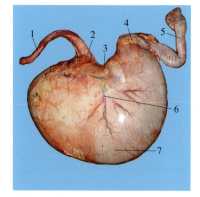
图 3-12 猪胃

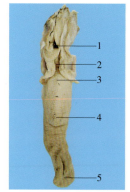
图 3-13 羊舌

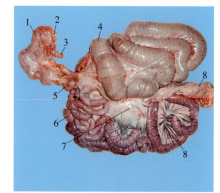
图 3-14 猪的肠

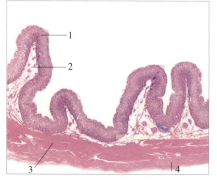
图 3-15 小肠壁的结构

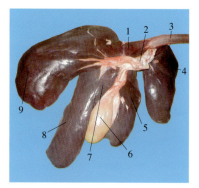
图 3-16 猪肝

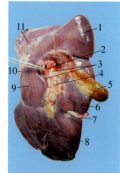
图 3-17 牛肝

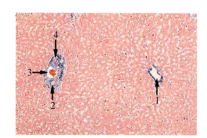
图 3-18 肝的组织构造

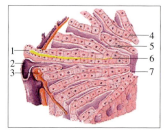
图 3-19 肝小叶构造

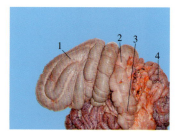
图 3-20 猪的大肠

项目三 消化系统解剖生理特征观察

图 3-21 羊的大肠左侧观

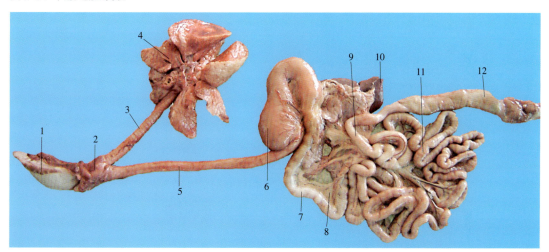

图 3-22 犬消化、呼吸器官

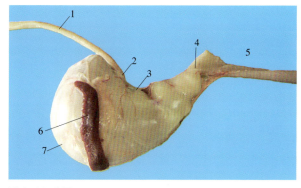

图 3-23 犬胃

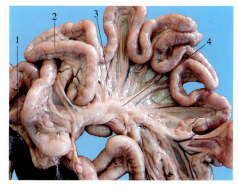

图 3-24 犬空肠

图 3-25 犬盲肠

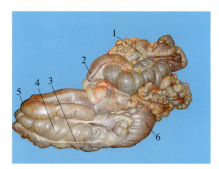
图 3-26 马的肠

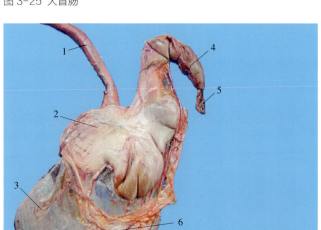
图 3-27 马的胃和脾

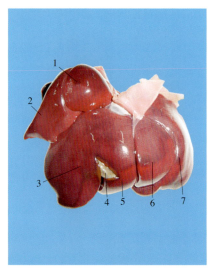
图 3-28 猫的肝脏

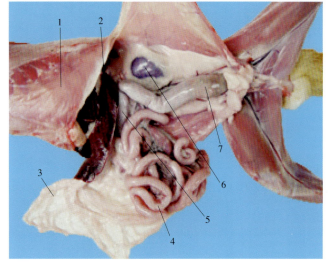
图 3-29 猫的内脏

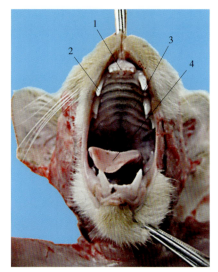
图 3-30 猫口腔

项目三　消化系统解剖生理特征观察

任务一　消化系统解剖结构图片识别

【任务说明】

将学员随机分成小组，各小组在教师规定时间内利用后面的"基础知识"或网络找出本项目解剖结构图片中标号所代表的解剖名称并使每位组员熟记。实施过程中组员经过讨论也不能解决的问题可以请教老师。教师可以根据学习对象以及课时量选用不同的图片。

【任务内容】

每位成员均能独立说出标号所代表的解剖结构名称及其生理特点。

【考核要求】

各小组任务完成后由教师随机抽取 1~2 名成员介绍图片中标号所代表的名称，被抽取成员的成绩计入小组所有成员的平时成绩。

任务二　消化系统解剖标本识别

【目的要求】

分组进行，要求通过观察和互相帮助，使每位组员均能掌握消化系统各主要器官的位置和相互关系以及各器官的结构特点。

【任务材料】

牛或羊成套的消化器官标本及模型、舌标本、牛和羊胃切开标本，解剖器械。

【方法步骤】

首先在牛或羊消化器官标本上依次指出口腔、咽、食管、胃（包括瘤胃、网胃、瓣胃、皱胃）、小肠（十二指肠、空肠、回肠）、大肠（盲肠、结肠、直肠）、肛门、肝和胰等，然后再详细观察上述各器官的位置、形态和结构，以及相互关系。

【考核要求】

以小组为单位进行现场考核，随机抽取小组成员指认标本上的主要器官并介绍其解剖生理特征，考核成绩作为全组成员的成绩。

任务三　胃肠运动的观察

【任务要求】

分组进行，要求通过观察和互相帮助，使每位组员均能利用后面的"基础知识"分析所观察到的现象产生的原理。

【任务材料】

动物：家兔。

器材与药品：BL-410/420 生物信号采集系统（或电刺激器）、保护电极、哺乳类动物手术器械一套、兔手术台、注射器、20% 的氨基甲酸乙酯溶液（或 3% 的戊巴比妥钠溶液)、0.01%盐酸肾上腺素溶液、0.001%乙酰胆碱溶液、0.01%硫酸阿托品溶液、生理盐水。

【方法步骤】

1. 手术操作

(1) 麻醉、固定

经耳缘静脉注射20%的氨基甲酸乙酯溶液(4mL/kg)麻醉动物后仰卧固定。

(2) 腹部手术

剪去腹部的毛,自剑突下沿腹部正中线切开腹壁,暴露胃、肠管。在膈下食管的前方找到迷走神经前支,分离并穿好两条线备用。用生理盐水浸湿的纱布将肠推向右侧,在左侧肾上腺上方分离出左侧的内脏大神经,也穿好两条线备用。用温热的生理盐水浸浴胃肠道,保持腹腔内温度稳定在37~38℃,以防止胃肠表面干燥。

2. 仪器的连接

将配套的刺激电极与生物信号采集系统的刺激输出端端口相连,并调节好实验系统的参数,注意刺激方式为连续单刺激。

3. 观察项目

①观察正常情况下的胃肠活动,包括胃、小肠的紧张性收缩、蠕动及小肠的分节运动。

②用适宜频率和强度的电脉冲,刺激膈下的迷走神经。观察胃肠运动的变化。实验中可反复刺激直至出现明显的反应。

③调节电刺激的频率、强度,刺激内脏大神经,观察胃肠运动的变化。

④经耳缘静脉注射新斯的明0.2~0.3mg,观察胃肠运动的变化。

⑤在注射新斯的明家兔出现反应的基础上,再从耳缘静脉注射阿托品0.5mg,再观察胃肠运动的变化。

⑥在胃和一段松弛的肠管上各滴3~5滴0.001%乙酰胆碱溶液,出现反应后立即用温热的生理盐水冲洗掉;再在胃和一段活动的肠管上各滴3~5滴0.01%盐酸肾上腺素,观察胃肠运动有何变化。

4. 注意事项

麻醉用药不宜过量,要求浅麻醉,电刺激时强度适中;此任务不需描记,但需启动刺激项;实施过程中注意动物保温和防止器官干燥。

【考核要求】

以小组为单位进行现场考核,随机抽取小组成员分析所观察到的现象产生的原理,考核成绩作为全组成员的成绩。

任务四 小肠吸收与渗透压的关系观察

【任务要求】

分组进行,要求通过观察和互相帮助,使每位组员均能利用后面的"基础知识"分析所观察到的现象产生的原理,掌握小肠吸收与肠内容物渗透压之间的关系。

项目三　消化系统解剖生理特征观察

【任务材料】

家兔、解剖台、手术器械、注射器、棉线、酒精生理盐水合剂或戊巴比妥钠、饱和硫酸镁溶液、0.7%氯化钠溶液。

【方法步骤】

将家兔麻醉后，仰卧保定，剖腹取出一段长约16cm的空肠，用线将其扎成各为8cm长的肠段A和B。在A段中注入5mL饱和硫酸镁溶液，在B段中注入30mL 0.7%氯化钠溶液。将A、B肠段还纳腹腔闭腹，30min后检查两段肠的变化。

【注意事项】

结扎肠段时，应防止把血管结扎；注意实验动物的保温。

【考核要求】

以小组为单位进行现场考核，随机抽取小组成员利用后面的"基础知识"分析所观察到的现象产生的原理，考核成绩作为全组成员的成绩。

基础知识

3.1　内脏的概念

大部分位于体腔内直接参与动物体新陈代谢、维持生命正常活动和繁殖后代、延续种族的各器官称为内脏，包括消化、呼吸、泌尿和生殖器官。广义的内脏还包括体腔内的其他一些器官，如心脏、脾和内分泌腺等。

3.2　内脏的构造

内脏可依据有无较大而明显的空腔，分为有腔内脏和实质内脏两大类。

3.2.1　有腔内脏的一般结构

有腔内脏多呈管状，又称为管状内脏。管壁一般由4层构成，即黏膜、黏膜下层、肌层、外膜。

（1）外膜

为管壁最外层，由疏松结缔组织构成。

（2）肌层

肌层大多由平滑肌构成，形成内环层和外纵层两层。环层可在局部形成括约肌，部分由横纹肌构成，如咽肌、提肛肌、肛门外括约肌和食管肌。

（3）黏膜下层

黏膜下层为疏松结缔组织，发达程度不一，有壁内腺。

（4）黏膜

黏膜为管壁最内层，可形成一些皱褶，又分为3层：即黏膜上皮；黏膜固有层，为结缔组织，分布有壁内腺；黏膜肌层，为薄层平滑肌，与黏膜下组织为界，不完整。

3.2.2 实质性内脏的结构

实质性内脏大多为上皮组织构成，以结缔组织为支架，如肝、胰和肾等。

3.3 腹腔、骨盆腔与腹膜

3.3.1 腹腔

腹腔是体内最大的腔，其前壁为膈，后通骨盆腔，两侧与底壁为腹肌与腱膜，顶壁为腰椎、腰肌和膈肌脚。腹腔内有大部分消化器官和脾、肾、输尿管、卵巢、输卵管、部分子宫和大血管。

3.3.2 骨盆腔

骨盆腔是腹腔向后的延续，其背侧为荐骨和前3~4个尾椎，两侧为髂骨和荐坐韧带，底壁为耻骨和坐骨。前口由荐骨岬、髂骨体及耻骨前缘围成；后口由前几个尾椎、荐坐韧带后缘及坐骨弓围成。腔内有直肠、输尿管、膀胱及雌性动物的子宫后部和阴道或雄性动物的输精管、尿生殖道和副性腺等。

3.3.3 腹膜

腹腔和骨盆腔内的浆膜称腹膜。贴于腹腔和骨盆腔壁内表面的部分为腹膜壁层；壁层从腔壁折转而覆盖于内脏器官外表面的为腹膜脏层，壁层与脏层之间的腔隙称为腹膜腔。

3.4 腹腔分区

为了准确地表明各器官的位置，将腹腔划分为10个部分。具体划分方法：

①通过最后肋骨的最突出点和髋结节前缘各做一个横断面，将腹腔首先划分为腹前部、腹中部、腹后部。

②腹前部分为3个部分：以肋弓为界，上部称为季肋部，下部称为剑状软骨部；上部又以正中矢面为界分为左、右季肋部。

③腹中部分为4个部分：沿腰椎横突两侧顶点各做一个侧矢面，将腹中部分为左、右髂部和中间部；在中间部沿第一肋骨的中点做额面，使中间部分为背侧的腰部和腹侧的脐部。

④腹后部分为3个部分：把腹中部的两个侧矢状面向后延伸，使腹后部分为左、右腹股沟部和中间的耻骨部。

3.5 消化和吸收

动物体是由蛋白质、糖、脂类、无机物、维生素、水等物质组成。这些物质自然界中都存在，可以通过某种途径进入体内，构成机体的物质。但蛋白质、糖、脂肪这些能量物质结构非常复杂，而且与动物体内的同类化合物有很大差别，不能互相代替。因此，自然界的这些化合物，必须首先改变其物理性状和化学结构，使其变成结构简单的物质后，方能进入体内的血液和淋巴,运输到机体的各部,重新组合成具有这种动物特性的新蛋白质、糖和脂肪,参与体内的代谢。这种把自然界具有复杂结构的物质在消化管内转变为结构简单且能被机体吸收的物质的过程就称为消化;而物质透过消化管黏膜上皮进入血液和淋巴的过程称为吸收。消化与吸收的目的是把周围环境中对机体有用的物质摄入体内,转化为体内物质和供给能量。

3.5.1 消化系统的组成

机体内完成消化和吸收的器官,统称为消化系统。它包括两部分:一部分为容纳器官,多呈管腔状,称为消化管,主要包括口腔、咽、食管、胃、小肠、大肠;另一部分为能分泌消化液的腺体器官,称为消化腺。消化腺又分为壁内腺和壁外腺。壁内腺主要指存在于消化管壁内的腺体,如食管腺、胃腺、肠腺等;壁外腺是能够独立于消化管壁之外单独构成一个完整器官的腺体,如唾液腺(腮腺、颌下腺、舌下腺)、肝脏、胰脏。它们的分泌物可经特定的排泄管排入消化管内,参与消化过程。

3.5.2 消化管管壁的一般结构

消化管各段虽然在形态、功能上各有特点,但其管壁的组织结构,除口腔外,一般均可分为4层,由内向外依次为:黏膜、黏膜下层、肌层、外膜。

(1) 黏膜

黏膜是消化管道的最内层,柔软而湿润,色泽淡红,富有伸展性。当管腔内空虚时,常形成皱褶。具有保护、吸收和分泌等功能,可分为以下3层:

①上皮 是直接接触消化管内物质、执行功能活动的部分,除口腔、食管、胃的无腺部及肛门为复层扁平上皮以耐受摩擦外,其余部分均为单层柱状上皮,以利于消化、吸收。这层组织一般数天即可更新替换一次。

②固有层 由疏松结缔组织构成,内含丰富的血管、神经、淋巴管、淋巴组织和腺体等。

③黏膜肌层 是固有层下的一薄层平滑肌,收缩时可使黏膜形成皱褶,有利于内容物的吸收,血液流动和腺体分泌物的排出。

(2) 黏膜下层

黏膜下层是位于黏膜和肌层之间的一层疏松结缔组织,以便于黏膜的活动,内含较大的血管、淋巴管和神经丛,在食管和十二指肠,此层内还含有腺体。

(3) 肌层

除口腔、咽、食管(马的前4/5)和肛门的管壁为横纹肌外,其余各段均为平滑肌构成,一般可分为内层的环行肌和外层的纵行肌层两层。两层之间有肌间神经丛和结缔组织。肌间神经丛具有调节肌肉收缩的作用,使胃肠不断运动,从而促进食物的消化和吸收。

(4) 外膜

外膜为富有弹性纤维的疏松结缔组织层,位于管壁的最表面。在食管前部、直肠后部与周围器官相连接处称为外膜;而在胃肠外膜表面尚有一层间皮覆盖,称为浆膜。浆膜表面光滑湿润，可减少消化管运动时的摩擦，便于活动。

3.5.3 消化器官

3.5.3.1 口腔

口腔为消化器官的起始部，具有采食、咀嚼、辨味、吞咽和分泌消化液等功能。其前壁为唇；两侧壁为颊；顶壁为硬腭；底壁为下颌骨和舌；后壁为软腭。通过咽峡与咽相连。

(1) 唇

唇表面被覆皮肤，内面衬以黏膜，中层为环行肌。黏膜深层有唇腺，腺管直接开口于黏膜表面。牛唇坚实、短厚、不灵活。上唇中部和两鼻孔之间的无毛区，称为鼻唇镜，是鼻唇腺的开口处，健康牛此处湿润、低温，常作为牛体是否健康的标志之一。羊唇薄而灵活，上唇中部有明显的纵沟，两鼻孔之间形成无毛区，称为鼻镜。猪的上唇短厚，与鼻连在一起构成吻突，下唇尖小，口裂很大。马唇长而灵活，是采食的主要工具。

(2) 颊

颊位于口腔两侧，主要由颊肌构成，外覆皮肤，内衬黏膜。牛、羊的颊黏膜上有许多尖端向后的锥状乳头。

(3) 硬腭

硬腭为口腔的顶壁，向后延续为软腭。硬腭的黏膜厚而坚实，正中有一纵行的腭缝，腭缝的两侧为横行的腭褶，前端与齿板(猪、马为切齿)之间有一突起称为切齿乳头。切齿乳头两侧有鼻腭管的开口，鼻腭管另一端通鼻腔。

(4) 软腭

软腭是一紧接硬腭后方的含有腺体和肌组织的黏膜褶，构成口腔的后壁。其与舌根之间的空隙称为咽峡，为口腔与咽之间的通道。

(5) 舌

由横纹肌构成，表面覆以黏膜，在咀嚼、吞咽等动作中有搅拌和推送食物的作用。舌分为舌尖、舌体和舌根3个部分。舌尖与舌体交界处的腹侧面有黏膜褶称为舌系带，与口腔底部相连(牛、猪2条，马1条)；舌黏膜的表面有许多大小不一的突起，称为舌乳头，其中有的内含味蕾，可感觉味觉；舌根附着在舌骨上，其背侧的黏膜内含有淋巴器官，称为舌扁桃体。

牛舌宽厚有力，是采食的主要器官。在舌背上分布有很多尖端向后角质化扁平的豆状乳头，咀嚼中可起机械作用。

马舌灵活，舌系带两侧各有一个舌下肉阜，是颌下腺的开口处，中兽医称之为"卧蚕"，具有重要的临床诊断意义。

(6) 齿

齿是动物体最坚硬的器官，具有采食和咀嚼作用。

①齿的形态和位置　齿是咀嚼和采食的器官，镶嵌于上下颌骨的齿槽内，因其排列成弓形，所以又分别称之为上齿弓和下齿弓。每一侧的齿弓上由前向后顺序排列为切齿、犬齿和臼齿。其中，切齿由内向外又分别称为门齿、内中间齿、外中间齿、隅齿；臼齿可分

为前臼齿和后臼齿。动物齿的排列方式称为齿式：

$$\frac{2(上齿弓)}{2(下齿弓)}\left(\begin{array}{cccc} & & \text{前} & \text{后} \\ \text{切} & \text{犬} & \text{臼} & \text{臼} \\ \text{齿} & \text{齿} & \text{齿} & \text{齿} \\ \hline & & \text{前} & \text{后} \\ \text{切} & \text{犬} & \text{臼} & \text{臼} \\ \text{齿} & \text{齿} & \text{齿} & \text{齿} \end{array}\right)$$

齿在动物的一生中，并不是固定不变的，一般都是在出生后逐个长出。除后臼齿外，其余齿到一定年龄时均按一定顺序进行脱换。脱换前的齿称为乳齿，一般个体较小、颜色乳白、磨损较快；而脱换后的齿相对较大，坚硬、颜色较白，称为恒齿。几种齿式如下：

恒齿式　　　　　　　　　　　乳齿式

牛： $2\left(\dfrac{0\ 0\ 3\ 3}{4\ 0\ 3\ 3}\right)=32$　　　　$2\left(\dfrac{0\ 0\ 3\ 0}{4\ 0\ 3\ 0}\right)=20$

猪： $2\left(\dfrac{3\ 1\ 4\ 3}{3\ 1\ 4\ 3}\right)=44$　　　　$2\left(\dfrac{3\ 1\ 3\ 0}{3\ 1\ 3\ 0}\right)=28$

马（♂）： $2\left(\dfrac{3\ 1\ 3\ 3}{3\ 1\ 3\ 3}\right)=40$　　　　$2\left(\dfrac{3\ 1\ 3\ 3}{3\ 1\ 3\ 3}\right)=28$

马（♀）： $2\left(\dfrac{3\ 0\ 3\ 3}{3\ 0\ 3\ 3}\right)=36$

犬： $2\left(\dfrac{3\ 1\ 4\ 2}{3\ 1\ 4\ 3}\right)=42$　　　　$2\left(\dfrac{3\ 1\ 3\ 0}{3\ 1\ 3\ 0}\right)=28$

猫： $2\left(\dfrac{3\ 1\ 3\ 1}{3\ 1\ 2\ 1}\right)=30$　　　　$2\left(\dfrac{3\ 1\ 3\ 0}{3\ 1\ 2\ 0}\right)=26$

兔： $2\left(\dfrac{2\ 0\ 3\ 3}{1\ 0\ 2\ 3}\right)=28$　　　　$2\left(\dfrac{2\ 0\ 3\ 0}{1\ 0\ 2\ 0}\right)=16$

②齿的结构　齿在外形上可分为3个部分，埋于齿槽内的部分称为齿根，露于齿龈外的称齿冠，介于二者之间被齿龈覆盖的部分称为齿颈。上下齿冠相对的咬合面称为磨面。齿龈为包围在齿颈外的一层黏膜，与骨膜紧密相连，呈淡红色，有固定齿的作用。

齿壁由齿质、釉质和齿骨质构成。齿质位于最内层，呈淡黄色，是构成齿的主体；在齿冠部齿质的外面包以光滑、坚硬、乳白色的釉质，它是体内最坚硬的组织；在齿根部齿质的外面则被有略呈黄色的齿骨质；齿的中心部称为齿髓腔，墙内有富含血管、神经的齿髓，齿髓有生长齿质和营养齿组织的作用。

牛无上切齿，代之以坚硬角质化的齿板。下切齿齿冠呈铲形，齿根细圆，脱换有一定规律，常作为年龄鉴定的依据。乳切齿一般可保留到2岁左右；恒门齿出现为2岁；2.5岁时内中间恒齿出现；3岁时外中间恒齿出现；4岁左右隅恒齿出现，14岁后齿冠全部磨损。

齿冠长且深入齿槽内，磨面上有一漏斗状齿窝。窝内填充食物残渣，腐败变质后呈黑色，因而称为黑窝（又称齿坎）；当齿磨损后，则可在磨面上见到内外两圈明显的釉质褶。它们之间为齿质。以后随着年龄的增长，齿冠磨损加大，黑窝逐渐消失，齿质暴露，成为一黄褐色的斑痕，称为齿星。因此，常可根据马切齿的出齿、换齿、齿冠磨损情况、齿星出现等判定马的年龄。

(7)唾液腺

唾液腺指能分泌唾液的腺体，主要有腮腺、颌下腺和舌下腺3对。犬、兔的唾液腺发达，有4对(多眶下腺)。猫的唾液腺特别发达，有5对(多眶下腺和臼齿腺)。唾液腺所分泌的液体进入口腔，统称为唾液。

①腮腺　腮腺最大，位于耳根下方，下颌骨后缘的皮下，又称为耳下腺。其排泄管称为腮腺管，沿下颌骨后缘延伸至血管切迹处，折转上行，开口于颊黏膜上。

②颌下腺　颌下腺位于腮腺的深层。牛的比腮腺大，猪、马的比腮腺小，腺管开口于舌下肉阜(牛、马)或舌系带两侧的口腔底面。

③舌下腺　位于舌体和下颌骨之间的黏膜下，腺管很多，分别开口于口腔底部黏膜。

3.5.3.2　咽

咽位于口腔、鼻腔的后方，喉和食管的前上方，是消化和呼吸的共同通道。咽有7个孔与周围邻近器官相通；前上方经两个鼻后孔通鼻腔；前下方经咽峡通口腔；后背侧经食管口通食管；后腹侧经喉口通气管；两侧壁各有一耳咽管口通中耳。

3.5.3.3　食管

食管是将食物由咽运送入胃的一肌质管道，分为颈、胸两段，颈段起始于喉和气管的背侧并继续向后延伸，经纵膈到达横膈膜，经膈的食管裂孔进入腹腔后，直接与胃的贲门相连接。

食管的黏膜上皮为复层扁平上皮。黏膜表面可形成许多纵行的皱裂，当食团通过时，管腔扩大，皱裂展平，利于食团下行。

3.5.3.4　胃

胃位于腹腔内，是消化管的膨大部分，前接食管处形成贲门，后形成幽门通十二指肠，主要作用是贮存食物，发酵和分解粗纤维，进行初步消化和推送食物入小肠，可分为多室胃(牛、羊)和单室胃(猪、马)。胃壁的结构分为黏膜、黏膜下层、肌层和浆膜4层。

(1)多室胃(复胃)

牛、羊的胃是由瘤胃、网胃、瓣胃、皱胃4个胃室联合起来形成的，故称多室胃(复胃)。其中前3个胃的胃壁上无消化腺体存在，不分泌胃液，主要起贮存食物、发酵分解纤维素的作用，称为前胃或假胃；第四个胃有消化腺分布，能分泌胃液，具有化学消化的作用，故又称为真胃。

①瘤胃　瘤胃容积最大，约占4个胃总容积的80%，呈前后稍长，左右略扁的椭圆形，占据了左侧腹腔的全部，其下部还伸向右侧腹腔。前端与第7、8肋间隙相对，后端达骨盆腔前口，左侧(壁面)与脾、膈及左腹壁相接触，右侧(脏面)与瓣胃、皱胃、肠、肝、胰等相邻，背侧借腹膜和结缔组织附于膈脚和腰肌的腹侧面，腹侧缘隔着大网膜与腹腔底相接触。

瘤胃的前端和后端可见到较深的前沟和后沟，左右侧面有较浅的左、右纵沟；瘤胃的内壁有与上述各沟相对应的沟柱。沟和沟柱共同围成环状，把瘤胃分成背囊和腹囊两大部分。由于瘤胃的前沟和后沟较深，所以在瘤胃背囊和腹囊的前、后分别形成前背盲囊、后背盲囊、前腹盲囊和后腹盲囊。

瘤胃和网胃之间的通路很大，称为瘤网口，口的背侧形成一个穹窿，称为瘤胃前庭。其连接食管的孔即贲门。

瘤胃的黏膜呈棕黑色或棕黄色，无腺体，表面有无数密集的乳头，内含丰富的毛细血管。但肉柱上无乳头，颜色较淡。

②网胃（蜂巢胃） 网胃是4个胃中容积最小、位置最前的一个胃，其容积约占4个胃总容积的5%（牛）。外形呈梨状，前后稍扁，位于季肋部的正中矢状面上，瘤胃背囊的前下方，约与第6~8肋相对。网胃的后面（脏面）较平，与瘤胃背囊相连，上端有较大的瘤网口与瘤胃相通；右下方有网瓣口与瓣胃相通。自贲门到网瓣口之间有由黏膜褶形成的食管沟的沟唇，两唇之间为食管沟的沟底，使液状食糜直接沿食管沟和瓣胃直达皱胃。一般犊牛的食管沟沟唇较发达，可闭合成管，而成年牛的食管沟则闭合不严；网胃的前面（壁面）较突出，与膈、肝相接触，而膈的前面紧邻心脏和肺，所以，网胃内如有尖锐异物，常可穿透网胃、膈而伤及心包和心脏，形成创伤性心包炎、心肌炎。

网胃的黏膜形成许多网格状（蜂巢状）的皱褶，皱褶上密布角质乳头。

③瓣胃 牛的瓣胃占4个胃总容积的7%~8%。羊的瓣胃则是4个胃中最小的。瓣胃呈两侧稍扁的球形，很坚实，位于右季肋部，与第7~11（12）肋相对。

瓣胃的黏膜表面由角质化的复层扁平上皮覆盖，并形成百余片大小、宽窄不同的叶片，叶片分大、中、小和最小四级，呈有规律的相间排列，故又称为"百叶"。在消化中可将食物榨干、磨碎。在瓣胃底部有一瓣胃沟，前接网瓣孔与食管沟相连，后接瓣皱孔与皱胃相通，使液态饲料经此沟直接进入皱胃。

④皱胃 皱胃是4个胃中唯一有腺体的胃，黏膜表面光滑、柔软，有12~14条螺旋形皱褶。黏膜表面被覆单层柱状上皮，黏膜内有腺体，按其位置和颜色分为贲门腺区（色较淡）、胃底腺区（色深红）和幽门腺区（色黄），可分泌消化液，对食物进行初步消化。

皱胃的容积占4个胃总容积的7%~8%，前端粗大称为胃底部，与瓣胃相连；后端狭窄称为幽门部，与十二指肠相接。整个胃呈长囊状，位于右季肋部和剑状软骨部，左邻网胃和瘤胃的腹囊，下贴腹腔底壁，与第8~12肋相对。

牛胃容量与年龄、体格大小等有直接的关系，一般中等体型牛的胃容量为135~180L。而4个胃的大小比例也与年龄、食物性质等有很大关系。新生犊牛瘤、网胃之和仅相当于皱胃的1/2，出生后4个月左右，前两胃之和即可相当于后两胃之和的4倍，到1~1.5岁时胃的容积即基本稳定，即瘤胃约占总容积的80%；网胃占5%；瓣胃7%~8%；皱胃7%~8%。

羊胃近似于牛胃（略）。

（2）单室胃

猪和马属动物仅有一个胃，多呈弯曲的椭圆形囊，入口称为贲门，出口称为幽门，凸缘称为胃大弯，凹缘称为胃小弯，前方紧贴膈，称为膈面，后方与肠相邻称为脏面。

胃壁由内向外分4层：

①黏膜 根据黏膜内有无腺体而将黏膜分为无腺部和有腺部两大部分。无腺部的黏膜上皮为复层扁平上皮，颜色苍白，黏膜无腺体，相当于多室胃的前胃，有腺部黏膜有腺体，相当于多室胃的皱胃，其表面形成许多凹陷，称为胃小凹，是胃腺的开口，根据其位

置、颜色和腺体的不同,有腺部又分为贲门腺区、幽门腺区和胃底腺区。其中,贲门腺区和幽门腺区主要有黏液细胞分泌碱性黏液,以润滑和保护胃黏膜;胃底腺区最大,位于胃底部,是分泌胃消化液的主要部位,其细胞主要有4种:

主细胞:数量较多,可分泌胃蛋白酶原、胃脂肪酶(少量)、凝乳酶(幼龄动物),参与消化;

壁细胞(盐酸细胞):数量较少,夹在主细胞之间,分泌盐酸;

颈黏液细胞:一般成群地分布在腺体的颈部,分泌黏液,保护胃黏膜;

银亲和细胞:广泛存在于动物的消化道,具有内分泌的功能,其分泌物可调节消化器官的功能活动,因其细胞内含有能被银染料染成黑色的染色颗粒,故称为银亲和细胞(嗜银细胞)。

②黏膜下层　黏膜下层为疏松结缔组织层。

③肌层　在各段消化管中,胃的肌层最厚,可分为3层:内层为斜行肌,仅分布于无腺部,在贲门部最发达,形成贲门括约肌;中层为环形肌,很发达,在胃的幽门部特别增厚,形成幽门括约肌;外层为不完整的纵行肌,主要分布于胃的大弯和小弯处。

④浆膜　浆膜为外层。

3.5.3.5　小肠

小肠是食物进行消化吸收的最主要部位,前接胃的幽门,后以回盲口通盲肠,包括十二指肠、空肠、回肠3段。

(1)小肠的形态和位置

牛的小肠:十二指肠长约1m,位于右季肋部和腰部。分为3段:第一段起自幽门,向前向上伸延,在肝的脏面形成乙状弯曲。第二段由此向后伸延,到髋结节附近,向上并向前折转形成髂(髋)曲。第三段由此向前,与结肠末端平行到右肾腹侧与空肠相接。空肠大部分位于右季肋部、右髂部和右腹股沟部,形成无数肠圈,由短的空肠系膜悬挂于结肠盘下,形似花环,部分肠圈往往绕过瘤胃后方而到左侧。回肠较短,约50cm,不形成肠圈,自空肠的最后肠圈起,几乎呈直线地向前上方伸延至盲肠腹侧,止于回盲口。

猪的小肠:十二指肠长40~90cm,在腹腔背侧形成一环形袢。空肠,形成无数肠袢,大部分位于腹腔右半部、结肠圆锥的右侧。回肠短而直,末端开口于盲肠和结肠交界处的腹侧。开口处黏膜稍突入盲结肠内。

马的小肠:十二指肠长约1m,紧接幽门部形成乙状弯曲,然后向上向后伸延,在右肾后方绕过前肠系膜根转向左侧,至左肾下面移行为空肠。空肠长约22m,靠空肠系膜悬吊在腹腔中,形成许多肠袢,常与小结肠混在一起,位于左髂部、左腹股沟部和耻骨部。回肠较短,系膜较窄,肠管较直,管壁较厚。从左髂部空肠开始,向右向上直达盲肠底小弯偏内侧的回盲口。

(2)小肠的构造

小肠的肠壁基本上符合管腔器官的一般构造,也分为黏膜、黏膜下层、肌层、浆膜4层。突出特征是黏膜层具有肠绒毛。

①黏膜　小肠的黏膜形成许多环形的皱褶,表面有许多指状突起,称为肠绒毛。绒毛由上皮和固有层组成。上皮覆盖在绒毛的表面,固有层存在于绒毛的中轴,其中央有1条

贯穿绒毛全长的毛细淋巴管（绵羊的可以有2条或多条）称为中央乳糜管。在中央乳糜管周围有毛细血管网丛。固有层内还有分散的平滑肌与绒毛长轴平行，收缩时，绒毛缩短，使绒毛毛细血管和中央乳糜管中所吸收来的营养物质随血液和淋巴进入较深层次的血管和淋巴管中。绒毛的这种不断伸展与收缩，促进了营养物的吸收和运输。

上皮：为单层柱状上皮，由柱状细胞、杯状细胞等组成覆于绒毛的表面和绒毛间的黏膜表面。在细胞的游离缘，有明显的纹状缘，电镜观察可看到它是由许多密集排列的细小胞突构成，称为微绒毛。每个柱状细胞的顶端，可以有2 000~3 000个微绒毛，它使细胞的表面积至少可增加20倍以上。这对于食物的消化和吸收非常有利。杯状细胞，位于柱状细胞之间，细胞体膨大如杯形，分泌黏液，可润滑和保护上皮。

固有层：由富含网状纤维的结缔组织构成，一部分突入绒毛内形成绒毛的轴心，另一部分伸入肠腺之间。固有层内除有大量的肠腺外，还有血管、淋巴管、神经和各种细胞成分。此外，尚有淋巴小结，有的单独存在，称为淋巴孤结（分布在空肠和十二指肠）；有的集合成群，称为淋巴集结（主要分布于回肠），常伸入到黏膜下层。

黏膜肌：为一薄层平滑肌。

②黏膜下层　黏膜下层由疏松结缔组织构成。在十二指肠的黏膜下层内有十二指肠腺，其分泌物可在十二指肠黏膜表面形成屏障，以对抗胃酸对十二指肠黏膜的侵蚀。

③肌层　肌层由内层的环行和外层的纵行两层平滑肌组成。

④浆膜　浆膜由薄层结缔组织和间皮组成。

3.5.3.6　肝

肝是体内最大的腺体，棕红色、质脆、呈不规则的扁圆形，位于膈后。前面隆凸称为膈面，有后腔静脉通过；后面凹陷，称为脏面，中央有肝门。门静脉、肝动脉、肝神经由此入肝，而肝管、淋巴管由此出肝。家畜中除马属动物外，都有胆囊，可贮存和浓缩胆汁。肝的背缘较钝，有食管切迹，是食管通过的地方。腹缘较锐，有较深的切迹将肝分为若干叶。一般以胆囊和圆韧带为标志将肝分为左、中、右三叶；其中，中叶又以肝门为界，分为背侧的尾叶和腹侧的方叶，尾叶向右突出的部分称为尾状突。

（1）几种动物肝的形态位置特点

牛、羊的肝：略呈长方形，分叶虽不明显，但也可分为四叶且肝的实质较厚实，有胆囊，位于右季肋部。

猪肝：位于季肋部和剑状软骨部，略偏右侧，中央厚而边缘薄锐，分叶明显，有胆囊。

马肝：大部分位于右季肋部，小部分位于左季肋部，无胆囊。胆汁沿肝管出肝门后，由肝管直接注入十二指肠。

（2）肝的组织构造

肝的表面大部分被覆一层浆膜，浆膜结缔组织进入肝的实质，把肝分为许多肝小叶。

①肝小叶　是肝的基本结构单位，呈不规则的多边棱柱状。小叶的中轴贯穿一条静脉，称为中央静脉。在肝小叶的横断面上，可见到肝细胞呈索状排列组合在一起，称为肝细胞索，并以中央静脉为中心，向周围呈放射状排列。肝细胞索有分支，彼此吻合成网，网眼间形成窦状隙，又称肝血窦，实际上是不规则膨大的毛细血管，窦壁由内皮细胞构

成,窦腔内有枯否氏细胞,可吞噬细菌、异物。

肝从立体结构上看,肝细胞的排列并不呈索状,而是呈不规则的互相连接的板状,称为肝板。细胞之间有胆小管,它以盲端起始于中央静脉周围的肝板内,也呈放射状,并彼此交织成网。肝细胞分泌的胆汁经胆小管流向位于小叶边缘的小叶间胆管,许多小叶间胆管汇合起来经肝门出肝脏形成肝管,直接开口于十二指肠近胃端(无胆囊动物)或入胆囊(有胆囊动物),经胆管开口于十二指肠。

②肝的血液循环　肝脏的血液有两个来源,一个来自门静脉,它是收集了来自胃、脾、脏、胰的血液,汇合而成门静脉,经肝门入肝,在肝小叶间分支形成小叶间静脉,再分支形成分支开口于窦状隙,然后血液流向小叶中心的中央静脉。门静脉血由于主要来自胃肠,所以血液内既含有经消化吸收来的营养物质,又含有消化吸收过程中产生的毒素、代谢产物及细菌、异物等有害物质。其中,营养物质在窦状隙处可被吸收、贮存或经加工、改造后再排入血液中,运到机体各处,供机体利用;而代谢产物、细菌、异物等有毒、有害物质,则可被肝细胞结合或转化为无毒、无害物质,细菌、异物可被枯否氏细胞吞噬。因此,门静脉属于肝脏的功能血管。

肝的另一支血管,是来自主动脉的肝动脉。它经肝门入肝后,也在肝小叶间分支形成小叶间动脉,并伴随小叶间静脉同样分支,进入窦状隙和门静脉血混合。部分分支还可到被膜和小叶间结缔组织等处。这支血管由于是来自主动脉,含有丰富的氧气和营养物质,可供肝细胞物质代谢使用,所以是肝脏的营养血管。

③肝门管　综上所述可知,在肝门处主要有2条进入肝脏的血管(门静脉、肝动脉),1条走出肝门的肝管。这3条管在肝门处往往被结缔组织包裹起来,并集合成束,这种结构称为肝门管。另外,结缔组织还突入肝内,遍布于小叶之间,把小叶间动脉、小叶间静脉、小叶间胆管同时包裹起来。因此,在肝的组织切片上,可见到相邻肝小叶之间、小叶间动脉、小叶间静脉、小叶间胆管伴行分布的区域,称为门管区或汇管区。

肝的血液循环和胆汁排出途径简表如下:

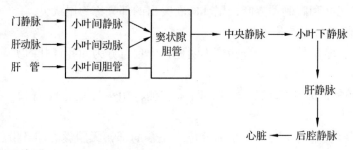

(3)肝的生理作用

肝是体内的一个重要器官,不仅能分泌胆汁参与消化,而且又是体内的代谢中心,体内很多代谢过程都需在肝内完成。此外,肝还具有造血、解毒、排泄、防御等许多功能。

①分泌功能　肝是体内最大的腺体,肝细胞分泌的胆汁,一昼夜可达6L(牛、马)、1.7~2L(猪/20~30kg)。胆汁的主要成分为:水、胆酸盐、胆色素、胆固醇、卵磷脂及其他磷脂、脂肪和矿物质等。这些成分中虽无消化酶,但其中的胆酸盐和碱性无机盐却对消化有重要的意义。第一,胆酸盐是胰脂酶的辅酶,能增强脂肪酶的活性;第二,胆酸盐

能降低脂肪的表面张力,将脂肪乳化为微滴,增大脂肪与脂肪酶的接触面积,有利于脂肪的消化;第三,胆酸盐与脂肪酸结合成水溶性复合物,促进脂肪酸的吸收;第四,促进脂溶性维生素 A、维生素 D、维生素 E、维生素 K 的吸收;第五,胆汁中的碱性无机盐可中和一部分由胃进入肠中的酸性食糜,维持肠内的正常 pH 值,有利于小肠的消化;第六,可刺激小肠的运动,使其维持正常的运动水平。

②代谢功能　肝细胞内可进行蛋白质、脂肪和糖的分解、合成、转化和贮存,很多代谢过程都离不开肝脏,且能贮存维生素 A、维生素 D、维生素 E、维生素 K 及大部分 B 族维生素。

③解毒功能　从肠道吸收的毒物或代谢过程中产生的有毒、有害物质以及经其他途径进入机体的毒物或药物,肝细胞可将它们吸收,并通过转化和结合作用,使这些毒物减毒或变成无毒物,然后排出体外。例如,将氨基酸代谢中脱出的氨(对机体有毒)转化成无毒的尿素,通过肾脏排出体外。

④防御功能　窦状隙内的枯否氏细胞,具有强大的吞噬作用,能吞噬侵入窦状隙的细菌、异物和衰老的红细胞。

⑤造血功能　肝在胚胎时期是造血器官,可制造细胞。成年动物肝则只形成血浆内的一些重要成分,如清蛋白、球蛋白、纤维蛋白原、凝血酶原、肝素等。

3.5.3.7　胰

胰位于十二指肠的弯曲中,质地柔软,有 1 条胰管直通十二指肠(马有 2 条)。胰的外面包有一薄层结缔组织被膜,结缔组织伸入腺体实质,将实质分为许多小叶。胰的实质可分为外分泌部和内分泌部。外分泌部属消化腺,由许多腺泡和导管组成,占腺体的绝大部分。腺泡分泌液称为胰液,一昼夜可分泌 6~7L(牛、马)或 7~10L(猪),经胰管注入十二指肠。胰液除水和电解质外,有机物主要是消化酶,包括胰蛋白酶、胰脂酶、胰淀粉酶和胰核糖核酸酶等。这些酶刚分泌出来时,虽然大部分是不具活性的酶原,但在小肠内肠激酶、胆酸盐、氯离子等激活剂的作用下,均可迅速发挥其消化作用。

内分泌部位于外分泌部的腺泡之间,由大小不等的细胞群组成,形似小岛,故名胰岛。其分泌物有胰岛素(降低血糖)和胰高血糖素(升高血糖)。胰岛无输出管,分泌物进入血液,循环到靶器官发挥其调节血糖的作用。

3.5.3.8　大肠

大肠包括盲肠、结肠和直肠 3 段,前接回肠,后通肛门,主要功能是消化纤维素,吸收水分,形成并排出粪便等。

大肠壁的结构与小肠基本相似,但肠腔宽大,黏膜表面平滑,无绒毛,上皮细胞呈高柱状,黏膜内有排列整齐的大肠腺,大肠腺的分泌物中不含消化酶,肠腔内的化学消化过程主要靠伴随食糜一起进入大肠的小肠消化液继续发挥消化作用。肠壁内淋巴孤结较多,淋巴集结较少。肌层也由内环外纵两层平滑肌构成。纵行肌常集合成纵带,环行肌在有些动物可形成横沟,从而使肠腔形成肠袋(如马)。外层除直肠覆以结缔组织外膜外,其余均覆以浆膜。

(1)牛、羊的大肠

①盲肠　盲肠呈圆筒状,位于后髂部。以回盲口为界,盲端向后伸达骨盆前口(羊的

可伸入到骨盆腔内),并呈游离状态,可以移动。由回盲口向前即为结肠。

②结肠　结肠分为初袢、旋袢、终袢3段。

初袢:为结肠前段,呈乙状弯曲,大部分位于右髂部。

旋袢:为结肠中段,盘曲成一平面的圆盘状,位于瘤胃的右侧。从初袢末端开始,以顺时针方向向内旋转约2圈(羊约3圈)至中心曲称为向心回;而后以中心曲为起点,以相反方向向外旋转两圈(羊约3圈)至终袢,称为离心回。

终袢:是结肠的末段,开始先向后,继而折转向前,再向左绕过肠系膜前动脉,转而向后伸达骨盆前口,移行为直肠。

③直肠　直肠位于骨盆腔内,较短。

(2)猪的大肠

①盲肠　盲肠短而粗,呈圆锥状,位于左髂部,盲端朝向后下方,伸达骨盆前口附近。

②结肠　结肠位于腹腔左侧,胃的后方,形成圆锥状双重螺旋盘曲,分为向心曲和离心曲两段。向心曲口径粗大,由背侧向腹侧旋转3周,离心曲由腹侧向背侧旋转,口径较细小,最后接直肠。

③直肠　直肠位于骨盆腔内,中部膨大可形成直肠壶腹。

(3)马的大肠

①盲肠　马的盲肠非常发达,外形似逗点,长约1m,容积比胃大得多,位于腹腔右侧,自右髂部沿腹壁斜向前下方,直达剑状软骨部。盲肠可分为盲肠底、盲肠体和盲肠尖3个部分。盲肠底为盲肠的弯曲部分,位于右髂部,其凸出部为大弯,是盲肠穿刺的常用部位。凹入部为小弯,有连接回肠的入口——回盲口,和通向结肠的出口——盲结口。两口相距5~8cm,口上有由黏膜隆起形成的皱褶,分别称为回盲瓣和盲结瓣。因此,当发生盲肠完全阻塞时,仍可有少量稀软粪便由回盲口直达盲结口而排出。盲肠尖为盲肠的游离部,伸向腹腔的前下方,距剑状软骨10~15cm,因而该处是腹腔穿刺的适宜部位。盲肠体为盲肠底和尖之间的部分。肠壁上有4条纵带和4列肠袋。

②结肠　马的结肠非常发达,可分为大结肠和小结肠两部分。

大结肠　长3~3.7m,占据了腹腔的绝大部分,形似两个重迭在一起的蹄铁,形成上下两层大结肠。可分为4段3个弯曲。从盲结口开始顺序为:右下大结肠——胸骨曲——左下大结肠——骨盆曲——左上大结肠——膈曲——右上大结肠。大结肠各段肠管内径变化很大。下层大结肠除起始部外,管径都较粗大,直径20~25cm,至骨盆曲管径急剧变细,8~9cm,以后又渐增粗,至右上大结肠后部,管径最大,35~40cm,因这一段形态似胃,因此又称为胃状膨大部。而后又突然变细接小结肠。

大结肠的肠壁上均有明显的纵带,但各段数目不同。上下大结肠间有短的系膜相连;右下大结肠与盲肠小弯之间由盲结韧带相连;右上大结肠背侧由疏松结缔组织及浆膜与胰的腹侧相连;右侧与盲肠底、胰、膈、十二指肠相连。除此之外,大结肠的各段都是游离的,与腹壁及其他内脏均无联系。

小结肠　紧接右上大结肠,长3~3.5m,与小肠混在一起,被宽而发达的后肠系膜悬吊在腹腔中,活动范围较大,具有两条纵带和两列肠袋。小结肠向后移行为直肠。

③直肠 直肠由骨盆腔前口向后直达肛门。前段与小结肠相接处，管径较细，称为直肠狭窄部(中医称玉女关)，中部管径膨大，称为直肠壶腹。

3.5.3.9 肛门

肛门是消化管末端，外为皮肤，内为黏膜，黏膜衬以复层扁平上皮。皮肤与黏膜之间有平滑肌形成的内括约肌和横纹肌形成的外括约肌，控制肛门的开闭。提肛反射是否消失是判定动物是否彻底死亡的标志之一。

3.5.4 消化生理

3.5.4.1 消化方式

消化系统完成消化方式主要有以下3种：

(1) 机械性消化(物理性消化)

机械性消化，通过消化器官的运动，改变饲料物理性状的一种消化方式，如咀嚼、蠕动等。其作用主要是：

①磨碎、压迫饲料，使其更好地与消化液混合，以利于化学消化和物理消化。

②使食糜更好地与消化管壁贴近，有利于吸收。

③促进内容物后移，有利于消化残余物的后送与排出。

消化管的运动由管壁肌肉收缩来完成。而胃肠的肌肉全部为平滑肌，具有兴奋性低、收缩缓慢、伸展性大、不易疲劳、有自动节律性等特性。这些特性保证了消化道可容纳比本身体积大好几倍的事物，并经常保持一定的压力和缓慢、节律的收缩，使内容物缓慢后移。

(2) 化学性消化

化学性消化，指在消化液中"酶"的作用下，改变饲料的化学结构，使其由复杂到简单，达到能被吸收状态。酶是体内细胞产生的一种具有催化作用的特殊蛋白质，通常称为生物催化剂。具有消化作用的酶称为消化酶，由消化腺产生，多存在于消化液中，有的存在于肠黏膜脱落细胞或肠黏膜内，多为水解酶，并具有高度的特异性，即一种酶只能影响某一种营养物的化学反应，对其他化合物则无作用。如淀粉酶只能催化淀粉的分解，而对蛋白质和脂肪甚至双糖都无作用。根据酶的作用对象的不同，可将其分为3种类型：①糖类酶，包括蔗糖酶、麦芽糖酶等；②蛋白类酶，包括胃蛋白酶、胰蛋白酶、糜蛋白酶、羧肽酶等；③脂类酶，包括脂肪分解酶、凝乳酶等。

酶的作用很容易受各种因素的影响，如温度、酸碱度、激动剂、抑制剂、致活剂等。

温度对酶的影响很大，通常37~40℃是消化酶的最适温度，这是酶促反应的速度最大，但当温度达到60℃时，酶的活性即受到破坏。

酶对环境的pH值非常敏感，各种不同的酶要求有不同的pH值环境，有的在酸性环境最佳，如胃蛋白酶；有的在碱性环境最好，如胰蛋白酶；有的则在中性环境下最活跃，如唾液淀粉酶。

有的物质能增强酶的活性，称为激动剂，如氯离子能增强淀粉酶的活性；另外，有些物质能降低酶的活性甚至使酶的活性完全丧失，称为酶的抑制剂，如Ag^+、Cu^{2+}、Hg^{2+}、Zn^{2+}等离子。

有些消化酶在腺细胞内产生后的贮存期间或刚从细胞分泌出来时是没有活性的,称为酶原。酶原必须在一定条件下才能转化为有活性的酶,这一转化过程称为酶的活化。

(3) 生物学性消化

生物学性消化,是指在体内微生物的作用下,实现饲料由复杂到简单的结构转变,最后达到能被机体吸收利用状态。这种消化方式对草食动物尤为重要。动物本身的消化液中不含纤维素酶,但其饲料中却含有大量的纤维素、半纤维素,因而其体内微生物对纤维素的分解作用,对提高饲料的利用效能具有十分重要的意义。

上述 3 种消化方式不是孤立的,而是互相联系、互相影响并同时进行的。机械性消化为化学性消化和生物学性消化创造条件,使内容物能更好地与消化液混合,贴近消化管壁,并逐渐后移;而化学性消化和生物学性消化过程的好坏又在一定程度上影响机械性消化的过程,调节机械性消化的速度和力度。

饲料经上述一系列消化活动后,蛋白质分解为氨基酸,脂肪分解为甘油和脂肪酸,糖类分解为单糖(其中纤维素分解为低级脂肪酸);而后,连同不需改变化学结构的维生素、无机盐、水分等一起被消化道黏膜上皮吸收;剩余的不能被消化吸收的物质,参与粪便的形成,排出体外。

3.5.4.2 消化管各部分的消化特点

(1) 口腔的消化

动物的消化过程是从口腔开始的,在这里主要进行机械性消化和部分化学性消化。

①机械性消化 口腔的机械性消化主要进行采食、饮水、咀嚼、混合唾液和形成食丸。

采食主要靠视觉和嗅觉寻找和选择食物,而后靠唇、舌、齿互相配合来摄取食物和水。在口腔内要依靠味觉和触觉进行评定和选择,适合者通过咀嚼形成食丸向后推送,不适者即吐出口外。

咀嚼对消化有重要意义。一方面可破碎粗大食物,尤其是对植物性饲料,可破坏植物细胞壁,增大饲料受消化液作用的表面积;另一方面,可刺激口腔内的各种感受器,反射性地引起各种消化液的分泌和胃肠运动,为食物的进一步消化做好准备。

②化学性消化 口腔的化学性消化主要依靠唾液来完成。唾液是由唾液腺分泌的一种无色、略带黏性的液体;密度为 1.001~1.009;一般都呈碱性,平均 pH 值:牛(羊)8.2、猪 7.32、马 7.56;可随饲料性质的不同而发生改变;其一昼夜的分泌量为:牛 100~200L、绵羊 8~13L、猪 15L、马 40L。

唾液的成分主要为水(98.5%~99.4%)、少量的有机物和无机物。有机物主要为黏蛋白和溶菌酶,猪、马唾液中还含有少量淀粉酶。无机物主要为氯化钠和碳酸氢钠等。

唾液的作用很大:能湿润、软化饲料,便于咀嚼和吞咽,同时还能溶解饲料中的可溶物质,刺激味蕾产生味觉,引起食欲和各种反射活动;唾液中的黏蛋白可黏合食物形成食团,利于吞咽;中和胃酸。尤其是对反刍动物,这一点尤为重要,唾液中碱性物质可中和瘤胃内纤维素发酵产生的有机酸,维持瘤胃内的正常 pH 值,从而维持瘤胃的正常消化过程;很多单室胃动物唾液中还含有淀粉酶,在中性或微碱性环境下可分解淀粉为麦芽糖;唾液中含有溶菌酶,可杀死部分病菌。因而动物舔伤口不但可冲淡、中和有害物质,而且有消毒灭菌作用；某些动物（如狗、牛、猪）在环境温度高时可依靠分泌大量唾液，蒸发其中的水分而散热。

(2) 咽和食管的消化

咽和食管均是食物通过的管道，食物在此不停留，只是借运动向后推移，不进行其他消化。

(3) 胃的消化

①单室胃的消化　食物通过食管进入单室胃后，主要进行机械消化和化学消化两种消化过程。

• 化学性消化：单室胃动物的化学性消化主要靠胃液中的消化酶进行。

胃液是一种无色透明并带有一定黏性的酸性液体，pH 0.5~1.5，除水分外，主要由盐酸、消化酶、黏蛋白和电解质（K^+、Na^+、Ca^{2+}等）组成。

盐酸是由胃腺中的壁细胞分泌的，通常说的胃酸即指盐酸，它对胃的消化有十分重要的作用，第一，是胃蛋白酶原的致活剂，为胃蛋白酶提供了它所需的酸性环境；第二，盐酸的浸泡可使蛋白质膨胀变性，有利于酶的消化；第三，盐酸可杀死进入胃的细菌，保护机体免受侵害；第四，盐酸进入小肠后，可促进胰液、胆汁的分泌，胆囊收缩，有利于小肠的消化。

胃消化酶是由底腺的腺细胞分泌的，主要有胃蛋白酶、凝乳酶、胃脂肪酶等。胃蛋白酶主要可使蛋白质分解为蛋白胨和蛋白脉。但其刚分泌出来时是无活性的酶原，只有在盐酸的作用下才能成为有活性的酶。凝乳酶的主要作用是使乳汁凝固，结构膨胀、疏松，延长乳在胃内停留的时间，以加强胃液对乳的消化。这种酶一般哺乳期的幼龄动物胃内含量较高，哺乳期结束，则逐渐减少，甚至消失。胃脂肪酶主要是肉食动物胃中含有少量丁酸甘油酯酶，可分解丁酸甘油酯（乳脂的主要成分）。

胃液中的黏液，主要成分是黏蛋白，由颈黏液细胞分泌出来后，在胃的内壁上形成厚1.0~1.5mm的中性或弱碱性黏液层，覆盖在胃黏膜的表面，一方面免受饲料的机械损伤；另一方面中和胃酸，防止胃蛋白酶对胃壁的消化，所以可保护胃黏膜。

饲料对胃液分泌的影响：胃液的分泌主要受神经和体液因素的调节。但饲料的特征作为一种刺激物对胃液的分泌有重大的影响。胃腺的分泌功能对饲料的特征有很强的适应性，长期饲喂某一特定饲料或形成一定的固定饲养管理制度，能使胃腺的分泌活动形成定型。如改变饲养制度，则必须在经过一段时间后，才能建立起新的胃腺分泌定型。所以，改变饲养制度必须缓慢进行，骤然改变，超过胃腺的适应能力，往往造成消化功能紊乱。畜牧生产中需引起注意。

• 机械性消化：胃的机械性消化主要为紧张性收缩和蠕动。一般在咀嚼和吞咽时，胃底部和体部即可通过迷走神经的控制而发生舒张，称为容纳性舒张。它使得食物进入胃后一层层铺在胃中，先进入的在周围，后进入的在中间。当胃充满食物时，胃壁肌肉伸长到很大的生理限度，但肌纤维的张力并不增加，因而胃内压力的增加也很小，这种功能保证了胃的较大容量，使其适应贮存大量食物的需要。

进食后不久，胃即开始紧张性收缩。整个胃壁呈现持续性长时间的缓慢收缩，并逐渐加强，使胃内压力逐渐增高，以使胃液渗入食物，并协助推动食物向幽门方向移动。

蠕动是胃壁肌肉舒张与收缩交替进行的运动,蠕动波从贲门开始,向幽门方向进行。起初,仅细而小的浅波,到胃的中部蠕动明显加强,到幽门部则变得强而有力。这种运动一方面使胃内容物和胃液充分混合;另一方面把胃内容物推向十二指肠。

• 胃的排空:胃内食糜通过幽门进入十二指肠的过程,称为胃的排空。这个过程通过幽门一次次的开放分批进行。而幽门的开放取决于许多因素,其中最主要的是幽门两侧的压力差和酸度比。当胃内压力或酸度高于十二指肠并达到一定数值时,则可反射性引起幽门括约肌松弛而开放。反之,胃内容物的排空则要受到抑制。

• 猪、马胃消化的特点:首先,由于猪、马胃内容物不易完全排空,常有饲料残留,所以胃液分泌是连续的。其次,猪、马胃内容物除在幽门部可混合外,其他大部饲料处于分层排列状态。这种状态使得胃液不易迅速浸透饲料,使混有唾液的饲料在其中心和无腺部保持较长时间的中性、弱碱性环境,给淀粉酶形成适宜的消化环境,因而在这里进行糖类的消化。而在饲料的外层和胃底部由于混有大量胃液,则可使胃蛋白酶发挥作用,将蛋白质分解为蛋白胨和蛋白腖。

猪胃消化还有明显的年龄特征。仔猪出生后,胃内缺乏盐酸,一般在20日龄后,胃中才出现少许游离盐酸,这时胃液中的蛋白酶才开始具有消化能力,以后胃液内盐酸含量逐渐增加,到断乳时接近成年猪的水平,但胃蛋白酶的消化能力,约需在3月龄时才与成年猪相似。

②多室胃的消化 多室胃的消化与单室胃相比较,主要的区别在前胃。第四胃主要完成化学消化,基本过程与单室胃相似,但胃液中盐酸浓度较低,凝乳酶的含量较多。同时,由于前胃不断运动,半流体食糜不断地进入皱胃,所以皱胃内胃液的分泌是连续的。皱胃的运动在幽门部特别明显,常出现很强的收缩波,随着幽门部的蠕动,胃内食糜不断地被送进十二指肠。

反刍动物前胃的消化在其消化过程中占有举足轻重的位置。饲料中70%~85%的可消化干物质和约50%的粗纤维都是在瘤胃内消化。这一过程中,瘤胃内的微生物起了主导作用,瘤胃是反刍动物进行生物学性消化的主要部位。网胃相当于一个"中转站",一方面将需反刍的饲料返回瘤胃;另一方面将较稀软的饲料运输到瓣胃。瓣胃相当于一个"滤器",收缩时把饲料中较稀软的部分送入皱胃,继续进行化学性消化,而把粗糙部分留在叶片间揉搓研磨,以利于下一步的继续消化。

• 瘤胃的生物学性消化:瘤胃内由于有大量的有机物和水,pH值接近中性(7.2),温度适宜(39~41℃),所以特别适合微生物的生长、繁殖。据测定,1g瘤胃内容物中含细菌150亿~250亿个,纤毛虫60万~180万个,总体积约占瘤胃液的3.6%,其中细菌和纤毛虫各占1/2。在这些微生物的作用下,瘤胃内的饲料可发生下列复杂的消化过程:

纤维素的分解和作用:纤维素是反刍动物饲料中的主要糖类物质,其中的大部分可经瘤胃内细菌和纤毛虫体内的纤维素分解酶的作用而逐级分解,最后产生挥发性脂肪酸(VFA),即乙酸、丙酸、丁酸和少量高级脂肪酸。牛一昼夜产生的VFA可提供25.08~50.15MJ的能量,占机体所需能量的60%~70%。纤维素的分解过程为:

$$纤维素 \rightarrow 纤维二糖 \rightarrow 葡萄糖 \rightarrow \begin{bmatrix} 丙酮酸 \\ 乳酸 \end{bmatrix} \rightarrow VFA + CH_4 + CO_2$$

项目三 消化系统解剖生理特征观察

其他糖类的分解与合成：瘤胃内的微生物还可分解淀粉、葡萄糖和其他糖类产生低级脂肪酸、二氧化碳和甲烷等。同时，这些微生物还可利用饲料分解产生的单糖合成糖原，贮存于微生物体内，待这些微生物进入小肠被消化后，这些糖原又被消化分解为葡萄糖，构成了反刍动物体内葡萄糖的重要来源之一。

蛋白质的分解与合成：反刍动物能同时利用饲料中的蛋白质和非蛋白氮，构成微生物蛋白质供机体利用。反刍动物的瘤胃微生物对于饲料中的蛋白质有强烈的分解作用，一般 50%～70% 可在瘤胃微生物蛋白分解酶的作用下，分解为氨基酸，氨基酸又在微生物脱氨酶的作用下，很快脱去氨基而生成氨、二氧化碳和有机酸，从而降低了饲料蛋白质的利用率。近年来，有人试用甲醛溶液或鞣酸等预先处理饲料蛋白质后再喂牛、羊，可显著降低被瘤胃微生物的分解量，从而提高日粮中蛋白饲料的利用率。

瘤胃微生物不但可利用饲料中的氨基酸合成菌体蛋白或虫体蛋白，而且可以利用氨或其他非蛋白氮合成氨基酸，再进一步合成菌体蛋白和虫体蛋白。尤其是对尿素，细菌的尿素酶能迅速将其分解为二氧化碳和氨，再合成菌体蛋白和虫体蛋白。这些微生物进入小肠被消化吸收，则构成体内蛋白质的重要来源。有人曾试用尿素喂牛，可减少饲料蛋白的供给量，降低饲养成本。

维生素的合成：瘤胃内微生物能合成 B 族维生素（硫胺素、核黄素、生物素、吡多醇、泛酸、维生素 B_{12}）和维生素 K。因此，一般日粮中缺乏这些维生素也不致影响成年反刍动物的健康。

- 前胃的机械性消化：前胃的运动是前 3 个胃室互相密切配合进行的。首先是网胃发生连续 2 次收缩。第一次只收缩网胃容积的 50% 即舒张，紧接着进行第二次的强力收缩，这次收缩使网胃内腔几乎全部消失，压迫网胃内容物一部分返回瘤胃，一部分进入瓣胃。这种双相收缩一般每隔 30～60s 重复 1 次。当反刍时，网胃在第一次收缩前还会增加 1 次收缩（称为附加收缩），体内容物逆呕至口腔，因而有人又称这次收缩为逆呕收缩。

在网胃进行第二次收缩时，瘤胃也开始收缩。收缩的方式有两种，一种称为 A 波，是先由瘤胃前庭开始，沿着背囊由前向后，然后转入腹囊，接着又由后前向沿着腹囊进行收缩。这种收缩使瘤胃内容物收缩的顺序和方向进行移动和混合，收缩的最后有一部分食物又被推向了瘤胃前庭和网胃。有时瘤胃还要发生一次单独收缩（第二收缩波，又称 B 波），收缩波是从后腹盲囊开始，行进到后背囊及前背盲囊，最后到主腹囊，这次收缩与反刍及嗳气有关，而与网胃的收缩没有直接联系。

瘤胃收缩可以从左髂部看到、听到或摸到，休息时平均每分钟 1.8 次，进食时 2.8 次，反刍时 2.3 次。每次瘤胃运动持续的时间为 15～25s。其运动时产生的音响称为瘤胃蠕动音。正常生理蠕动音为"沙—沙"声。音响的变化直接反映瘤胃消化功能的状态。

瓣胃的运动比较缓慢有力，它的收缩与网胃相配合。当网胃收缩时，瓣胃底升高至网瓣口的水平，同时开放网瓣口，紧接着瓣胃舒张，压力降低，使一部分食糜从网胃进入瓣胃，其中的液体部分经瓣胃沟直接进入皱胃，而较粗糙的食糜则进入瓣胃叶片面，进行研磨和筛滤后再送入皱胃。

- 食管沟的作用：食管沟起自贲门，止于网瓣口，与瓣胃沟相连。犊牛和羔羊在吸吮乳汁或饮料时，能反射性地引起食管沟唇闭合成管状，使乳汁或饮料由食管沟→瓣胃沟→

皱胃。食管沟闭合反射的感受器主要分布在唇、舌、口腔和咽腔的黏膜上，传入神经舌神经、舌下神经和三叉神经。因此，用桶给犊牛喂乳时，由于缺乏吸吮刺激，食管沟则有可能闭合不全，部分乳汁溢入瘤胃和网胃，引起异常发酵，导致腹泻。

• 反刍和嗳气：反刍动物采食时，往往不经充分咀嚼即匆匆吞咽。饲料进入瘤胃后经浸泡和软化，在休息时又把饲料逆呕回口腔进行仔细咀嚼、混合唾液再行咽下，这一过程称为反刍。第二次咽下的食物进入瘤胃前庭，其中较细的部分可进入网胃，而较粗的部分仍与瘤胃内容物混合。

反刍是与动物摄取粗饲料相联系的。犊牛在出生后 3~4 周出现反刍，其出现时间与采食粗料早晚有关。如训练犊牛及早采食粗料，反刍可提前出现。成年动物一般在饲喂后 0.5~1h 出现反刍，每次反刍平均为 40~50min，然后间隔一段时间再开始第二次反刍。这样一昼夜进行 6~8 次（幼龄反刍动物可达 16 次），每天用在反刍的时间为 7~8h。

反刍是反刍动物的重要生理功能，是复杂的反射动作，通过逆呕来完成。首先是由粗糙的食物刺激网胃、瘤胃前庭和食管沟的机械感受器，引起网胃在两相收缩之前产生一次附加收缩，使一部分胃内物上升到贲门口，这时动物关闭喉口，进行吸气，从而引起食管扩张，内压下降，贲门括约肌舒张，胃内容物即进入食管，借食管逆蠕动，把食物送回口腔，仔细咀嚼后咽下。

反刍的意义不仅是充分咀嚼，帮助消化，混合唾液，中和胃内容物发酵时产生的有机酸，而且可以排出瘤胃内发酵产生的气体，促进食糜向后部消化道的推进。

嗳气：瘤胃内由于有微生物的强烈发酵，不断产生大量的气体（体重 500kg 的牛，每分钟可产生 1L 左右的气体），主要是二氧化碳、甲烷，间有少量的氢气、氧气、氮气、硫化氢等。这些气体约有 1/4 被吸收入血经肺排出；还有一部分被瘤胃微生物利用，剩余的气体则通过食管排出。把通过食管排出气体的过程，称为嗳气。牛一般每小时平均嗳气 17~20 次。

嗳气是反射动作。引起嗳气的刺激是气体对瘤胃背囊壁的压力。当瘤胃背囊壁的压力增高时，可反射性地引起背囊前、后肌柱收缩，将气体驱向贲门区。当食管括约肌舒张时，气体进入食管。然后贲门括约肌关闭，食管肌强烈收缩，压迫食管内的气体进入咽部，这时鼻咽部括约肌关闭，使气体一部分经口腔排出，另一部分经张开的喉口入呼吸道，通过肺毛细血管吸收入血。

(4) 小肠的消化

小肠由于有大的消化吸收面积，各种充足的消化酶，适宜的消化吸收条件，所以大部分营养物质都在小肠内消化与吸收。因此，小肠的消化在整个消化过程中占有极其重要的地位。

①化学性消化　小肠内的化学性消化主要包括胰液、胆汁和小肠液的作用。

• 胰液：由胰腺的外分泌部分泌出来后，经胰导管排入十二指肠。胰液呈无色透明的碱性液体，pH 为 7.8~8.4，渗透压与血浆相等。胰液除水和电解质外，还含有有机物，有机物主要为消化酶。蛋白类的酶主要有胰蛋白酶、糜蛋白酶、羧肽酶等。三者初分泌出来时均为酶原，其中胰蛋白酶原可自动催化或经肠激酶激活。糜蛋白酶原和羧肽酶原可经胰蛋白酶致活。胰蛋白酶和糜蛋白酶共同作用，水解蛋白质炎多肽，而羧肽酶则分解多肽为氨基酸。脂肪类的酶主要有胰脂酶，可被胆汁中的胆酸盐激活，从而分解脂肪为脂肪酸和甘油。糖类酶主要有胰淀粉酶，在氯离子和其他无机离子的作用下被激活，可将淀粉或糖原分解为糊精和麦芽糖。同时，胰液中还有麦芽糖酶、蔗糖酶、乳糖酶等双糖酶，可分解双糖为单糖。

• 胆汁：是由肝脏分泌的具有强烈苦味的弱碱性液体（pH 5.9~7.8）。草食动物的胆汁呈暗绿色，肉食动物的胆汁呈红褐色，猪的胆汁呈橙黄色。从肝脏出肝门后由肝管直接注入十二指肠（马、骆驼）或贮存于胆囊中（牛、猪、羊等），需要时胆囊收缩，将胆汁中虽无消化酶，但对消化却有重要意义（见前述）。

• 小肠液：是小肠黏膜内各种腺体的混合分泌物，一般呈无色或灰黄色的混浊液体，碱性反应，内含各种消化酶，如肠激酶（激活胰蛋白酶原）、肠肽酶、肠脂肪酶（少量）、双糖酶和分解核蛋白质的酶类（如核酸酶、核苷酸酶和核苷酶）。

另外，在小肠的前段，十二指肠腺的分泌物，是一种黏性很高的碱性液体，除含有上述消化酶外，在小肠黏膜表面形成一个抵抗酸性食糜的屏障，可中和进入小肠的酸性食糜，防止酸性食糜对小肠壁的侵蚀。

②机械性消化　小肠的运动是靠肠壁两层平滑肌来完成的。当食糜进入小肠后，即可刺激肠壁，引起小肠运动加强。小肠运动的基本形式如下：

• 节律性分节运动：这种运动是以环行肌舒缩为主的节律性运动。即在有食糜的肠管，环行肌在许多点上分段同时进行收缩，使食糜分成数段。随后，原收缩处舒张，原舒张处收缩，使原形成的食糜段又分成两半，而临近的两半合拢起来形成一个新节。如此反复进行，使食糜不断地分开、合拢。这种运动一般在一个肠段内可进行数十分钟，过后，由蠕动波把食糜向后推进，换一个新肠段进行同样的运动。这种运动可使得食糜一方面与消化液充分混合，利于化学性消化；另一方面使食糜与肠壁紧密充分接触，为吸收创造良好条件。另外，还可挤压肠壁，有助于血液和淋巴液的回流。

• 钟摆运动：是以纵行肌的节律性舒缩为主的运动，表现为某一段肠管时而伸长，时而缩短，使食糜在肠腔内来回摆动，很少向前推进，其意义与分节运动相同。

• 蠕动和逆蠕动：蠕动是由于小肠某一部位的环状肌收缩，而其后面相邻肠段舒张，紧接着原来舒张的环状肌收缩，而其相邻的后段肠管舒张，使肠管顺序地由近胃端向远胃端形成一个收缩波，像蠕虫的运动。其意义在于把食糜由前向后推进。

小肠蠕动的速度很慢，每一个蠕动波也只能把食糜向后推进一个短距离（约数厘米）后即消失。它使得食糜由前后向推进一步后，到达一个新肠段，再开始分节运动和钟摆运动。此外，有时肠管还进行一次速度很快、推进距离较长的蠕动（5~25cm/s），称为蠕动冲。

逆蠕动是与蠕动方向相反的蠕动。逆蠕动和蠕动相配合，保证了食糜在小肠内的存留时间，有利于小肠的消化和吸收。

(5) 大肠的消化

食糜经小肠消化吸收后，残余部分进入大肠。由于大肠腺只能分泌少量碱性黏稠的大肠液（不含消化酶），所以大肠的消化除依靠随食糜而来的小肠消化酶继续作用外，主要靠微生物（细菌和纤毛虫）进行生物学性消化。

大肠由于蠕动缓慢，食糜停留时间长，水分充足，温度和酸碱度适宜，为伴随食糜而来的微生物大量生长繁殖提供了较好的环境，因而，大肠杆菌、乳酸杆菌、发酵杆菌等大肠常见菌，异常活跃，使纤维素发酵分解，产生大量乙酸、丙酸、丁酸等低级脂肪酸和沼气、氢气、二氧化碳、氨气、二氧化硫等气体。低级脂肪酸被大肠吸收供机体利用，气体则经肛门排出。另外，大肠内的细菌还可合成 B 族维生素和维生素 K。

在小肠内未被消化吸收的蛋白质，在大肠内可被腐败菌腐败分解，产生有毒的胺和酚等物质。这些毒物一部分随粪便排出，另一部分由肠黏膜吸收入血，经肝解毒后，随尿排出。如果毒物吸收过多，超过肝脏的解毒能力，即可引起自体中毒。但正常生理状况下，由于大肠内发酵过程占优势，所产生的酸性物质，可抑制腐败菌的活动，故腐败过程很弱，毒物产生很少。如果饲料骤变，常可引起大肠内微生物的种类和数量发生变化，导致肠内异常发酵和腐败，进而引起肠臌气和自体中毒。所以，科学的饲养管理和饲料配制，对预防疾病，增进健康，具有重要意义。

反刍动物纤维素的消化、分解，主要在瘤胃内进行，大肠内只有少量未消化完的纤维素进行分解消化，作为瘤胃消化的补充。

马属动物因是单室胃，所以纤维素的消化主要靠大肠。由于马属动物大肠容积庞大，与反刍动物的瘤胃相似，因而盲肠、大结肠是纤维素分解消化的主要场所。小结肠已不再消化，仅吸收水分，形成粪便。

猪对纤维素的消化，几乎全靠大肠细菌的发酵作用。

大肠的运动与小肠相似，但速度缓慢，强度也较弱，有时可出现数段肠管都进行得很快的蠕动运动，称为集团蠕动，以推动食糜尽快后移。

肠音：由于大肠和小肠的运动，内容物在肠腔内移位而产的声音称为肠音。小肠音如流水音或含漱音，大肠音因肠腔宽大，似雷鸣音或远炮音。通过对肠音的听诊，可了解肠的运动状况，对临床诊断有重要意义。

3.5.4.3 消化管各部分的吸收特点

吸收是机体实现与周围环境进行物质交换过程的重要环节，它的好坏将直接影响机体的生命活动。消化道吸收的物质除了消化完全的各种营养物质外，还对消化过程中体内分泌的各种消化液进行重吸收，以防止体内有用物质大量的丢失。这一点尤应引起重视。因为据测定，动物体每天所分泌的消化液牛为 150L，马约 190L，猪约 50L，这些消化液中除大量的水分外，尚有不少的无机盐和有机物，如不被重吸收，必将严重影响环境的相对稳定而危及生命。

（1）吸收的部位

在有机体的消化系统内，由于各段的消化程度、组织结构、食糜成分和停留时间不同，所以，在不同的部位，吸收的速度不同。口腔和食管基本上不吸收；单室胃的吸收也很有限，一般只吸收少量水分、醇类和电解质；反刍动物前胃可吸收大量低级脂肪酸和氨；大肠在肉食动物主要是吸收水分和盐类；在草食动物，特别是单室胃动物，大肠可吸收各类营养物质，尤其是消化吸收纤维素的主要部位。

小肠是吸收的主要部位。这是因为肠道很长，食糜停留时间也长。小肠黏膜又具有环状皱褶，拥有指状绒毛和纹状缘（微绒毛）。这些结构使得吸收面积又增加了约 600 倍，吸收范围广泛。小肠绒毛可做规范性地伸缩和摆动。当其收缩时，可使绒毛缩短50%，使绒毛内的血液和淋巴液向黏膜下层的静脉和淋巴管流动；当其舒张时，绒毛血管和淋巴管内压很低，形成对肠腔的负压，即可像唧筒一样，从肠腔内吸收消化好的或溶于消化液的各种物质。

（2）吸收机理

营养物质在胃肠道内的吸收机理大致可分为被动性转运和主动性转运两种情况。

①被动转运　被动转运主要包括滤过、弥散、渗透等作用。滤过作用有赖于通透膜两侧的流体压力差。而肠黏膜上皮是通透生物膜，当肠腔内压力超过毛细血管和毛细淋巴管内压时，水分和其他物质就可以滤入血液和淋巴液。

弥散作用也是物质透过通透膜的一个重要因素。当肠黏膜两侧压力相等，但浓度不同时，溶质分子则可从高浓度侧向低浓度侧弥散。

渗透是一种特殊情况下的弥散。当通透膜两侧的溶液浓度不同时，高浓度（高渗透压）一侧将由另一侧（低渗透压侧）吸引一部分水分过来，直到两侧溶液浓度相等，达到渗透压平衡。

②主动转运　胃肠黏膜上皮是一种生物膜，可鉴别性地允许某些溶质以不同的速度通透，而另一些溶质不能通透，实现它的选择性。如己糖分子虽然比戊糖分子大，但它的吸收速度反而比戊糖快。又如，同是己糖，葡萄糖和半乳糖吸收很快，而果糖则吸收较慢。如果用某种毒物使肠黏膜上皮细胞中毒，则这种选择性较慢。如果用某种毒物使肠黏膜上皮细胞中毒，则这种选择性消失，吸收则只按被动转运的理化过程进行。因而主动转运要依赖肠上皮细胞的主动性活动（如载体的活动），需消耗能量，从而实现逆电学梯度的运转。

（3）各种营养物质的吸收

①糖的吸收　在饲料中，最主要的糖类是淀粉和纤维素。淀粉在酶的作用下分解为单糖（葡萄糖、果糖、半乳糖），在小肠内被吸收。纤维素在微生物的作用下，形成低级脂肪酸和葡萄糖等在大肠和反刍动物的瘤胃内吸收。吸收后大部分入血液，经肝脏再到血液循环中，少部分经淋巴循环再转入血。

②蛋白质的吸收　蛋白质在胃中，因分解不完善，基本上不吸收。小肠是吸收蛋白产物的主要部位。到小肠末端时，氨基酸一般都已完全被吸收，经门静脉入肝脏，再进入血液循环。

在某些情况下，某些未经消化的天然蛋白也可被吸收（微量）。例如，新生的哺乳期幼龄动物可通过肠黏膜上皮细胞的胞饮作用吸收初乳中的免疫球蛋白。

③脂肪的吸收　脂肪在小肠内几乎完全水解为甘油和脂肪酸而被吸收进入肠黏膜上皮细胞，并在细胞内重新合成中性脂肪，分别进入肠绒毛内的中央乳糜管和毛细淋巴管。小肠内极少量的脂肪被乳化成微滴，也可被直接吸收入肠黏膜上皮细胞。

④水和盐的吸收　水的主要吸收部位是小肠和大肠。牛、猪以小肠为主，马以大肠为主。盐类主要在小肠中以溶液状态被吸收。不同的盐类，吸收的难易也不一样。一般最易吸收的是氯化钠和氯化钾，其次为氯化钙和氯化镁，最难吸收的是磷酸盐和硫酸盐。

（4）粪便的形成和排粪

食糜经消化吸收后，残余部分进入大肠的后段，在这里，水分被大量吸收，内容物逐渐浓缩，形成粪便，最后运至直肠。

排粪反射是一种复杂的反射动作。当直肠粪便不多时，肛门括约肌处于收缩状态，粪便停留在直肠内。当粪便积聚到一定数量时，方能引起肠壁感受器中枢产生动作电位，经传入神经（盆神经）传到荐部脊髓的低级排粪中枢，并由此继续上传到高级排粪中枢，并继续沿盆神经传到大肠后段，才引起肛门内括约肌舒张，直肠壁肌肉收缩，同时腹肌也收缩以增大腹压进行排粪。因此，腰荐部脊髓损伤，常导致排粪失常。

>>> 练习与思考

1. 咀嚼的生理意义有哪些？
2. 唾液的生理功能主要有哪些？
3. 牛胃的体表投影位置如何？
4. 瘤胃的形态结构如何？
5. 腹腔是如何划分的？
6. 腹腔内包含有哪些器官？
7. 骨盆腔内包含有哪些器官？

项目四
呼吸系统解剖生理特征观察

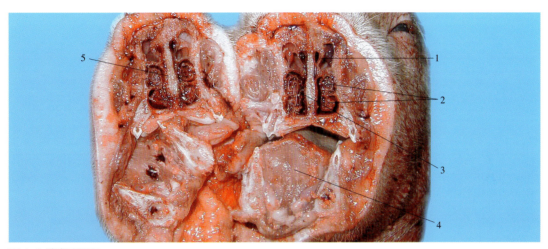

图 4-1 猪鼻腔断面

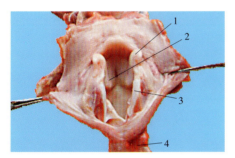

图 4-2 喉软骨

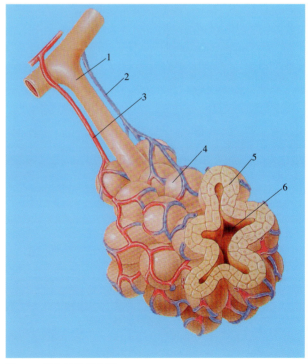

图 4-4 肺泡结构示意图

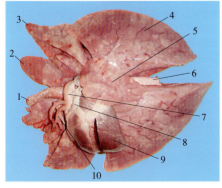

图 4-3 猪肺腹侧观

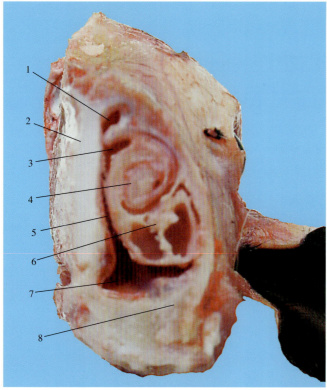

图 4-5 牛鼻腔展示

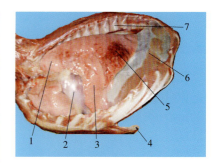

图 4-6 羊胸腔器官展示

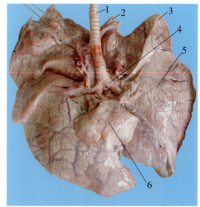

图 4-7 牛肺腹侧观

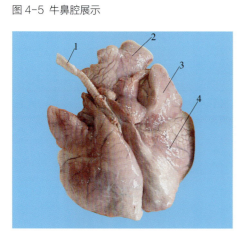

图 4-8 牛肺背侧观

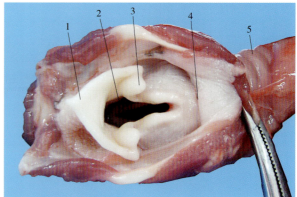

图 4-9 犬咽喉部背侧观

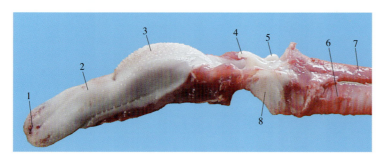

图 4-10 羊咽喉、气管

项目四　呼吸系统解剖生理特征观察

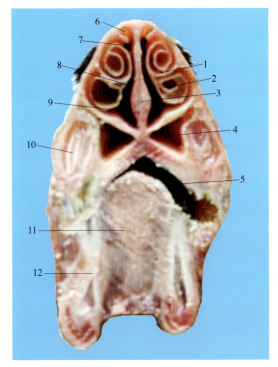

图 4-11　羊口鼻部横断面

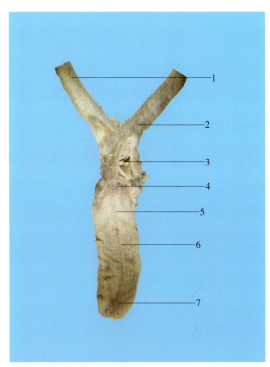

图 4-12　犬的舌、咽喉、气管、食管

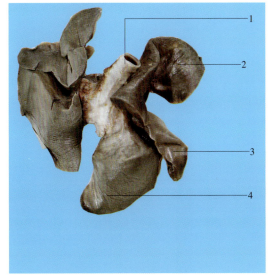

图 4-13　犬的肺脏

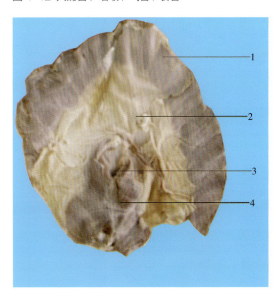

图 4-14　膈肌

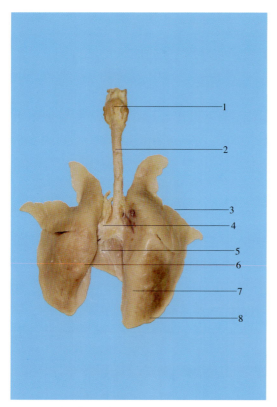

图 4-15 猪呼吸器官背侧

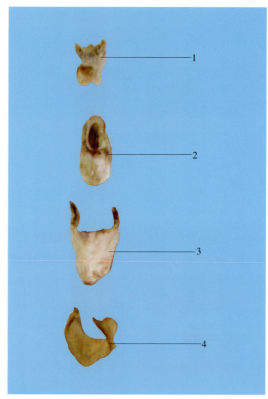

图 4-16 猪的喉头软骨

图 4-17 猪肺左叶脏面

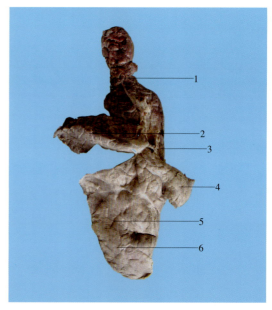

图 4-18 猪肺右叶脏面

项目四　呼吸系统解剖生理特征观察

任务一　呼吸系统解剖结构图片识别

【任务说明】

将学员随机分成小组，各小组在教师规定时间内利用后面的"基础知识"或网络找出本项目中标号所代表的解剖结构名称并使每位组员熟记。教师可以根据课时量选用不同的解剖图片。

【任务内容】

每位成员均能独立说出标号所代表的解剖结构名称及其生理特点。

【考核要求】

每位成员都必须能独立写出标号所代表的名称，各小组任务完成后随机抽取1～2名成员介绍图片中标号所代表的名称，被抽取成员的成绩计入团队所有成员的平时成绩。

任务二　呼吸系统解剖结构标本识别

【目的要求】

分组进行，要求通过观察和互相帮助，使每位组员均能掌握呼吸器官的形态、结构、位置和相互关系以及各器官的解剖生理特点。

【任务材料】

牛或羊成套的呼吸器官标本及模型、头部正中矢面和横断面标本、喉标本、支气管树标本。解剖器械。

【方法步骤】

首先在标本上指出鼻腔、咽、喉、气管、支气管和肺，然后详细观察各器官的位置、形态和结构，以及相互关系。

1. 鼻和鼻旁窦

鼻腔由鼻中隔分成左、右两腔，每个鼻腔又分为前部的鼻前庭和后部的固有鼻腔两部分。鼻翼下为鼻前庭，可见粗短的鼻毛。在固有鼻腔外侧壁上有3个鼻甲，分别称为上、中、下鼻甲，它们下方有3个前后纵行的空隙为上、中、下鼻道。在鼻腔周围的额骨、筛骨、蝶骨和上颌骨内均为含气的骨腔，称为鼻旁窦，分别为上颌窦、额窦、筛窦和蝶窦。

2. 喉和喉软骨

喉位于颈前中部，由喉软骨、软骨连结、喉肌和黏膜构成。喉软骨中最大的一块为甲状软骨；形如指环位于甲状软骨后方的为环状软骨；形如树叶的为会厌软骨；杓状软骨成对，左右各一。

3. 气管及主支气管

气管为一软骨膜性管，由"C"形的半环状气管软骨环为支架构成，分为左、右主支气管。

4. 肺

肺位于胸腔内,纵膈两侧,左右各一。左肺为3叶(前、中、后),右肺为4叶(前、中、后、副);两肺外观3个面(肋面、膈面、纵膈面)和3个缘(背缘、腹缘、底缘)。

5. 胸膜

胸膜为一层薄而光滑的浆膜,可分为壁胸膜和脏胸膜。脏、壁胸膜在肺根处相互移行,形成一密闭、互不相通、内呈负压的胸膜腔。

【考核要求】

以小组为单位进行现场考核,随机抽取小组成员指认标本上的主要器官并介绍其解剖生理特征,考核成绩作为全组成员的成绩。

任务三 胸内压测定及其呼吸运动的调节

【任务要求】

分组进行,要求通过观察和互相帮助,使每位组员均能利用后面的"基础知识"观察呼吸运动的频率和幅度;理解呼吸运动调节中的神经性反射、机械性反射和化学性反射调节机制;观察某些神经、体液因素(主要是血液化学成分)对呼吸运动的影响;并对所观察到的现象产生的原理进行分析。

【任务材料】

动物:家兔。

器材与药品:BL-410/420生物信号采集系统、张力换能器、刺激器、兔手术台、哺乳动物手术器械一套、气管插管、2~5mL注射器各1支、橡皮管、钠石灰、气囊、20%氨基甲酸乙酯(或3%的戊巴比妥钠溶液)、3%乳酸溶液、纱布及线等。

【方法步骤】

①麻醉和固定动物。用20%的氨基甲酸乙酯溶液,按4mL/kg量从兔耳缘静脉注入进行麻醉,然后仰卧固定在兔手术台上。

②用一个粗的套管针,穿透胸壁,使胸膜腔与水检压记相通,观察胸内压随呼吸运动的变化。

③剪去兔颈部的毛,沿颈中线纵行切开皮肤,分离各层组织暴露气管,并于气管与食管之间穿一丝线备用。在喉下呈倒"T"字形剪开气管,插入气管插管,用预留好的线固定。再于颈两侧分别分离出颈动脉鞘,用玻璃分针分离出迷走神经,并在其下方穿线备用。

④利用橡皮管将张力换能器与气管插管相连,另一端与计算机的信号输入口相连,刺激器与刺激输出口相连。

⑤气管套管连以长的橡皮管,增加呼吸无效腔,观察此时与平和呼吸时的不同。

⑥用止血钳闭塞气管套管上连接的橡皮管,观察憋气的效应。

⑦将装有二氧化碳的球胆管与气管套管联通,打开球胆管的夹子,使一部分二氧化碳随着兔吸气进入气管。观察吸入高浓度二氧化碳后对呼吸运动的影响。

⑧用注射器由耳缘静脉较快地注入3%乳酸2mL,观察血液中酸性物质增多的效应。

⑨描记一段对照曲线后,先切断一侧迷走神经,观察呼吸运动,计算呼吸频率改变的百分数。再切断另一侧迷走神经,呼吸频率又有何改变?

⑩先从上腹部切开,将内脏下推,可观察到膈肌运动,然后沿第7肋骨上缘切开皮肤,用一个粗的套管针,穿透胸壁,使胸膜腔与大气相通形成气胸。观察肺组织是否萎陷?胸内压是否仍低于大气压并随呼吸而升降?迅速关闭创口,用注射器抽出胸膜腔中气体,能否见到胸内负压重新出现,且随呼吸运动而变化?

【注意事项】
①每项实验前都要有正常呼吸曲线作对照。
②耳缘静脉注射3%乳酸溶液时勿使其漏出血管外。
③插气管时要注意止血,保持呼吸道通畅。
④插胸内套管时,切口不可过大,动作要迅速,以免空气漏入胸膜腔过多。
⑤用穿刺针时不要插得过猛过深,以免刺破肺泡组织和血管,形成气胸或出血过多。

【考核要求】
以小组为单位进行现场考核,随机抽取小组成员利用后面的"基础知识"分析所观察到的现象产生的原理,考核成绩作为全组成员的成绩。

基础知识

动物在生命活动中,必须不断从外界吸入氧气,也必须随时从体内呼出二氧化碳。机体与外界进行气体交换的过程叫作呼吸。

呼吸系统由鼻腔、咽、喉、气管、支气管和肺构成。鼻腔、咽、喉、气管和支气管是气体出入肺的通道,称为呼吸道,主要起保障气流畅通的作用。肺是呼吸的核心器官,主要作用是发生气体交换。呼吸道和肺在辅助器官协助下共同实现呼吸生理机能。

4.1 呼吸系统的组成

4.1.1 鼻腔

鼻腔被鼻中隔分为左右两半,前方有鼻孔和鼻翼,后方有鼻后孔。牛鼻翼厚实,鼻孔与上唇间形成鼻唇镜。羊和猪鼻孔与上唇处分别形成鼻镜和吻镜。

鼻腔侧壁有上、下鼻甲骨,将每侧鼻腔分隔为上、中、下3个鼻道。上鼻道通鼻黏膜的嗅区,中鼻道通副鼻窦,下鼻道最宽大,是鼻孔到咽的主要气流通道。鼻中隔两侧面与鼻甲骨之间形成总鼻道,和上、中、下3个鼻道均相通。

鼻腔内表面衬有皮肤和黏膜,分为前庭、呼吸区和嗅区。前庭区位于鼻孔之内,被覆由面部折转而来的皮肤,着生鼻毛,可滤过空气。呼吸区位于鼻道,黏膜中含丰富的血管和腺体,可净化、湿润和温暖吸入的空气。嗅区位于筛骨鼻侧,黏膜形成嗅褶,内有嗅细胞,可感受嗅觉刺激。

头骨中,有的在两层骨板间形成空腔,称为副鼻窦。副鼻窦经狭窄的裂缝与中鼻道相通。窦黏膜含丰富的血管并与鼻腔呼吸区黏膜相延续。副鼻窦有减轻头骨重量、温暖和湿润空气及对发音起共鸣作用。家畜主要的副鼻窦是额窦和上颌窦。牛的额窦较大，与角突的腔相通。

4.1.2 咽

见项目三"基础知识"。

4.1.3 喉

喉是呼吸通道，也是发声器官。喉位于下颌间隙后方、头颈交界的腹侧，前方通咽和鼻腔，后接气管。喉由喉软骨、喉肌和喉黏膜构成。

喉软骨是喉的支架，由1块环状软骨、1块甲状软骨、1块会厌软骨和1对杓状软骨共4种5块构成。环状软骨与甲状软骨分别构成喉的后部和底、侧壁。会厌软骨与杓状软骨位于喉前部，共同围成喉口并与咽相通。喉口与背侧的食管口相邻。会厌软骨前端游离且向舌根翻转，吞咽时可盖住喉口，防止食物误咽入喉和气管。各喉软骨间借关节、韧带彼此相连。

喉肌附着于喉软骨外侧，可改变喉的形状。

喉的内腔称喉腔。喉腔内表面衬以黏膜。喉腔中部的黏膜形成一对皱褶，称为声带。两侧声带间的狭隙称为声门裂，气流通过时振动声带便可发声。喉黏膜有丰富的感觉神经末梢，受到刺激会引起咳嗽，将异物咳出。

4.1.4 气管和支气管

气管位于颈、胸椎腹侧，前端接喉，后端进入胸腔中。气管呈圆筒状，由一连串"C"形气管软骨环连接而成，其上方分为右尖叶支气管和左、右支气管（马属动物仅有左、右支气管），分别进入左、右两肺中，并继续分支形成支气管树。

气管壁自内向外分为黏膜、黏膜下层和外膜3层。黏膜包括黏膜上皮和固有膜。黏膜上皮是夹有杯状细胞的假复层柱状纤毛上皮，杯状细胞可分泌黏液以吸附气流中的尘粒和细菌，纤毛可向喉部摆动，将黏液排向喉腔，经咳嗽排出。黏膜下层为疏松结缔组织，内含气管腺、血管和神经。外膜由气管软骨环和环与环之间的结缔组织构成。

支气管壁的结构与气管壁大致相似。

4.1.5 肺

4.1.5.1 肺的位置、形态和构造

肺位于胸腔内、纵膈两侧，左右各一，右肺通常大于左肺，两肺占据胸腔的大部分。

左、右两肺都有3个面（肋面、纵膈和膈面）和3个缘（背缘、后缘和腹缘）。肋面在外侧，略凸，与胸腔侧壁接触，有肋压迹。纵膈面在内侧，与纵膈接触，前部有心压迹，后上方有肺门，是支气管、肺血管、淋巴管和神经出入肺的门户。膈面在后下方，较凹，与膈肌接触。背缘位于肋椎沟内，较长、较圆钝，在体表的投影为一条略沿胸椎前倾延伸的连线（牛由第1肋1/2处到第12肋骨上端，马由第1肋1/2处到第17肋骨上端）。后缘位于肋膈窦内，较薄锐，在体表的投影为一条前倾下弧线（牛由第4肋间隙到第12肋骨下

端，马由第6肋软骨下端到第17肋骨上端）。以上背、后两缘的体表投影线是临床确定肺区的参照依据。腹缘位置于心包外侧，具有心切迹和其他叶间切迹，使肺出现分叶。

牛、羊、猪肺可分七叶，即左尖叶、左心叶、左膈叶、右尖叶（牛羊右尖叶又分前后两部）、右心叶、右膈叶和副叶。马肺心叶和膈叶并为心膈叶，因而仅分五叶。

由于家畜左肺小，左心压迹深，左心切迹宽，便使心脏在纵隔中向左偏移，左面心包较多地外露于肺并与左胸壁接触。兽医临床常将左肺心切迹作为心脏听诊部位，上界约在肩关节水平线稍下方。

4.1.5.2　肺的组织结构

肺表面覆盖光滑、湿润的浆膜称为肺胸膜，膜下的结缔组织伸入肺内，将肺实质分隔成众多肉眼可见的肺小叶。肺小叶是以细支气管为轴心，由更细的逐级支气管和所属肺泡管、肺泡囊、肺泡构成的相对独立的肺结构体，一般呈锥体形，锥底朝肺表面，锥尖朝肺门。家畜小叶性肺炎即肺以肺小叶为单位发生了病变。

肺实质包括肺内各级支气管和肺泡管、肺泡囊、肺泡。

3支支气管由肺门入肺以后，在继续延伸的过程中反复分支并由粗渐细，形成肺的支气管树。当支气管径在1mm以下时称为细支气管，细支气管及其分支和肺泡构成肺小叶，当细支气管径在0.5mm以下时称为终末细支气管，当其管径更细小而且壁外连通肺泡管时称为呼吸性细支气管。

各级支气管的管壁结构起初与肺门外支气管的基本相似，但随着支气管逐级变细小，管壁也逐渐变薄，结构也逐渐变简单，主要变化特征是腺体逐渐减少或消失，软骨环逐渐变成软骨碎片且越来越小乃至消失，管壁平滑肌相对增多，黏膜上皮逐渐由假复层柱状纤毛上皮转为单层柱状纤毛上皮乃至单层立方上皮。由于细支气管管壁无软骨片支撑，当某些病因引起管壁平滑肌痉挛时，管腔发生闭塞，便发生呼吸困难。

肺泡管直接连通在呼吸性细支气管壁上。肺泡囊是肺泡管侧壁的众多的梅花状大囊，是数个肺泡向内的共同开口和通道。肺泡是单个的在肺泡管、肺泡囊壁上膨出的小泡。肺泡壁很薄，仅由一层夹杂有立方形分泌细胞的单层扁平上皮细胞构成。肺泡呈多面球体，一面有缺口，与肺泡囊、肺泡管相通，其他各面与相邻肺泡的肺泡壁相贴形成肺泡隔，隔内有丰富的毛细血管网和弹力纤维膜包绕肺泡壁，这样的结构有利于肺泡与血液之间发生气体交换，也使肺泡具有良好的弹性，吸气时能扩张，呼气时能回缩。肺泡隔内还有一种吞噬细胞，称为隔细胞。这种细胞可进入肺泡腔内，吞噬肺泡内尘粒和病菌，又称尘细胞。

在肺实质结构中，从肺内支气管到终末细支气管的各级管道，主要作用是保障和控制肺通气，并无气体交换机能，故称为肺的通气部。从呼吸性细支气管开始到肺泡管、肺泡囊、肺泡，其管壁和泡壁与紧贴其外的毛细血管壁组成气体分子可自由透过的气血屏障，亦称呼吸膜，成为肺部气体交换的先决条件。因此，呼吸性细支气管、肺泡管、肺泡囊和肺泡又称为肺的呼吸部，主要作用是实现肺的气体交换机能。

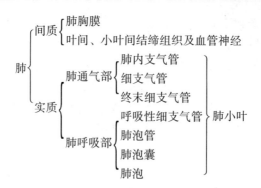

4.1.6 胸腔、胸膜腔和纵膈

胸腔是以胸廓为框架并附着胸壁肌和皮肤的截顶圆锥状体腔，该腔在胸壁肌群帮助下可扩大和缩小。

胸膜腔是衬贴于胸腔内壁面、纵膈表面的胸膜壁层与覆盖于肺表面的胸膜脏层之间的狭窄腔隙，其间仅有少量浆液，起润滑作用。胸膜壁层又分为肋胸膜、纵膈胸膜和膈胸膜，胸膜脏层又称肺胸膜。胸膜发炎时，胸膜出现大量渗出液——胸水，或者胸膜壁层与脏层间发生粘连，均影响动物的呼吸运动。

纵膈是两侧的纵膈胸膜及其之间的所有器官和组织的总称。

纵膈内夹有胸腺、心包、心脏、气管、食管和大血管等。纵膈位于胸腔正中，将胸腔和胸膜腔分隔为左右两部。除马属动物外，家畜左、右胸膜腔一般互不相通。

4.2 呼吸生理

呼吸是动物生命活动的重要特征，其全过程可表示为下列 4 个连续环节：

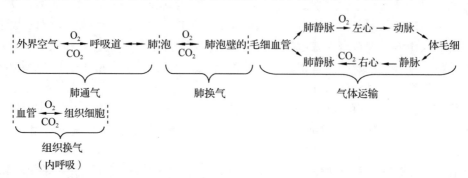

以上 4 个环节中，肺通气依赖于呼吸运动而发生，肺换气和组织换气依赖于呼吸膜和气体分压差而发生，气体运输则依赖于循环中的血流。肺通气和肺换气两个环节合称外呼吸，组织换气又称内呼吸，肺换气和组织换气统称气体交换。

4.2.1 呼吸运动

呼吸运动是指因呼吸肌群的交替舒缩而引起胸腔和肺节律性扩大和缩小的活动。其中，胸腔和肺一同扩大使外界空气流入肺泡的过程称为吸气；胸腔和肺一同缩小使肺泡逼出体外的过程称为呼气。呼吸运动是肺通气发生的原动力。

4.2.1.1 吸气和呼气的发生

(1) 吸气过程的发生

当肋间外肌和膈肌收缩时，便引起胸腔两侧壁的肋骨开张，后壁的膈顶后移，底壁的胸骨稍降，肺会随之发生扩张，肺泡内气压会迅速降低。当外界气压相对高于肺内压时，空气便从外界经呼吸道流入肺泡。

(2) 呼气过程的发生

呼气有两种情况，一是动物平静时，吸气过程一停止，肋间外肌和膈肌便立即舒张，肋骨、膈顶和胸骨便"宽息回位"，使胸腔和肺得以收缩，肺泡内气压会迅速上升。当外界气压相对低于肺内压时，肺泡气体便经呼吸道呼出体外。二是动物剧烈运动或不安静时，伴随着肋间外肌和膈肌的舒张，肋间内肌和腹壁肌群也参与呼气，使胸腔和肺缩得更小，肺内压升得更高，于是呼气比平时更快、更多。这种情况下，吸气也相应加强。

4.2.1.2 胸内负压及其意义

动物吸气时，肺能随胸腔一同扩张的根本原因在于胸内负压。

胸内负压是指胸膜腔的内压总是略低于外界大气压。这种负压是胎儿出生后发展起来的。胎儿时期，肺为不含气的器官，出生后，胸腔因首次吸气运动而扩大。外界空气经呼吸道进入肺泡后，大气压便通过肺泡壁间接作用于胸膜腔的壁层，又因扩张状态的肺具有一定的弹性回缩力，使胸膜腔的脏层能抵消一部分大气压后与胸膜壁层分离，不含气体的胸膜腔中便出现了负压现象。胸内负压可用下列公式表示：

$$胸内负压 = 大气压 - 肺弹性回缩力$$

胸内负压的存在，使胸膜腔的壁层与脏层浆膜之间产生二者相吸的倾向，从而确保了肺能跟随胸腔做相应的扩张，也使肺泡内能经常保留一定量的余气，这有利于连续发生肺换气。另外，胸内负压还有利于静脉血和淋巴向心区回流，有利于牛、羊反刍时胃内容物逆呕到口腔。当动物因胸壁穿透伤或肺结核穿孔造成胸膜腔破裂时，胸内负压便随着胸膜腔进气（称为气胸）而消失。此时，即使胸腔运动仍在发生，由于肺自身因弹性回缩而塌陷，不能随之扩大和缩小，肺通气便不再继续发生。

4.2.1.3 呼吸式、呼吸频率和呼吸音

(1) 呼吸式

动物的呼吸运动表现为胸式、腹式和胸腹式 3 种：呼吸时以肋间肌活动为主，胸廓起伏动作明显者为胸式呼吸；以膈活动为主，腹部起伏动作明显者为腹式呼吸；肋间肌和膈同等程度地运动，胸廓和腹部起伏程度接近一致者为胸腹式呼吸。健康动物的呼吸常表现为胸腹式呼吸。

呼吸式常因动物生理状况和疾病而发生改变。当雌性动物在怀孕后期或腹部脏器发生病变时，常表现胸式呼吸。当胸部脏器发生病变时，常表现腹式呼吸。注意观察呼吸式对诊断疾病和妊娠有实际意义。

(2) 呼吸频率

动物每分钟呼吸的次数称为呼吸频率。健康家畜安静时的呼吸频率如表4-1所示。

表 4-1　家畜呼吸频率

畜别	频率	畜别	频率
牛	10~30	猪	15~24
羊	10~20	马	8~16

呼吸频率可因个体生理状况、外界环境和疾病等因素不同而有改变，诊断中应综合考虑并加以区别。

(3) 呼吸音

动物呼吸时，在胸廓表面和颈部气管附近可发出 3 种呼吸音：①肺泡音，类似"V"的延长音，是肺泡扩张所产生的呼吸音。②支气管音，类似"ch"的延长音，是气流通过声门裂引起涡旋产生的呼吸音。③支气管肺泡音，是肺泡音和支气管音混合在一起产生的一种不定性呼吸音，仅在疾患引起肺泡音或支气管音减弱时出现。

4.2.2　气体运输

进入血液的氧和二氧化碳沿血液循环在两个换气部位之间被运输。

4.2.2.1　氧的运输

(1) 氧的运输路径

氧经肺换气部位从肺泡进入肺毛细血管后，经肺静脉、左心和体循环的动脉血管被运输到体毛细血管，使氧又经组织换气供应到组织细胞。

(2) 氧的运输形式

氧在运输途中大部分靠红细胞中的血红蛋白(Hb)作载体，小部分直接溶解于血浆中。氧刚进入肺毛细血管时，因氧分压较高而立即溶解于血浆并与血红蛋白结合形成氧合血红蛋白。氧被运输到体毛细血管时，因氧分压较低而立即与血红蛋白分离并从溶解状态中游离出来。

4.2.2.2　二氧化碳的运输

(1) 二氧化碳的运输路径

二氧化碳经组织换气进入体毛里血管后，经体循环的静脉、右心和肺动脉被运输到肺毛细血管，使二氧化碳又经肺换气进入肺泡中。

(2) 二氧化碳的运输形式

二氧化碳在运输途中有 3 种形式，即直接溶解于血浆中(占 2.7%)、与血红蛋白结合、与水和钠(钾)形成碳酸氢钠(钾)。二氧化碳被运输到肺毛细血管时，因二氧化碳分压(PCO_2)较低，氨基甲酸血红蛋白(与血红蛋白形成)和碳酸氢钠立即分解，并从溶解状态中游离出来。

从氧和二氧化碳运输形式可以看出，血红蛋白(Hb)充当着运输工具的作用。当血红蛋白因中毒而丧失结合运输氧和二氧化碳的功能时，组织细胞就会缺氧和酸中毒。

4.2.3　气体交换

气体交换发生在肺和全身组织，交换的动力是气体分压差，交换的先决条件是气体通透膜。气体分压是指在混合气体中某种成分气体所占的压力。在混合气体中某成分气体的浓度越高,其气体分压也越高,反之则越低。根据气体分子扩散原理,在通透膜两侧,若某种气体的分压值不相等(即有气体分压差),则该种气体分子便透过通透膜,由气体分压较高的一侧扩散到较低的一侧。气体通透膜是指肺呼吸部存在的呼吸膜和全身各部位存在的毛细血管壁与组织细胞膜相贴的结构。

4.2.3.1 肺换气

肺的呼吸部有极大面积的呼吸膜,膜的两侧存在氧分压差和二氧化碳分压差。据测定,呼吸膜在肺泡一侧的氧分压相对较高,在毛细血管一侧的二氧化碳分压相对较高。因此,肺泡与肺泡壁外毛细血管间发生了如下气体交换:

$$P_{O_2}较高 \qquad\qquad P_{O_2}较低$$
$$肺泡腔 \xrightleftharpoons[CO_2]{O_2} 呼吸膜 \xrightleftharpoons[CO_2]{O_2} 肺毛细血管腔$$
$$P_{O_2}较低 \qquad\qquad P_{O_2}较高$$

肺换气的主要结果是肺泡壁毛细血管血液发生了气体成分改变,即血液中氧气得以补充,二氧化碳废气得以排出。

4.2.3.2 组织换气

组织换气发生于体毛细血管网与网间分布的组织细胞之间,此间充有组织液。体毛细血管壁与组织细胞膜均有良好的气体通透性。血液侧与细胞浆侧存在氧分压差和二氧化碳分压差。据测定,血液中的氧分压相对较高,组织细胞浆中的二氧化碳分压相对较高。因此,体毛细血管通过组织液与组织细胞之间发生了如下气体交换:

$$P_{O_2}较高 \qquad\qquad P_{O_2}较低$$
$$体毛细胞血管腔 \xrightleftharpoons[CO_2]{O_2} 气体通透膜 \xrightleftharpoons[CO_2]{O_2} 组织细胞浆$$
$$P_{O_2}较低 \qquad\qquad P_{O_2}较高$$

组织换气的主要结果是组织细胞浆中发生了气体成分改变,即细胞浆中得到了氧气供应,二氧化碳废气得以排出,这种改变是组织细胞新陈代谢的必要保障。因此,组织换气(内呼吸)环节是整个呼吸过程的核心,组织换气发生障碍,必然导致细胞窒息,引起动物机体死亡。

>>> 练习与思考

1. 呼吸系统包括哪些主要器官?
2. 胸内负压有何生理意义?
3. 呼吸全过程由哪几个环节组成?
4. 为什么慢而深的呼吸比快而浅的呼吸有效?
5. 平静呼吸时,胸内压为什么始终低于大气压?在什么情况下胸内压可高于大气压?

项目五
泌尿系统解剖生理特征观察

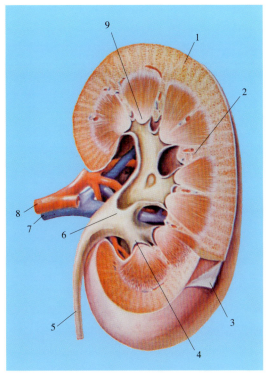

图 5-1 肾模式图

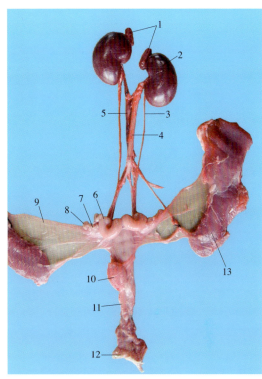

图 5-2 雌羊泌尿生殖器

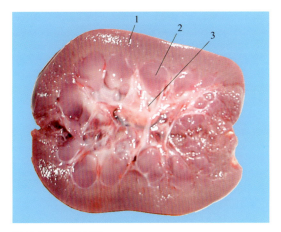

图 5-3 猪肾剖面观

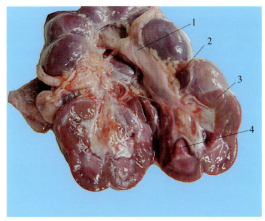

图 5-4 牛肾剖面

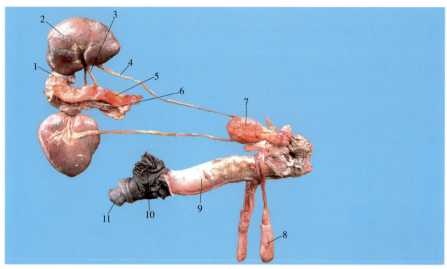

图 5-5 雄马泌尿生殖器

图 5-6 牛左肾

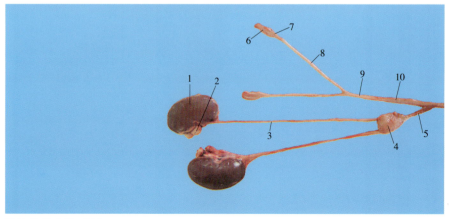

图 5-7 雌犬肾、子宫

项目五　泌尿系统解剖生理特征观察

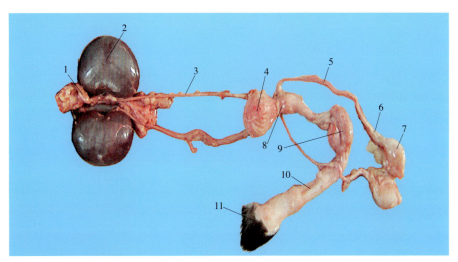

图 5-8　雄犬泌尿器官

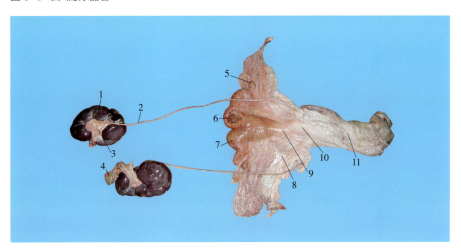

图 5-9　雌性水牛泌尿生殖系统

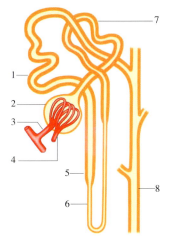

图 5-10　肾单位示意图

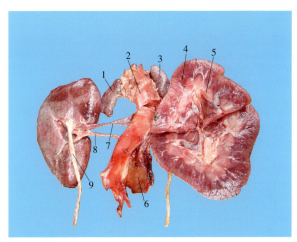

图 5-11　马的肾

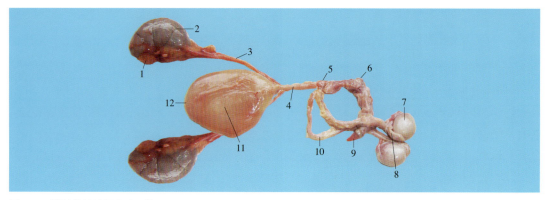

图 5-12 猫的雌性泌尿生殖系统

图 5-13 犬的肾脏横切面

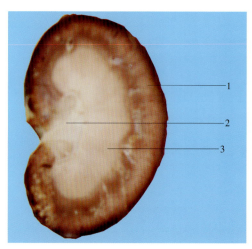

图 5-14 犬的肾脏纵切面

图 5-15 犬的泌尿生殖器官

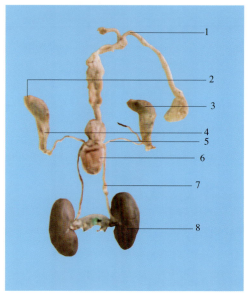

图 5-16 猪的雄性生殖器官

项目五 泌尿系统解剖生理特征观察

任务一 泌尿系统解剖结构图片识别

【任务说明】

将学员随机分成小组,各小组在教师规定时间内利用后面的"基础知识"或网络找出本项目解剖结构图片中标号所代表的解剖名称并使每位组员熟记。实施过程中组员经过讨论也不能解决的问题可以请教老师。教师可以根据学习对象以及课时量选用不同的图片。

【任务内容】

每位成员均能独立说出标号所代表的解剖结构名称及其生理特点。

【考核要求】

各小组任务完成后由教师随机抽取 1~2 名成员介绍图片中标号所代表的名称,被抽取成员的成绩计入小组所有成员的平时成绩。

任务二 泌尿系统解剖标本识别

【目的要求】

分组进行,要求通过观察和互相帮助,使每位组员均能掌握泌尿器官的位置和相互关系以及各器官的解剖生理特点。

【任务材料】

牛、羊或其他动物泌尿器官标本或模型。解剖器械。

【方法步骤】

1. 肾的观察

注意各种动物肾外形的区别。认识肾纤维膜、肾门、肾的皮质部和髓质部。

2. 泌尿器官整体标本的观察

观察肾、输尿管、膀胱之间的关系。区别膀胱顶、膀胱体和膀胱颈。

【考核要求】

以小组为单位进行现场考核,随机抽取小组成员指认标本上的主要器官并介绍其解剖生理特征,考核成绩作为全组成员的成绩。

任务三 尿分泌的观察

【任务要求】

分组进行,要求通过观察和互相帮助,使每位组员均能利用后面的"基础知识"分析所观察到的现象产生的原理。

【任务材料】

兔。兔固定架、手术器械、注射器、膀胱套管或输尿管套管、生理多用仪(或记滴器、电磁标)、水浴锅、支柱台、描记血压装置、记纹鼓、保护电极等。2%戊巴比妥钠

（或乙醚）、生理盐水、25%的葡萄糖液、0.01%的肾上腺素、6%的明胶液、垂体后叶素。

【方法步骤】

1. 实验准备

动物在实验前后应给予足够的饮水。以2%戊巴比妥钠按20mg/kg体重静脉注射（或用乙醚）麻醉后，固定于兔固定架上。切开颈部皮肤，找出迷走神经，穿一线备用；找出左侧颈动脉，插入动脉套管，连于血压描记装置。沿腹中线切开腹腔壁，找出内脏大神经，穿线备用。找出颈静脉或股静脉，以备注射用。尿液的收集可用膀胱插管或输尿管插管。

（1）膀胱插管法

在膀胱腹面正中做一荷包缝合，再在中心剪一个小口。插入连有橡皮管或直套管并充满生理盐水的膀胱套管，收紧缝线，固定好膀胱套管，连于记滴器上。

（2）输尿管插管法

找出两侧输尿管，分别插入充满生理盐水的套管，经胶管引出腹外，连一个"Y"形管，然后连于记滴器上。

2. 按下列顺序进行实验

①放开动脉夹，开动记纹鼓、记滴器、计时器，记录正常血压和尿量。
②由静脉注入37℃的生理盐水20mL，观察尿量和血压变化。
③静脉注射6%的明胶液20~50mL，观察尿量变化。
④由静脉注入37℃的25%的葡萄糖（10mL/kg体重），观察尿量和血压变化。
⑤由静脉慢慢注入0.01%肾上腺素0.5~1mL，观察血压和尿量的变化。
⑥切断两侧迷走神经，以中等强度的电刺激连续刺激一侧迷走神经的离中端，观察血压、尿量的变化。
⑦刺激内脏大神经，观察血压、尿量的变化。
⑧从静脉注入垂体后叶素2~5单位，观察血压和尿量的变化。

【注意事项】

上述各项实验，必须待前项实验现象恢复正常后，再做第二项，以免混淆。

【考核要求】

以小组为单位进行现场考核，随机抽取小组成员分析所观察到的现象产生的原理，考核成绩作为全组成员的成绩。

基础知识

泌尿系统由肾、输尿管、膀胱及尿道组成，其主要功能为排泄。排泄是指机体代谢过程中所产生的各种不为机体所利用或者有害的物质向体外输送的生理过程。被排出的物质一部分是营养物质的代谢产物；另一部分是衰老的细胞破坏时所形成的产物。此外，排泄物中还包括一些随食物摄入的多余物质，如多余的水和无机盐类。

项目五 泌尿系统解剖生理特征观察

5.1 泌尿系统的组成

泌尿系统由肾、输尿管、膀胱和尿道构成。其中，肾是生成尿的器官，输尿管、膀胱和尿道则分别是输尿、贮尿和排尿的器官。

5.1.1 肾

5.1.1.1 肾的形态、位置与一般构造

（1）牛肾

牛肾呈红褐色，左、右肾不对称，右肾呈长椭圆形，位于最后肋骨上端至前2~3腰椎横突的腹面。左肾呈厚三棱形，位于第2~5腰椎横突的腹面，往往随瘤胃充满程度的不同而左右移动。肾的周围包有脂肪，称为肾脂肪囊，具有保护、固定肾的作用。肾的表面紧贴一层白色坚韧的纤维膜，称为肾包膜。肾包膜在正常情况下很容易剥离。肾的内侧缘中部凹陷处称为肾门，是肾动脉、肾静脉、输尿管、神经和淋巴管出入的地方。肾门向肾的深部扩大成腔隙，叫作肾窦。肾窦内有输尿管的起始部、肾盏、血管、淋巴管和神经等。

皮质位于浅层，呈红褐色。髓质位于深部，颜色较浅。髓质有许多呈圆锥形的肾锥体构成。肾锥体的锥底朝向肾窦，呈乳头状，称为肾乳头。肾乳头突入肾窦内，与相应的肾小盏相连。几个肾小盏汇合，形成肾大盏。肾大盏进一步汇合形成两条集收管，接输尿管。

牛肾表面有深浅不一的叶间沟，将肾分为16~20个大小不等的肾叶。每个肾叶由皮质和髓质构成。髓质部形成肾乳头，所以牛肾属于有沟多乳头肾。

（2）羊肾

羊肾的位置与牛相似，但在形态结构上有很大差别。羊肾呈豆形，表面光滑，肾乳头合并成一个肾总乳头，与肾盂相接。羊肾属于表面平滑单乳头肾。

（3）猪肾

猪肾呈棕黄色，左右肾均豆形，较长扁，两端略尖。两肾位置对称，均位于最后胸椎及前3腰椎横突腹面两侧。肾脂肪囊发达。猪肾属于表面平滑多乳头肾。

（4）马肾

马右肾略大，位置靠前，呈钝角三角形，位于最后2~3肋骨椎骨端及第1腰椎横突的腹侧。左肾呈蚕豆形，比右肾长而狭，位置偏后，靠近体正中面，位于最后肋骨椎骨端与前2~3腰椎横突的腹侧。马肾属于表面平滑单乳头肾。

（5）犬肾、猫肾及兔肾

犬肾、猫肾及兔肾都属于表面平滑单乳头肾。兔肾呈卵圆形，色暗红。右肾位置稍前，左肾稍后，位于腰椎腹侧，在肾的内侧前方，有一对淡黄色、扁平的肾上腺。输尿管左右各一，呈白色，起于肾门内的漏斗状肾盂，向后纵走经腰肌和腹膜之间延伸至盆腔，开口于膀胱颈背侧壁。膀胱呈梨形，位于耻骨部，公兔的膀胱颈延伸成泌尿生殖道。母兔的膀胱颈延伸成尿道，开口于阴前庭，无尿时位于骨盆腔内，充盈时则向前突入腹腔。犬肾呈豆形，位于腰椎下方左右两侧。犬的膀胱较大，空虚时位于骨盆腔内，而充盈时其

顶部可达脐部。猫肾被膜下可见丰富的被膜静脉，肾切面有皮质和髓质两部分。肾盂和输尿管相接，尿经输尿管送至膀胱。

5.1.1.2 肾的组织构造

肾由被膜和实质构成，肾的实质包括肾单位和集合管。

（1）肾单位

肾单位是肾的基本结构和功能单位。肾单位按其所在部位的不同，可分为皮质单位和髓旁肾单位。皮质肾单位主要分布于皮质浅层和中部，数量较多，占肾单位总数的绝大多数；髓旁肾单位分布于靠近髓质的皮质深层。每个肾单位都由肾小体和肾小管两部分构成。

①肾小体　是肾单位的起始部，位于皮质内，呈球形，由血管球和肾小囊两部分组成。

血管球是一团毛细血管，位于肾小囊中。进入肾小体的血管叫作入球小动脉，离开肾小球的血管叫作出球小动脉。入球小动脉较粗，出球小动脉较细。

肾小囊是肾小管起始部，盲端膨大凹陷形成的杯状囊分为脏层和壁层。脏层与壁层之间的腔隙叫作肾小囊腔，与肾小管腔直接连通。

②肾小管　是一条细长而弯曲的小管，起始于肾小囊，顺次可分为近曲小管、髓袢和远曲小管。

（2）集合管

由许多远曲小管末端汇合形成，包括弓形集合小管、直集合小管和乳头管。乳头管在肾乳头上开口于肾小盏。

（3）肾小球旁器

入球小动脉进入肾小囊处，由动脉管壁中的平滑肌细胞转变为上皮样细胞，称为球旁细胞。在靠近肾小体血管一侧，远曲小管的上皮细胞由立方形变为高柱状细胞，呈斑状隆起，称为致密斑。

5.1.1.3 肾的血液循环

（1）肾血液循环的途径

由腹主动脉发出的肾动脉，入肾门后分出若干条叶间动脉，走向锥体之间，在皮质与髓质交界处形成弯曲的弓形动脉。弓形动脉向皮质发出许多小叶间动脉，小叶间动脉又分为入球小动脉。入球小动脉进入肾小球后分为数支毛细血管，盘曲形成肾小球，之后汇合成出球小动脉。出球小动脉离开肾小囊后，在皮质和髓质的肾小管周围再次分支，形成毛细血管网，称为球后毛细血管网。肾小管周围的毛细血管网逐渐汇集成小叶间静脉，小叶间静脉汇集成弓形静脉、叶间静脉，最后经肾静脉开口于后腔静脉。

（2）肾血液循环的主要特点

肾动脉直接来自腹主动脉，口径粗、行程短、血流量大；入球小动脉短而粗，出球小动脉长而细，因而肾小球内的血压较高；动脉在肾内两次形成毛细血管网，即血管球和球后毛细血管网。第二次形成的毛细血管血压很低，便于物质的吸收。

5.1.2　输尿管

输尿管是一条输送尿液到膀胱的细长管道，管壁由黏膜、肌层和外膜3层构成。它起于集收管，经肾门出肾，沿腹腔顶壁向后伸延，开口于膀胱颈部。输尿管末端突入膀胱内，这种结构有利于防止尿液返流入输尿管。

5.1.3 膀胱

膀胱是暂时贮存尿液的器官，呈梨形。其前端钝圆为膀胱顶，中部大为膀胱体，后端狭窄为膀胱颈。雄性动物膀胱背侧是直肠，雌性动物的膀胱背侧是子宫和阴道。

膀胱由黏膜、黏膜下层、肌层和浆膜构成。黏膜上皮为变移上皮，空虚时有许多皱褶。膀胱肌层较厚，在膀胱颈部形成括约肌。

5.1.4 尿道

雄性动物的尿道为细长的管道，除有排尿功能外，还有排精功能，故又称尿生殖道。它起于膀胱颈的尿道内口，开口于阴茎头的尿道外口。雌性动物尿道比较宽短，开口于尿道前庭前端底壁。母牛尿道开口处的腹侧面有一凹陷，称为尿道憩室。导尿时切忌将导尿管误插入尿道憩室。

5.2 泌尿生理

5.2.1 尿的成分和理化性质

（1）尿的成分

尿由水、无机物和有机物组成。水分占96%～97%，无机物和有机物占3%～4%。无机物主要是氯化钠、氯化钾；其次是碳酸盐、硫酸盐和磷酸盐。有机物主要是尿素，其次是尿酸、肌酐、肌酸、氨、尿胆素等。在使用药物时，尿液成分中还会出现药物的残余排泄物。

（2）尿的理化性质

草食动物的尿液一般为碱性，淡黄色。刚排出的尿为清亮的水样液，放置时间较长，则因尿中碳酸钙逐渐沉淀而变得混浊。

牛每昼夜排尿量为6～8L，羊为1～1.5L。影响尿量的因素很多，如进食量、饮水量、外界温度、使役及汗液分泌情况等。

尿的性质和组成在一定程度上能反映体内代谢的变化和肾的机能，故在临床实践中，常采用化验尿的办法，进行某些疾病的诊断。

5.2.2 尿的生成

尿的生成包括两个阶段，一是肾小球的滤过作用，生成原尿；二是肾小管和集合管的重吸收、分泌、排泄作用，生成终尿。

5.2.2.1 肾小球的滤过作用

血液流经肾小球时，由于血压较高，除了血细胞和蛋白质外，血浆中的水和其他物质（如葡萄糖、氯化物、无机盐、尿素和肌酐等）都能通过滤过膜滤过到肾小囊腔内，这种滤过液称原尿。原尿的生成取决于两个条件：一是肾小球滤过膜的通透性；二是肾小球的有效滤过压。前者是原尿产生的前提条件，后者是原尿滤过的必要动力。

(1) 肾小球滤过膜的通透性

肾小球滤过膜由3层构成：内层是肾小球毛细血管的内皮细胞，极薄，内皮之间有许多贯穿的微孔；中间层为极薄的内皮基膜，膜上有许多网孔；外层是肾小囊脏层，由突起的足细胞构成。足细胞紧贴于毛细血管的基膜上，突起间有许多缝隙。这些结构决定了滤过膜的通透性。因此，水、晶体物质和相对分子质量较小的部分清蛋白均可从血浆滤过到肾小囊腔中。

(2) 有效滤过压

肾小球滤过作用的发生，其动力是滤过膜两侧的压力差。这种压力差称为肾小球的有效滤过压。肾小球的有效滤过压可用下列公式表示：

肾小球有效滤过压 = 肾小球毛细血管血压 −（血浆胶体渗透压力 + 肾小囊内压）

在正常情况下，肾小球毛细血管血压为 9.3 kPa，血浆胶体渗透压为 3.3 kPa，肾小囊内压为 0.67 kPa，代入上式，得出有效滤过压为 5.3 kPa，即血浆胶体渗透压与肾小囊内压之和（阻止滤过的压力）小于肾小球入球小动脉端的血压（促进滤过压力），从而保证了原尿生成。

5.2.2.2 肾小管和集合管的重吸收、分泌和排泄作用

原尿流经肾小管和集合管时，其中的许多物质被重新吸收回血液中，称为重吸收作用。肾小管和集合管的重吸收作用具有一定的选择性。凡是对机体有用的物质，如葡萄糖、氨基酸、钠、氯、钙、重碳酸根等，几乎全部或大部分被重吸收；对机体无用或用处不大的物质，如尿素、尿酸、肌酐、硫酸根、碳酸根等，则只有少许被重吸收或完全不被重吸收。

肾小管和集合管能将血浆或肾小管上皮细胞内形成的物质，如 H^+、K^+、NH_4^+ 等分泌到肾小管腔中。同时，也能将某些不易代谢的物质（如尿胆素、肌酸）或由外界进入体内的物质（如药物）排泄到管腔中。习惯上把前者称为分泌作用，后者称为排泄作用。

原尿经过肾小管和集合管的重吸收、分泌与排泄作用后形成终尿。终尿由输尿管输送到膀胱贮存，膀胱内尿液充盈到一定程度时，再反射性地由尿道排出体外。

5.2.3 影响尿生成的因素

(1) 滤过膜通透性的改变

在正常情况下，滤过膜的通透性比较稳定，但当某种原因使肾小球毛细血管或肾小管上皮受到损害时，会影响滤过膜的通透性。如机体内缺氧或中毒时，肾小球毛细血管壁通透性增加，使原尿生成量增加，同时，会引起血细胞和血浆蛋白滤过，出现血尿或蛋白尿；在发生急性肾小球肾炎时，由于肾小球内皮细胞肿胀，使滤过膜增厚，通透性减少，从而导致原尿生成减少，出现少尿。

(2) 有效滤过压的改变

在正常情况下，有效滤过压比较稳定。但当决定尿生成的3个因素发生变化时，有效滤过压也随之发生变化，影响尿的生成。如当动物大量失血时，流入肾的血液量减少，肾小球毛细血管的血压下降，有效滤过压降低，从而导致原尿生成量减少，出现少尿或无尿

现象;当血浆蛋白含量减少时(如静脉注射大量生理盐水引起单位容积血液中血浆蛋白含量减少),血浆胶体渗透压降低,有效滤过压增大,原尿生成量增加,出现多尿;当输尿管结石或肿瘤压迫肾小管时,尿液流出受阻,肾小囊腔的内压增高,有效滤过压降低,原尿生成量减少,发生少尿。

(3) 原尿溶质浓度过高

当原尿中溶质的量超过肾小管重吸收限度时,只有部分溶质不能被重吸收。这些溶质使原尿的渗透压升高,阻碍水分的重吸收,引起多尿,称为渗透性利尿。如静脉注射大量高渗葡萄糖溶液后会引起多尿。

(4) 激素

影响尿生成的激素主要有抗利尿激素和醛固酮。

抗利尿激素的作用是增加远曲小管对水的通透性,促进水的重吸收,从而使排尿量减少。血浆渗透压升高和循环血量减少,创伤、一些药物也能引起抗利尿激素的分泌,减少排尿量。醛固酮对尿生成的调节是促进远曲小管重吸收 Na^+,同时促进 K^+ 排出,即醛固酮有保 Na^+ 排 K^+ 作用。

5.2.4 尿的排出

尿在肾脏生成后,经输尿管送入膀胱暂时储存。当膀胱内的尿液储存达到一定量时,膀胱内压增高,刺激膀胱壁压力感受器,使其兴奋并产生冲动,冲动沿盆神经的传入纤维到脊髓的低级排尿中枢,再由脊髓前行经脑干、下丘脑直至大脑皮层,产生排尿感觉。是否立即排尿,则由高级中枢综合各方面的情况,如膀胱的充盈度、环境条件等。在条件允许时,大脑皮层发出兴奋冲动,传到脊髓,使排尿低级中枢兴奋,使膀胱逼尿肌收缩,内括约肌弛缓;另一方面抑制阴部神经,使外括约肌弛缓。因此,在膀胱逼尿肌收缩所产生的较高压力下,尿液由膀胱排出。当尿液流经尿道时,又刺激尿道内的感受器,使其收缩并产生较高压力,迫使尿液由膀胱排出。如果条件不允许,大脑皮层不产生兴奋,排尿暂时被抑制。尿液排泄完时,由于引起排尿反射的刺激因素消失,低级中枢即在高级中枢的调控下受抑制,膀胱平滑肌紧张性减弱,内、外括约肌的紧张性加强,膀胱又进入储尿状态。

>>> 练习与思考

1. 简述牛、马、猪的肾脏位置、形态结构特点。
2. 影响尿生成的主要因素有哪些?
3. 简述尿液生成的基本过程。
4. 分析大量出汗引起尿量减少的原理。

项目六
生殖系统解剖生理特征观察

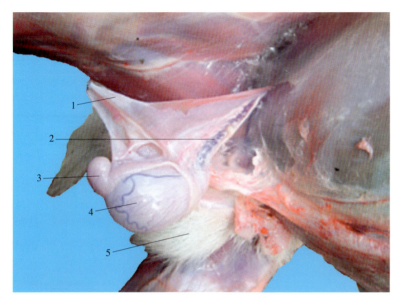

图 6-1 雄羊生殖器官

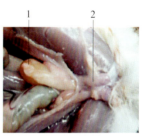

图 6-2 猪睾丸与附睾

图 6-3 雄兔生殖器

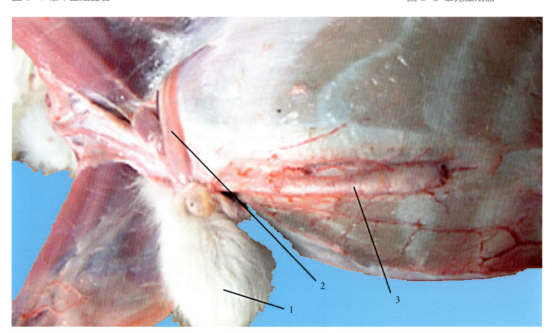

图 6-4 雄羊生殖器官

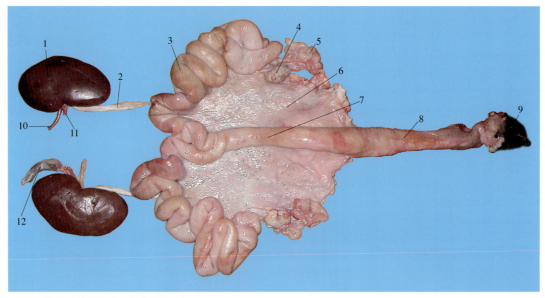

图 6-5 雌性猪泌尿生殖器官（背侧观）

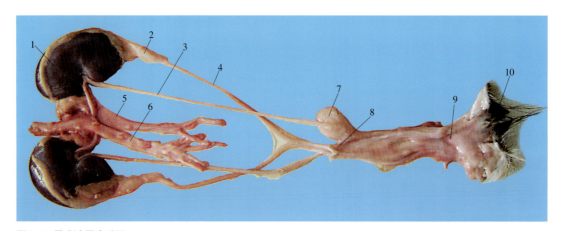

图 6-6 雌犬泌尿生殖器

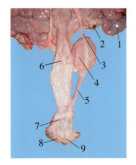

图 6-7 猪子宫颈、阴道

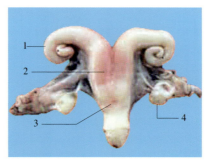

图 6-8 羊的子宫

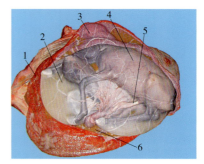

图 6-9 马胎盘

项目六 生殖系统解剖生理特征观察

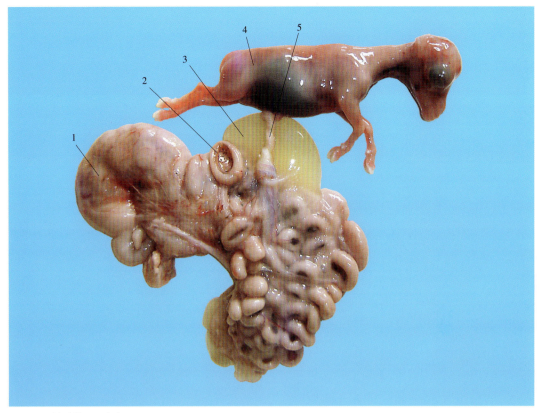

图 6-10 羊胎儿及子宫阜

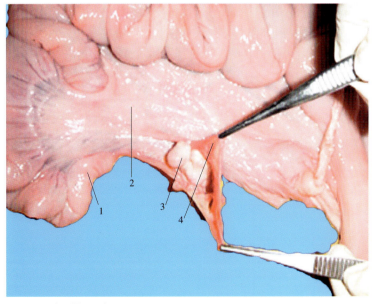

图 6-11 猪卵巢、子宫

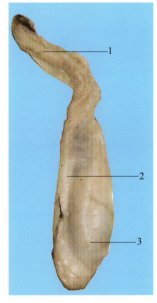

图 6-12 睾丸

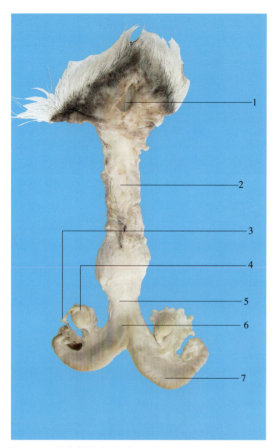

图6-13 羊的雌性生殖器官

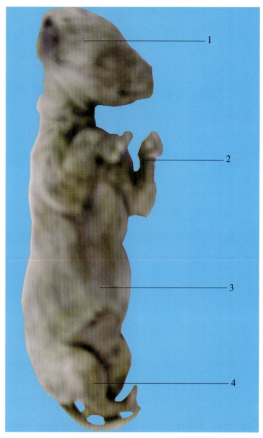

图6-14 羊胎儿

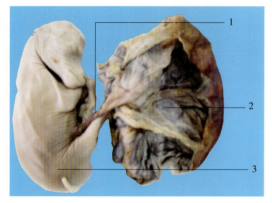

图6-15 羊的胎儿和胎盘

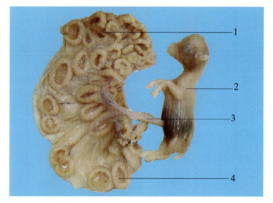

图6-16 羊的胎儿和胎盘

项目六　生殖系统解剖生理特征观察

任务一　生殖系统解剖结构图片识别

【任务说明】

将学员随机分成小组，各小组在教师规定时间内利用后面的"基础知识"或网络找出本项目解剖结构图片中标号所代表的解剖名称并使每位组员熟记。实施过程中组员经过讨论也不能解决的问题可以请教老师。教师可以根据学习对象以及课时量选用不同的图片。

【任务内容】

每位成员均能独立说出标号所代表的解剖结构名称及其生理特点。

【考核要求】

各小组任务完成后由教师随机抽取1~2名成员介绍图片中标号所代表的名称，被抽取成员的成绩计入小组所有成员的平时成绩。

任务二　生殖器官解剖标本识别

【目的要求】

分组进行，要求通过观察和互相帮助，使每位组员均能掌握生殖器官的位置和相互关系以及各器官的解剖生理特点。

【任务材料】

牛或羊或其他动物成套的生殖器官标本及模型。解剖器械。

【方法步骤】

1. 公牛、羊生殖器的观察

注意观察睾丸和附睾、阴囊、精索和输精管、尿生殖道、副性腺、阴茎的形态、结构及相互位置关系。比较牛、羊生殖器官结构的特征。

2. 母牛（羊）生殖器的观察

注意观察卵巢的形状、大小及位置；输卵管的结构和与卵巢的位置关系；子宫的形态和位置，子宫阜、子宫颈外口、阴瓣和尿道外口。

【考核要求】

以小组为单位进行现场考核，随机抽取小组成员指认标本上的主要器官并介绍其解剖生理特征，考核成绩作为全组成员的成绩。

基础知识

生殖系统是动物繁殖后代、保证种族延续的一个系统，它能产生生殖细胞，分泌性激素，其功能活动受神经系统与脑垂体共同调控。

6.1 雄性生殖器官

雄性生殖器官由睾丸、附睾、输精管、精索、副性腺、尿生殖道、阴茎、包皮和阴囊组成。其中，睾丸、附睾、输精管、副性腺及尿生殖道称为内生殖器官；阴茎、包皮及阴囊称为外生殖器官。

6.1.1 睾丸

6.1.1.1 睾丸的形态和位置

睾丸是成对的实质器官，位于阴囊内，长椭圆形，一侧与附睾相连，称为附睾缘；另一侧游离，称为游离缘。睾丸分头、体、尾3部分。睾丸呈垂直方向，睾丸头朝向上方，睾丸尾朝向下方。

睾丸在胚胎时期位于腹腔内，当胎儿发育到一定程度，睾丸和附睾经腹股沟管下降至阴囊内。动物出生后，如果一侧或两侧睾丸仍留在腹腔内，称为隐睾，这种动物没有生殖能力，不能作种用。

公兔生殖系统包括睾丸（精巢）、附睾、输精管、精索、副性腺、阴茎及阴囊。睾丸外形呈卵圆形，幼兔的睾丸不易摸到，呈两头钝圆的枣核形，性成熟后一般下降至阴囊内，偶有存在于腹股沟管内或腹腔中。腹股沟管管口终生不封闭，故家兔在受到惊吓或被触摸阴囊时，睾丸和附睾在精索内提睾肌的牵引下仍能回到腹腔内。

雄性犬、猫的生殖器包括睾丸、附睾、输精管、副性腺、尿生殖道、阴茎和阴囊。

6.1.1.2 睾丸的组织构造

睾丸具有产生精子和分泌雄性激素的功能，其结构包括被膜和实质两部分。

（1）被膜

被膜由浆膜和白膜构成。浆膜即固有鞘膜，被覆在睾丸的表面，浆膜深面为由致密结缔组织构成的白膜。白膜在睾丸头处伸入睾丸实质内，形成睾丸纵隔。自睾丸纵隔上分出许多呈放射状排列的结缔组织隔，称为睾丸小隔，将睾丸实质分成100～300个锥形的睾丸小叶。

（2）实质

睾丸的实质由曲细精管、睾丸网和间质细胞构成。

在每个睾丸小叶内有2～3条弯曲的曲细精管。曲细精管以盲端起始于小叶边缘，向纵隔迂回伸延，在接近纵隔处变直后进入睾丸纵隔内，相互吻合成网状，称为睾丸网。睾丸网在睾丸头处汇成10～30条睾丸输出小管出睾丸。

曲细精管是产生精子的地方，由基膜和多层生殖上皮细胞构成。生殖上皮包括两类细胞：一类是处于不同发育阶段的生精细胞，包括精原细胞、初级精母细胞、次级精母细胞、精细胞和精子；另一类是支持细胞，起支持、营养和分泌等作用。各级生精细胞散布在支持细胞之间，镶嵌在其侧面。精子成熟后，脱离支持细胞进入管腔。

间质是指曲细精管之间的疏松结缔组织，内有一种内分泌细胞，即睾丸间质细胞，在性成熟后能分泌雄性激素。

6.1.2 附睾

附睾附着在睾丸上，由睾丸输出管和附睾管构成，分为附睾头、附睾体和附睾尾3部分。睾丸输出管形成附睾头，进而汇合成一条较粗且长的附睾管，盘曲成附睾体和附睾尾。附睾管在附睾尾处管径增大，延续为输精管。

附睾尾借附睾韧带与睾丸尾相连。附睾韧带由附睾尾延续至阴囊的部分，称为阴囊韧带。去势时切开阴囊后，必须切断阴囊韧带的睾丸系膜，方能摘除睾丸和附睾。附睾具有贮存、运输、浓缩和成熟精子的功能。

6.1.3 输精管和精索

输精管为运送精子的细长管道，起始于附睾尾，延腹股沟管腹腔向后进入骨盆腔，末端开口于尿生殖道起始部背侧壁的精阜两侧。输精管在膀胱背侧的尿生殖褶内膨大形成输精管膨大部，称为输精管壶腹。壶腹部黏膜内有腺体，称壶腹腺，其分泌物有稀释、营养精子的作用。

精索为扁圆的索状结构，其基部连于睾丸和附睾。精索在睾丸背侧较宽，向上逐渐变细，出腹股沟管内环，沿腹腔后部底壁进入骨盆腔内。精索内有输精管、血管、淋巴管、神经和平滑肌束等，外包以固有鞘膜，去势时要结扎或截断精索。

6.1.4 阴囊

阴囊为一袋状皮肤囊，位于两股之间，具有保护睾丸和附睾的作用。阴囊借助腹股沟管与腹腔相通，相当于腹腔的突出部，其结构与腹壁相似，由皮肤、肉膜、阴囊筋膜、鞘膜构成，犬的阴囊位于两股间后部，猫的阴囊位于肛门腹侧正中。

(1) 皮肤

阴囊的皮肤薄而柔软，富有弹性，表面有少量短而细的毛，内含丰富的皮脂腺和汗腺。阴囊表面的腹侧正中有阴囊缝，将阴囊从外表分为左、右两部分。

(2) 肉膜

肉膜紧贴在阴囊皮肤的内面，由弹性纤维和平滑肌构成。肉膜在阴囊正中形成阴囊中隔，将阴囊分为左、右互相通的两个腔。肉膜具有调节温度的作用，冷时肉膜收缩，阴囊起皱，面积减少；热时肉膜松弛，阴囊松弛下垂，面积增大。

(3) 阴囊筋膜

阴囊筋膜位于肉膜深面，由腹壁深筋膜和腹外斜肌腱膜延伸而来。阴囊筋膜将肉膜与总鞘膜较疏松地连接起来，其深面有睾丸提肌。

(4) 鞘膜

鞘膜包括总鞘膜和固有鞘膜。总鞘膜在肉膜内面，是腹膜壁层向阴囊内的延续。去势时切开总鞘膜后，才能露出睾丸和精索。固有鞘膜由腹膜的脏层延续而成。它紧贴在睾丸、附睾和精索外面。固有鞘膜中附睾尾与总鞘膜的连续部称为附睾韧带，去势时，必须先剪断此韧带，才能暴露较长的精索。总鞘膜与固有鞘膜之间的空腔称为鞘膜腔。

6.1.5 尿生殖道

尿生殖道为尿液和精液共同排出的通道。它起源于膀胱颈，沿骨盆腔顶壁向后伸延，绕过坐骨弓，再沿阴茎腹侧的尿道沟前行，开口于阴茎头，以尿道外口开口于外界。按所在位置分为骨盆部和阴茎部两部分，两部分以坐骨弓为界。

6.1.6 副性腺

副性腺包括成对的尿道球腺、前列腺及精囊腺。副性腺的分泌物有稀释精子、营养精子及改善阴道环境等作用，有利于精子的生存和运动。

犬无精囊腺和尿道球腺，只有发达的前列腺，呈浅黄色的坚实小体，老龄犬前列腺常增大。猫的副性腺有前列腺和尿道球腺。

尿道球腺：1 对，位于尿生殖道骨盆部末端，开口于尿生殖道的背侧。

前列腺：位于尿生殖道起始部的背侧，有许多小口开口于尿生殖道内。

精囊腺：1 对，位于膀胱颈的背侧，输出管与输精管共同开口于精阜。

6.1.7 阴茎与包皮

阴茎位于腹壁之下，起自坐骨弓，经两股之间，沿腹中线向前伸延至脐部。阴茎是雄性动物的交配器官，可分阴茎根、阴茎体和阴茎头 3 部分。阴茎由阴茎海绵体和尿道海绵体（尿生殖道阴茎部）构成。阴茎海绵体外面包有结缔组织，白膜向内伸入，形成小梁，内有血管、神经，并含有平滑肌。尿生殖道阴茎部位于阴茎海绵体腹侧的尿道沟内。尿道海绵体的外面包有球海绵体肌。阴茎的肌肉包括球海绵体肌和阴茎缩肌等。公牛的阴茎呈圆柱状，阴茎头呈扭转状，尿生殖道开口于右侧螺旋沟中的尿道突上。公羊的阴茎与牛的基本相似，但阴茎头结构特殊，其前端有一细而长的尿道突，呈弯曲状。交配时阴茎头呈莲花瓣状，能与阴道牢固结合在一起。

犬有一较长的阴茎骨 8~10cm（大犬），阴茎骨向龟头方向逐渐变窄，再向前就变成纤维组织，幼龄时往往为软骨。犬阴茎头很长，包裹在整个阴茎骨表面，其前端为两个龟头球和一个龟头突，在交配时可迅速勃起，在交配后逐步萎缩。

包皮为皮肤折转而形成的管状鞘，有容纳和保护阴茎头的作用。牛的包皮长而狭窄。包皮具有两对较发达的包皮肌。

6.2 雌性生殖器官

雌性生殖器官由卵巢、输卵管、子宫、阴道、阴道前庭和阴门等组成。卵巢、输卵管、子宫和阴道称内生殖器官。阴道前庭和阴门为外生殖器官。

6.2.1 卵巢

6.2.1.1 卵巢的形态和位置

卵巢为成对的实质性器官，由卵巢系膜附着在腹腔的腰下部。在肾的后下方或骨盆前口两侧。母牛的卵巢呈稍扁的椭圆形，羊的较圆、较小，光滑色淡，表面常有直径 1~

3mm 的卵泡。处女母牛的卵巢稍稍靠后，多在骨盆腔内；经产母牛的卵巢位置前移，位于腹腔内，在耻骨前缘的前下方。

卵巢呈稍扁的椭圆形，长约 3.7cm，宽约 2.5cm。前端为输卵管端，以卵巢固有韧带与子宫角相连。卵巢背侧有卵巢系膜附着，卵巢系膜中有血管、淋巴管和神经出入，称为卵巢门。腹侧缘为游离缘。卵巢固有韧带与输卵管系膜之间形成宽阔的卵巢囊，卵巢藏于卵巢囊内，卵巢囊有利于卵巢排出的卵细胞顺利进入输卵管。

6.2.1.2 卵巢的组织结构

卵巢由被膜和实质构成。被膜由生殖上皮和白膜构成。卵巢表面覆盖着一层生殖上皮。在生殖上皮下面有一薄层由致密结缔组织形成的白膜。白膜内为卵巢实质。卵巢实质可分为皮质和髓质两部分。皮质位于卵巢外围，内有许多卵泡，每个卵泡都由位于中央的卵细胞和围绕在卵细胞周围的卵泡细胞组成。根据卵泡的发育程度不同，可分为原始卵泡、生长卵泡和成熟卵泡。

(1) 原始卵泡

原始卵泡由生殖上皮分裂而来，多位于皮质的表层，是一种体积小、数量多的球形卵泡。

(2) 生长卵泡

生长卵泡由原始卵泡生长发育而来，分为初级卵泡和次级卵泡。生长卵泡的结构特点是：卵泡体积逐渐增大；卵泡细胞由单层变为多层；形成卵泡膜。由于细胞不断分裂增殖，生长卵泡的卵泡细胞间出现间隙，腔隙中有卵泡液，这时卵细胞和一部分卵泡细胞被挤压到卵泡的一侧，形成卵丘。其余卵泡细胞密集排列成数层衬于卵泡膜内面，称为颗粒层。卵周围出现一层厚的透明带，与透明带接触的卵泡细胞呈放射状排列，称为放射冠。

(3) 成熟卵泡

生长卵泡发育到最后阶段成为成熟卵泡。成熟卵泡体积很大，突出于卵巢表面。髓质位于内部，由结缔组织构成，含有丰富的血管、神经、淋巴管等。

6.2.2 输卵管

输卵管是一对细长而弯曲的管道，位于卵巢和子宫角之间，有输送卵细胞的作用，也是卵细胞受精的场所。输卵管可分为漏斗部、壶腹部和峡部 3 段：漏斗部为输卵管起始膨大的部分，漏斗的边缘有许多不规则的皱褶，称为输卵管伞。漏斗的中央有一个小的开口通腹膜腔，称为输卵管腹腔口。壶腹部较长，位于漏斗部和峡部之间的膨大部分。峡部位于壶腹部之后，较短，与子宫角相通。

6.2.3 子宫

6.2.3.1 子宫的形态和位置

牛、羊子宫是一个中空的肌质性器官，属于双角子宫，分为子宫角、子宫体和子宫颈。子宫是胎儿生长发育和娩出的器官，成年母牛的子宫大部分位于腹腔内，在直肠和膀胱之间，前端与输卵管相接，后端与阴道相通，借韧带悬于腰下。子宫角较长，呈绵羊角状。子宫体短，壁厚而坚实。子宫颈向后突入阴道内的部分，称为子宫颈阴道部。子宫颈管呈螺旋状，平时紧闭，不易张开，子宫颈外口的黏膜形成明显的辐射状皱褶，形似菊花状。子宫体和子宫角的黏膜上有4排圆形隆起，称为子宫阜，牛100多个，羊60多个。妊娠子宫的位置大部分偏于腹腔的右半部。

6.2.3.2 子宫的组织结构

子宫壁由内膜、肌层和外膜3层组成。子宫内膜上皮为假复层或单层柱状上皮，有分泌作用。上皮细胞游离缘有纤毛。子宫的肌层是平滑肌，由强厚的内环行肌和较薄的外纵行肌构成。在内、外肌层之间为血管层，有时夹于环行肌内。牛、羊子宫的血管层在子宫阜处，特别发达。子宫外膜为浆膜，由疏松结缔组织和间皮组成。

6.2.4 阴道

阴道位于骨盆腔内，背侧为直肠，腹侧为膀胱和尿道，前接子宫，后接尿生殖前庭。母牛的阴道长20~25cm，母鹿的长约20cm。阴道壁很厚，阴道穹窿呈半环状。

6.2.5 阴道前庭和阴门

阴道前庭是交配器官和产道，也是尿液排出的径路，呈扁管状。前端腹侧以一横行的黏膜褶——阴瓣与阴道为界，后端以阴门与外界相通。在阴道前庭的腹侧壁上有尿道外口。母牛的阴瓣不明显，在尿道外口的腹侧，有一个伸向前方的短盲囊，称为尿道憩室，给母牛导尿时应注意不要把导尿管插入憩室内。阴门与阴道前庭构成母牛的外生殖器官，位于肛门腹侧，由左、右两片阴唇构成，两阴唇间的裂缝称为阴门裂。阴蒂窝内有阴蒂。

6.3 生殖生理

生殖是雌雄两性生殖器产生生殖细胞（精子和卵子），进行交配、受精、妊娠和分娩，获得后代，保证种族延续的各种生理过程。

6.3.1 性成熟和体成熟

(1) 性成熟

哺乳动物生长发育到一定时期，生殖器官已基本发育完全，具备了繁殖子代的能力，称为性成熟。此时母牛能产生卵子，有发情征状；公牛能产生精子，有性欲要求。

(2) 体成熟

动物达到性成熟时，身体仍在发育，直到具有成年固有的形态结构和生理特点，称为体成熟。因此，动物开始配种的年龄比性成熟晚些，一般相当于体成熟或在体成熟之后。牛性成熟年龄为10~18个月，初配年龄为2~3岁。羊性成熟年龄为5~8个月，初配年龄为1~1.5岁。

(3) 性季节（发情季节）

母牛在一年之中，除妊娠期外，都可能周期性地出现发情，属终年多次发情动物。而羊的发情具有明显的季节性，仅在一定的季节才表现多次发情。两次性季节之间的不发情时期，称为乏情期。

6.3.2 雄性生殖生理

6.3.2.1 性反射

高等动物的精子进入雌性生殖道是通过性活动（如交配等）来实现的。性活动是复杂的神经反射活动，雄性和雌性动物都具有这种反射。性反射包括相继发生的4种反射：勃起反射、爬跨反射、抽动反射、射精反射。

6.3.2.2 精液

精液由精子和精清组成，黏稠、不透明、呈弱碱性，有特殊臭味。牛的副性腺分泌物少，精液量小，精子浓度较大。但频繁配种的公牛射精少，精子浓度低。一般公牛一次交配的射精量平均为2~10mL，公羊为1mL。

（1）精清

精清是副性腺、附睾和输精管的混合分泌物，呈弱碱性，其内含有果糖、蛋白质、磷脂化合物、无机盐和各种酶等。精清主要作用为稀释精子，便于精子运行；为精子提供能量，保持精液正常的pH值和渗透压；刺激子宫、输卵管平滑肌的活动，有利于精子运行。

（2）精子

精子是高度特异化的浓缩细胞，呈蝌蚪状，分为头、颈、尾3个部分。头部呈扁圆形，内有一个核，核的前面为顶体。核的主要成分是脱氧核糖核酸（DNA）和蛋白质。颈部很短，内含供能物质。尾部很长，在精子运行中起重要作用。精子形态异常，如头部狭窄、尾弯曲、双头、双尾等，都是精液品质不良的表现。

精子活动性是评定精子生命力的重要标志。精子的运动形式有3种：即直线前进运动、原地转圈和原地颤动。只有呈直线前进运动的精子，才具有受精能力。

离体后的精子容易受外界因素的作用而影响活力，甚至造成死亡。如在0℃下精子呈不活动状态；阳光直射、40℃以上温度、偏酸或偏碱环境、低渗或高渗环境及消毒液等都会造成精子迅速死亡。在处理精液时，要注意避免不良因素的影响。

6.3.3 雌性生殖生理

6.3.3.1 性周期

雌性动物性成熟以后，卵巢出现规律性的卵泡成熟和排卵过程。哺乳动物的排卵是周期性发生的。伴随每次排卵，雌性动物的机体特别是生殖器官，会发生一系列的形态和生理变化。动物从这一次发情开始到下一次发情开始的间隔时间，叫作性周期（发情周期）。掌握性周期的规律有重大的实践意义，如能够在养殖生产过程中有计划地繁殖动物，调节分娩时间和动物群体的产乳量，防止动物群体的不孕或空怀等。根据雌性动物生殖器官所发生的变化，一般把发情周期分为发情前期、发情期、发情后期、休情期。

（1）发情前期

发情前期是发情周期的准备阶段和性活动开始时期。在这期间，卵巢上有1个或2个以上的卵泡迅速发育生长，充满卵泡液，体积增大，并突出于卵巢表面。此时，生殖器官开始出现一系列的生理变化，如子宫角的蠕动加强，子宫黏膜内的血管大量增生，阴道上皮组织增生加厚，整个生殖道腺体活动加强。但看不到阴道流出黏液，没有交配欲。

(2) 发情期

发情期是性周期的高潮时期。这时卵巢出现排卵，整个机体和其生殖器官表现一系列的形态和生理变化，如兴奋不安，有交配欲，子宫呈现水肿，血管大量增生；输卵管和子宫发生蠕动，腺体大量分泌；子宫颈口张开，外阴部肿胀、潮红并流出黏液等。这些变化均有利于卵子和精子的运行与受精。

(3) 发情后期

发情后期是发情结束后的一段时期，这时期母牛变得比较安静，不让公牛接近。生殖器官的变化是：卵巢中出现黄体，黄体分泌孕激素（孕酮）。在孕酮作用下，子宫内膜增厚，腺体增生，为接受胚胎附植作准备。如已妊娠，发情周期结束，进入妊娠阶段，直到分娩后再重新出现性周期。如未受精，即进入休情期。

(4) 休情期

休情期是发情后期之后的相对静止期。这个时期的特点是：生殖器官没有任何显著的性活动过程，卵巢内的卵泡逐渐发育，黄体变性萎缩。卵巢、子宫、阴道等都从性活动生理过渡到静止的生理状态，随着卵泡的发育，准备进入下一个发情周期。

6.3.3.2 排卵

成熟卵泡破裂，卵细胞（卵子）和卵泡液同时流出的过程叫作排卵。排卵可在卵巢表面任何部分发生。排出的卵细胞经输卵管伞进入输卵管。牛、羊发情周期、发情期和排卵时间见表6-1。

表6-1　牛、羊发情周期、发情期和排卵时间

畜别	发情周期/d	发情期	排卵时间/h
乳牛	21~22	18~19h	发情结束后10~11
黄牛	20~21	1~2d	发情结束后10~12
水牛	20~21	1~3d	发情结束后10~12
绵羊	16~17	24~36h	发情结束后24~30
山羊	19~21	33~40h	发情结束后30~36

6.3.3.3 受精

受精是指精子和卵结合而形成合子的过程。

(1) 精子的运行

精子在雌性动物生殖道内由射精部位移动到受精部位的运动过程，叫作精子的运行。

精子的运行除自身的运动外，更重要的是借助于子宫和输卵管的收缩和蠕动。趋近卵子时，精子本身的运动是十分重要的。

精子进入雌性动物生殖道之后，须经过一定变化才具有受精的能力，这一变化过程叫作精子的受精获能过程（或叫受精获能作用）。在一般情况下，交配往往发生在发情开始或盛期，而排卵发生在发情结束时或结束后。因此，精子一般先于卵子到达受精部位，在这段时间内精子可以自然地完成获能过程。公牛精子的获能时间为5~6h，羊为1.5h。

(2) 卵子保持受精能力的时间

卵子在输卵管内保持受精能力的时间就是卵子运行至输卵管峡部以前的时间。牛为

8~12h，绵羊为16~24h。卵子受精能力的消失也是逐渐的。卵子排出后如未遇到精子，则沿输卵管继续下行，并逐渐衰老，包上一层输卵管分泌物，精子不能进入，即失去受精能力。

(3) 受精过程

受精过程包括如下几个阶段。

①精子与卵子相遇　雄性动物一次射精中精子的总数相当可观，但到达输卵管壶腹的数目却很少，精子射出后，一般在15min之内到达受精部位。

②精子进入卵子　精子与卵子相遇之后释放出透明质酸酶，溶解卵子周围的放射冠，穿过放射冠到达透明带，然后精子固定在透明带某点上。精子依靠自身的活力和蛋白水解酶的作用穿过透明带，头部与卵黄膜表面接触，激活卵子，使其开始发育。最终精子的头穿过卵黄膜，进入卵子。精子通过卵子透明带具有种族选择性，一般只有同种或近似种的精子才能通过。

③原核形成和配子组合　精子进入卵子后，头部膨大，细胞核形成雄性原核。卵子的核形成雌性原核。两个原核接近，核膜消失，染色体进行组合，完成受精的全过程。

6.3.3.4　妊娠

受精卵在母体子宫内生长发育为成熟胎儿的过程称为妊娠。妊娠期间所发生的生理变化如下所述。

(1) 卵裂和胚泡附植

受精卵（合子）沿输卵管向子宫移动的同时，进行细胞分裂，称为卵裂。卵裂约3d，即变成16~32个桑葚胚；约4d，桑葚胚即进入子宫，继续分裂，体积扩大，中央形成含有少量液体的空腔，此时的胚胎叫作囊胚。囊胚逐渐埋入子宫内膜而被固定，叫作种附植。此时，胚胎就与母体建立起了密切的联系，开始由母体供应养料和排出代谢产物。

从受精到附植牢固所需的时间：牛为45~75d，羊为16~20d。

(2) 胎膜

胎膜是胚胎在发育过程中逐渐形成的一个暂性器官，在胎儿出生后，即被弃掉。胎膜由内向外由羊膜、尿囊膜和绒毛膜组成。

①羊膜　羊膜包围着胎儿，形成羊膜囊，囊内充满羊水，胎儿浮于羊水中。羊水有保护胎儿和分娩时润滑产道的作用。

②尿囊膜　在羊膜的外面，分内外两层，围成尿囊腔，囊腔内有尿囊液，贮存胎儿的代谢产物。牛羊的尿囊分成左、右两支，不完全包围羊膜。

③绒毛膜　位于最外层，紧贴在尿囊膜上，表面有绒毛。牛、羊的绒毛在绒毛膜的表面聚集成许多丛，叫作绒毛叶。除绒毛叶外，绒毛膜的其他部分平整光滑，无绒毛。

(3) 胎盘

胎盘是胎儿的绒毛膜和母体的子宫内膜共同构成。牛、羊的胎盘是由绒毛叶与子宫肉阜互相嵌合形成，为绒毛胎盘或子叶型胎盘。

胎盘不仅实现胎儿与母体间物质交换，保证胎儿的生长发育，而且分泌雌激素、孕激素和促性腺激素。胎盘对妊娠期母体和胎儿有重要意义。

(4) 妊娠雌性动物的变化

动物妊娠后，为了适应胎儿的成长发育，各器官生理机能都要发生一系列的变化。首先是妊娠黄体分泌大量孕酮，除了促进附植、抑制排卵和降低子宫平滑的兴奋性外，还与雌激素协同作用，刺激乳腺腺泡生长，使乳腺发育完全，准备分泌乳汁。

随着胎儿的生长发育，子宫体积和重量也逐渐增加，腹部内脏受子宫挤压向前移动，引起消化、循环、呼吸和排泄等一系列变化。例如，呈现胸式呼吸，呼吸浅而快，肺活量降低；血浆容量增加，血液凝固能力提高，血沉加快。到妊娠末期，血中碱储减少，出现酮体，形成生理性酮血症；心脏因工作负担增加，出现代偿性心肌肥大；排尿、排粪次数增加，尿中出现蛋白质等。母体为适应胎儿发育的特殊需要，甲状腺、甲状旁腺、肾上腺和脑垂体表现为妊娠性增大和机能亢进；雌性动物表现代谢增强，食欲旺盛，对饲料的利用率增加，显得肥壮，被毛光亮平直。妊娠后期，由于胎儿迅速生长，母体需要养料较多，如饲料和饲养管理条件稍差，会逐渐消瘦。

(5) 妊娠期

妊娠期从受精卵开始，到胎儿出生为止。牛、羊的妊娠期见表6-2。

表6-2　牛、羊的妊娠期

动物种类	平均妊娠期/d	变动范围/d
黄牛	282	240～311
水牛	310	300～327
羊	152	140～169

6.3.3.5　分娩

分娩是发育成熟胎儿从母体生殖道排出的过程。母牛临近分娩时有分娩预兆，主要表现为阴唇肿胀，有透明状黏液自阴道流出；乳房红肿，并有乳汁排出；臀部肌肉塌陷等。分娩通常可分为3期。

(1) 开口期

子宫有节律地收缩，把胎儿和胎水挤入子宫颈。子宫颈扩大后，部分胎膜突入阴道，最后破裂流出胎水。

(2) 胎儿娩出期

子宫更为频繁而持久地收缩，加上腹肌收缩的协调作用，使子宫内压极度增加，驱使胎儿经阴道排出体外。

(3) 胎衣排出期

胎儿排出后，经短时间的间歇，子宫再次收缩，使胎衣与子宫壁分离，随后排出体外。胎衣排出后，子宫收缩压迫血管裂口，阻止继续出血。

由此可见，胎儿从子宫中娩出的动力是靠子宫肌和腹壁肌的收缩来实现的。当妊娠接近结束时，由于胎儿及其运动刺激子宫内的机械感受器，阵缩的强度、持续时间与频率随着分娩时间逐渐增加。阵缩的意义在于使胎儿的胎盘血液循环不至于因子宫肌长期收缩而发生障碍，导致胎儿窒息或死亡。

6.4 乳腺与泌乳

6.4.1 乳腺

乳腺为哺乳动物所特有。雌性动物的乳腺在动物繁殖过程中具有哺育幼仔的功能。乳腺虽雌雄都有，但只有雌性动物才能发育并具有泌乳的能力。

6.4.1.1 乳腺的形态和位置

牛的乳腺位于两股之间，悬吊于耻骨部，外被皮肤，形成乳房，母牛有4个乳房，紧密结合在一起，左右以纵沟分开，前后以横沟为界。乳房呈倒圆锥形，分为基部、体部和乳头部。乳头多呈圆柱状，顶端有一个乳头孔，为乳头管的开口。前部乳头比后部乳头长。

羊的乳房呈圆锥形，有2个，乳头基部有较大的乳池。

6.4.1.2 乳房的构造

乳房由皮肤、筋膜和实质构成。皮肤薄而柔软，长有稀疏的细毛。乳房的后部到阴门裂之间，有明显的带有线状毛流的皮肤褶，叫作乳镜。乳镜越大，乳房越能舒展，含乳量就越多。因此，乳镜在鉴定产乳能力方面有重要意义。

筋膜位于皮肤深层，分为浅筋膜和深筋膜。筋膜含有丰富的弹性纤维，在两侧乳房中间形成乳房悬韧带，有固定乳房的作用。筋膜的结缔组织把乳房实质分成很多腺小叶，小叶由腺泡构成。乳房的实质是腺泡和导管。腺泡呈管状，由单层立方上皮构成。腺泡分泌乳汁，经导管（包括小叶内导管、小叶间导管、较大的输乳管）进入乳池。每个乳头上有一个乳头管与乳池相通，其开口处有括约肌控制。乳汁经乳池、乳头管排出。

6.4.1.3 乳腺的生长发育

雌性动物的乳腺随着机体的生长而逐渐发育。性成熟前，主要是结缔组织和脂肪组织增生；性成熟后，在雌激素的作用下导管系统开始发育；妊娠后，乳腺组织生长迅速，不仅导管系统增生，而且每个导管的末端开始形成没有分泌腔的腺泡。妊娠中期，导管末端发育成为有分泌腔的腺泡，此时，乳腺的脂肪组织和结缔组织逐渐被腺体组织代替。妊娠后期，腺泡的分泌上皮开始分泌初乳。分娩后，乳腺开始正常的泌乳活动。

经过一定时期的泌乳活动后，腺泡的体积又逐渐缩小，分泌腔逐渐消失，与腺泡直接联系的细小乳导管萎缩。于是腺体组织又被脂肪组织和结缔组织所代替，乳房体积缩小，最后乳汁分泌停止。待下一次妊娠时，乳腺组织又重新形成，腺泡腔重新扩大，并开始再次泌乳活动。如此反复进行，直到失去生殖能力。

6.4.2 泌乳

乳腺组织的分泌细胞从血液中摄取营养物质生成乳汁后，分泌入腺泡腔内，这一过程叫作泌乳。乳的生成过程是乳腺腺泡和细小输乳管的分泌上皮细胞内进行的。生成乳汁的各种原料都来自血液，其中乳汁的球蛋白、酶、激素、维生素和无机盐等均由血液直接进入乳中，是乳腺分泌上皮对血浆选择性吸收和浓缩的结果；而乳中的酪蛋白、乳白蛋白、乳脂和乳糖等则是上皮细胞利用血液中的原料，经过复杂的生物合成而来。乳汁中含有幼仔生长发育所必需的营养物质，也是幼仔生长发育最理想的营养物。黄牛和水牛的泌乳期为 90～120d，而以人工选育乳用牛，泌乳期长达 300d 左右。

乳可分为初乳和常乳两种。

6.4.2.1 初乳

分娩后最初 3～5d 乳腺产生的乳叫作初乳。初乳较黏稠、浅黄，如花生油样，稍有咸味和臭味，煮沸时凝固。

初乳内含有丰富的蛋白质、无机盐（主要是镁盐）和免疫物质。初乳中的蛋白质可被消化道迅速吸收入血液，以补充幼仔血浆蛋白质的不足；镁盐具有轻泄作用，可促进胎粪的排出；免疫物质被吸收后，使新生幼龄动物产生被动免疫，以增加抵抗疾病的能力。因此，初乳是初生幼仔不可替代的食物，喂给初生动物以初乳，对保证初生幼仔的健康成长具有重要的意义。

6.4.2.2 常乳

初乳期过后，乳腺所分泌的乳汁叫作常乳。各种动物的常乳，均含有水、蛋白质、脂肪、糖、无机盐、酶和维生素等。蛋白质主要是酪蛋白，其次是白蛋白和球蛋白。当乳变酸时（pH 4.7），酪蛋白与钙离子结合而沉淀，致使乳汁凝固。乳中还含有来自饲料的各种维生素和植物性饲料中的色素（如胡萝卜素、叶黄素等）以及血液中的某些物质（抗毒素、药物等）。

6.4.2.3 排乳

在幼龄动物吮乳或挤奶之前，乳腺泡的上皮细胞生成的乳汁连续地分泌到腺泡腔内。当腺泡腔和细小输乳管充满乳汁时，腺泡周围的肌上皮细胞和导管系统的平滑肌反射性收缩，将乳汁转移入乳导管和乳池内。乳腺的全部腺泡腔、导管、乳池构成蓄积乳的容纳系统。当哺乳或挤乳时，引起乳房容纳系统紧张度改变，使贮积在腺泡和乳导管系统内的乳汁迅速流向乳池。这一过程叫作排乳。

排乳是一个复杂的反射过程。由于哺乳或挤乳刺激了雌性动物乳头的感受器，反射性地引起腺泡和细小输乳管周围的肌上皮收缩，于是腺泡乳流入导管系统，接着乳道或乳池的平滑肌强烈收缩，乳池内压迅速升高，乳头括约肌弛缓，乳汁就排出体外。在挤乳期间，乳池内压力保持较高水平，并在一定范围内波动，方可保证乳汁不断流出。最先排出的乳是乳池内的乳，之后排出的是乳腺腺泡及乳导管所获得的乳，叫作反射乳。哺乳或挤乳刺激乳房不到 1min，就可引起牛的排乳反射。

排乳反射能建立条件反射。挤乳的地点、时间，各种挤乳设备、挤乳操作、挤乳人员的出现等，都能作为条件刺激物形成条件反射。在固定的时间、地点、挤乳设备和熟悉的挤乳人员以及按操作规程进行挤乳，可提高产乳量。反之，不正规挤乳、不断地更换挤乳人员、嘈杂环境均可抑制排乳，降低产乳量。因此，在畜牧业生产中必须根据生理学原理，进行合理的挤乳，才能获取高产效益。

▶▶▶ 练习与思考

1. 简述牛、羊、马、猪子宫位置、形态结构特点。
2. 简述阴囊的结构。

项目六 生殖系统解剖生理特征观察

3. 性成熟的标志有哪些?
4. 雄性生殖系统由哪些器官组成?
5. 雌性生殖系统有哪些主要器官?

项目七
循环系统解剖生理特征观察

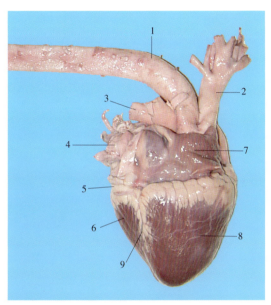

图 7-1 牛心右侧观

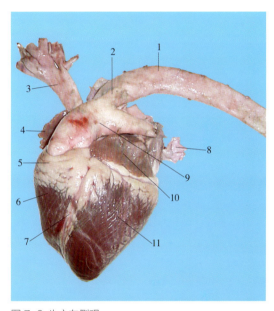

图 7-2 牛心左侧观

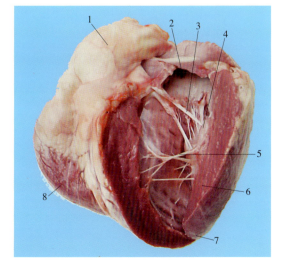

图 7-3 牛左心室剖面观

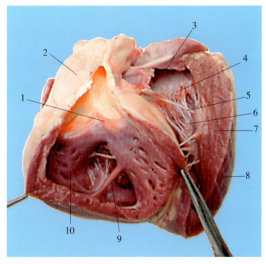

图 7-4 牛心室纵剖面

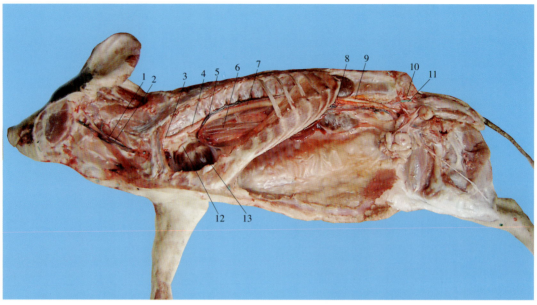

图 7-5 猪胸腔和腹腔血管

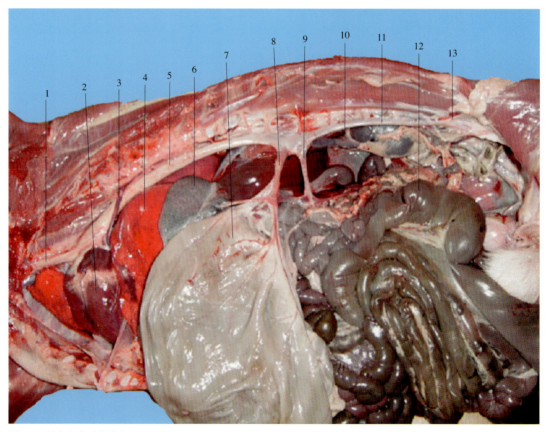

图 7-6 羊心及主动脉分支

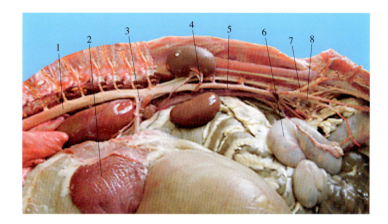

图 7-7 羊的主动脉分支

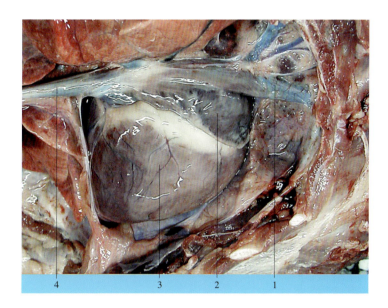

图 7-8
猪胸腔右侧观（示前、后腔静脉）

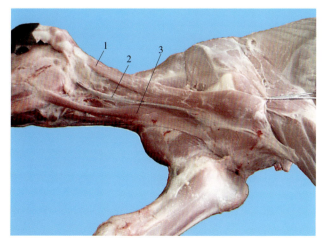

图 7-9 牛的颈静脉

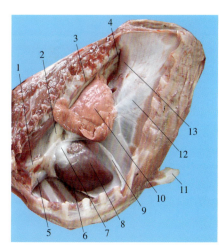

图 7-10 羊胸腹腔的主要血管

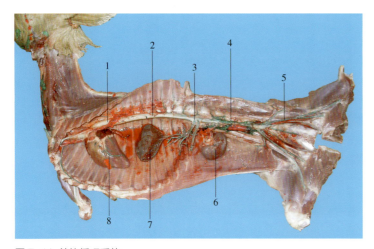

图 7-11 羊的循环系统

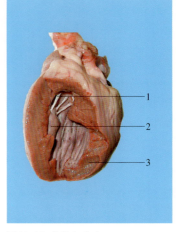

图 7-12 犬的左心室

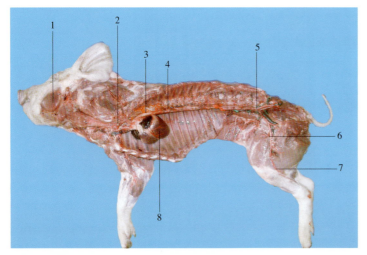

图 7-13 猪的循环系统

图 7-14 羊的肠系膜血管

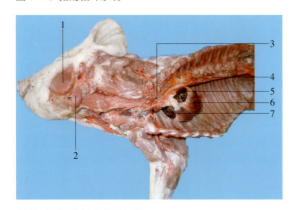

图 7-15 猪的前驱主要血管

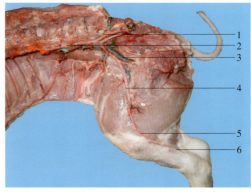

图 7-16 猪的后驱主要血管

项目七 循环系统解剖生理特征观察

任务一 循环系统解剖结构图片识别

【任务说明】

将学员随机分成小组,各小组在教师规定时间内利用后面的"基础知识"或网络找出本项目解剖结构图片中标号所代表的解剖名称并使每位组员熟记。实施过程中组员经过讨论也不能解决的问题可以请教老师。教师可以根据学习对象以及课时量选用不同的图片。

【任务内容】

每位成员均能独立说出标号所代表的解剖结构名称及其生理特点。

【考核要求】

各小组任务完成后由教师随机抽取 1~2 名成员介绍图片中标号所代表的名称,被抽取成员的成绩计入小组所有成员的平时成绩。

任务二 循环系统解剖结构的标本观察

【目的要求】

通过观察,认识心脏和心包的形态、结构和主要血管及其分支。

【任务材料】

心脏各种切面的浸制标本,犊牛或羊全身血管标本。解剖器械。

【方法步骤】

1. 心包

心包包裹心脏和大血管的基部,由内、外两层构成。外层由心包胸膜和纤维层构成;内层为浆膜层,分脏层和壁层。脏层覆盖心脏,称为心外膜;壁层紧贴纤维膜;两层间形成心包腔,内含少量心包液。

2. 心脏

(1)心脏外形

注意观察心基、心尖、冠状沟、左纵沟、右纵沟、左心房、左心室、右心房和右心室。

(2)心脏内腔

①右心房 观看右心耳、静脉窦、前腔静脉口、后腔静脉口、右房室口。
②右心室 观看右房室口、三尖瓣、肺动脉口、半月瓣。
③左心房 观看肺静脉口、左房室口。
④左心室 观看左房室口、二尖瓣、主动脉口、半月瓣。

3. 血管

(1)小循环的血管

观看肺动脉、肺静脉。

(2) 大循环的动脉

①观看主动脉、主动脉弓、胸主动脉、腹主动脉。

②观看臂头动脉总干、左锁骨下动脉、臂头动脉、右锁骨下动脉、左右颈总动脉。

③观看腋动脉、臂动脉、正中动脉、指总动脉。

④观看胸主动脉和腹主动脉的分支，包括肋间背侧动脉、腹腔动脉、肠系膜前动脉、肾动脉、肠系膜后动脉、睾丸动脉（或卵巢动脉）、腰动脉、左右髂外动脉和左右髂内动脉。

⑤观看股动脉、腘动脉、胫前动脉、胫后动脉、跖背第3动脉、趾总动脉。

(3) 大循环的静脉

观看前腔静脉、后腔静脉、奇静脉、门静脉。

【考核要求】

各小组任务完成后由教师随机抽取1～2名成员考核本任务所学内容，被抽取成员的成绩计入小组所有成员的平时成绩。

任务三　离体蛙心灌流

【目的要求】

观察蛙心的正常活动及各种因素对离体蛙心活动的影响。

【任务材料】

蛙或蟾蜍。蛙板、蛙心套管、蛙心夹、眼科剪、眼科镊、探针、棉花、缝针、缝线、记纹鼓、杠杆、滴管。

任氏液：1%氯化钠、1%氯化钾、1%氯化钙、0.01%肾上腺素、1%氢氧化钠、1%磷酸二氢钠。

【方法步骤】

1. 破坏脑髓

用纱布包裹蛙身，左手握住蛙身，右手持剪刀从口角插入口中，沿蛙鼓膜的紧后方剪去蛙头。

2. 破坏脊髓

取一钝探针刺入脊髓内，上、下抽动以毁脊髓全部，抽出探针，用棉花止血。

3. 暴露心脏

将蛙仰卧于蛙板，从胸骨剑突下开始沿正中线将皮肤剪开，并将剪开的皮肤向两侧拉开，再用剪刀剪开腹壁，沿胸骨两侧向头剪至颈部，再用镊子将胸骨向上拉起，剪除胸骨和胸肌，不要损坏心脏和大血管，此时，见一银白色心包呈现跳动。

4. 穿线结扎

在左、右主动脉下各穿一条浸过任氏液的缝线并结扎，将心脏向前翻转，在静脉窦以外结扎一线（勿结扎在静脉窦上），这样就阻断了血液的回流。

5. 插入套管

项目七 循环系统解剖生理特征观察

用眼科小剪刀在主动脉球上朝心室方向剪一小口,用装有任氏液的蛙心套管的尖端,由破口处插入,通过房室瓣直入心室。插管时要小心试探,不要损伤心肌,如插入的深度适当,则套管内液面随心跳而上升和下降。套管斜口朝向心室腔。

6. 固定蛙心

结扎主动脉球与套管尖端并系牢于小钩上。在主动脉和静脉窦上的结扎处以外剪断,掏出心脏。将蛙心固定于支架上。在蛙心夹上系上一线,蛙心夹夹住心尖,并把线的另一端系上描笔,调整好描笔与记纹鼓的接触。

7. 滴加药物

向蛙心套管中注入1~3mL任氏液(以后溶液量均与此同),使记纹鼓缓慢转动,显示记纹。注入1%氯化钠数滴,观察心脏活动有何变化。用任氏液洗涤,待心跳恢复正常后,加入1%氯化钙数滴,观察心跳的变化。同样处理后,先后各加入1%氯化钾、1%氢氧化钠、1%磷酸二氢钠、0.01%肾上腺素2~3滴,分别观察心跳有何变化,并分析产生变化的原因。

附:任氏液的配制按下列数字用分析天平称取各种物质:氯化钠6.5g、氯化钾0.14g、氯化钙0.12g、磷酸二氢钠0.2g。先用900mL的蒸馏水溶解氯化钙于量杯中,再将上述各物质加入量杯中,用蒸馏水加至1 000mL即可。

注:本任务视条件可进行示教或选做。

【考核要求】

各小组任务完成后由教师随机抽取1~2名成员考核本任务所学内容,被抽取成员的成绩计入小组所有成员的平时成绩。

任务四 血液在血管中运行的观察

【目的要求】

通过实习,了解血液在动脉、静脉和毛细血管中流动的特点。

【任务材料】

显微镜。蛙。有孔蛙板、探针、大头针、纱布、任氏液、0.01%肾上腺素。

【方法步骤】

①将破坏脑与脊髓的蛙置于有孔蛙板上,剖开腹腔,拉出小肠,展开肠系膜,以大头针固定,用任氏液湿润,将蛙板置于显微镜的低倍镜下,观看肠系膜血管。

②动脉血流的特点为逐步分流,而静脉血流则是逐步汇合,据此找出一条动脉及与其并行的静脉,比较两者口径的大小、管壁的厚薄、血流方向、血流速度及颜色有何特点。

③观察毛细血管的特点、血流速度,以及血液流经毛细血管的特点。

④选择一个观察区,用小滤纸吸干任氏液,再滴上1滴0.01%肾上腺素,观察有何变化(注意血管舒缩情况、血流速度、血浆和白细胞渗出现象)。

【考核要求】

各小组任务完成后由教师随机抽取1~2名成员考核本任务所学内容,被抽取成员的成绩计入小组所有成员的平时成绩。

基础知识

心血管系统包括心脏、血管和充满其中的血液。在心脏这个动力器官的作用下，血液以心脏为起点，沿动脉、毛细血管和静脉流动，又返回心脏。这样周而复始地流动，不断地把消化器摄取的营养物质和呼吸器官吸进的氧气输送到机体各组织和器官，并将各组织和器官的代谢产物运送到肺和肾排出体外，以保证新陈代谢的正常进行。

7.1 心脏

7.1.1 心脏的形态和位置

心脏是中空的圆锥形肌质器官，外面有心包包围，锥底朝上，叫作心基，有大的动脉、静脉进出；锥尖朝下，叫作心尖。心脏的前缘稍凸，后缘比较短而直。心脏表面有一冠状沟和左右两纵沟。冠状沟靠近心基处，相当于心房和心室的分界。在心脏的左前方有左纵沟（锥旁室间沟），右后方有右纵沟（窦下室间沟），两纵沟相当于两心室的分界。在冠状沟和纵沟内有营养心脏的血管和脂肪填充。心脏位于胸腔纵膈中，夹于左右两肺之中，略偏左。牛心脏在第3~6肋骨之间，心基位于肩关节水平线上，心尖位于胸骨后段的上方，距膈约2cm处。牛站立时，心脏约在"鹰嘴"的后内侧。猪的心脏位于2~6肋骨之间。

7.1.2 心腔的构造

心脏内腔借房中隔和室中隔分为左右两半，互不相通；每半又分为心房和心室两部分，经房室口相通。因此，心脏可分为右心房、右心室、左心房、左心室4个部分。同侧的心房和心室经房室口相通。

（1）右心房

右心房构成心基的右前方，上有右心耳和前腔静脉、后腔静脉的入口，和右心室之间通过右房室口相通。在靠近后腔静脉入口处的房中隔上有卵圆窝。

（2）右心室

右心室位于右心房之下，构成心室的右前部。下端达不到心尖，它的上壁有前后两个口，右前口叫作肺动脉干口，通向肺动脉干。在肺动脉干口的周缘附有3个凹面朝向动脉、呈袋状的半月状瓣膜，称为半月瓣（肺动脉干瓣），防止肺动脉血液倒流入右心室；右后口称为房室口；其周缘有3个三角形瓣膜，称为三尖瓣（右房室瓣），瓣膜的尖端朝向心室，并有腱索附着在心室的乳头肌上。三尖瓣可防止心室的血液倒流入心房。

（3）左心房

左心房位于心基的左后部，左心房的左前方有左心耳，其上壁和后壁有7~8个肺静脉的入口，心房的下部有左房室口与左心室相通。

（4）左心室

左心室位于左心房之下，心脏左下部，较右心室狭长，下端到达心尖。室的上部有左房室口,口的周围附有强大的二尖瓣(左房室瓣),其尖端朝向心室,并有腱索附着在室壁的乳头肌上。房室口的前壁有主动脉干口,其周围亦有3个半月状瓣膜,其形态、位置与肺动脉干口的相似。

7.1.3 心壁的结构

心壁分3层,外层为心外膜,中层为心肌,内层为心内膜。心外膜是一层浆膜,是心包的脏层。心肌是红褐色,心房的肌肉较薄,心室的肌肉较厚,而左心室的肌肉比右心室的厚约3倍。心内膜薄而光滑,紧贴于心腔内表面,与血管膜相延续。

7.1.4 心传导系统

由特殊心肌细胞——自律细胞构成的纤维束,能自动地发放和传导兴奋,使心肌有节律地收缩和舒张,其组成顺序如下:窦房结(位于前腔静脉与右心耳交界处,为正常起搏点)→房室结(在房中隔的右房面心内膜下)→房室束干(沿房中隔经右房室口至室中隔的短干)→房室束左、右脚(沿室中隔的左、右心室面下行)→普金野氏纤维(为终末分支)。

7.1.5 心包

心包是包围在心脏外面的结缔组织膜,分脏层和壁层。脏层即心外膜,在心基处向外折转而成壁层,二者之间的腔隙称心包腔,内有少量滑液,称心包液,起润滑作用。壁层下部形成心包韧带,与胸骨相连。

7.2 血管

7.2.1 血管的分类和构造

根据血管的结构和机能不同,可分为动脉、毛细血管和静脉3种。

(1)动脉

动脉为引导血液出心脏,流向机体各组织器官的血管,逐步分支变细,接毛细血管。管壁厚而有弹性,其结构分为3层:内层由结缔组织构成,其内表面衬有内皮,内皮光滑,有利于血液通过;中层厚,由平滑肌、弹性纤维组成(大动脉以弹性纤维为主,小动脉以平滑肌为主,中等动脉含有弹性纤维和平滑肌);外膜主要由结缔组织组成。

(2)毛细血管

毛细血管为动脉和静脉间的微细血管,短而密,相互吻合成网。管壁很薄,仅由1层内皮细胞构成,具有较大的通透性,这种结构有助于血液和组织液之间的物质交换。

(3)静脉

静脉是引导血液回心脏的血管,其管壁与动脉相似,也分为3层,但中膜较薄,外膜较厚,大多数静脉,特别是分布在四肢的静脉,内膜形成静脉瓣,游离缘伸向管腔,并朝向心脏,有防止血液逆流的作用。

7.2.2　血管的分布及血液循环

7.2.2.1　小循环(肺循环)

血液从右心室经肺动脉、肺毛细血管网和肺静脉回到左心房的通路，叫作小循环或肺循环。

7.2.2.2　大循环(体循环)

血液从左心室经主动脉，分布到全身毛细血管，汇集入前、后腔静脉，流回到右心房的通路，叫作大循环或体循环。其中，胃、肠、脾、胰的静脉汇合成门静脉，经肝门入肝，形成肝毛细血管网，最后又汇合成肝静脉出肝，入后腔静脉，这一血液通路称为门脉循环。从大循环回流入右心房的血液，进入右心室后，再经小循环回到左心房，然后流入左心室，又经左心室进入大循环。大、小循环经心脏连接，循环不止。

(1) 大循环的动脉

①主动脉　为大循环的动脉主干，起于左心室的主动脉口，其根部膨大，在此分出左、右冠状动脉，分布于心脏，供给心脏血液。主动脉出心包后呈弓状(主动脉弓)，向后延续为胸主动脉。从主动脉弓凸面向前分出臂头动脉总干，供应血液至头颈部、前肢和胸廓前部。

②臂头动脉总干　短而粗，约在第1、2肋骨处分出左右锁骨下动脉到左右前肢。

③颈总动脉　左右颈总动脉位于颈静脉沟的深部，沿气管两侧伸向头部，其沿途分支分布于颈部肌肉、食管和气管。颈总动脉的分支有枕动脉、颈内动脉和颈外动脉。颈外动脉在下颌支内侧分为上颌动脉和舌面干。颌外动脉从下颌间隙内，经下颌骨的血管切迹，绕到面部皮下分布于鼻、唇的皮肤和肌肉。颌内动脉分支分布于耳、眼、鼻腔和口腔。

④左、右锁骨下动脉　出胸腔后，延续为左右前肢的腋动脉，下行到臂骨内侧，叫作臂动脉，在前臂部叫作正中动脉，在掌部叫作指掌侧第3总动脉，在系关节的上方分为指掌侧固有动脉。

⑤胸主动脉　在胸椎下方，分布于肺内支气管和食管，称为支气管食管动脉；分布于胸侧壁肌肉和皮肤的，称为肋间背侧动脉。

⑥腹主动脉　胸主动脉穿过膈肌的主动脉孔进入腹腔，移行为腹主动脉。腹主动脉分出的壁支为腰动脉，有6对，分布于腰部背侧和腹侧的肌肉、皮肤和脊髓、脊膜。腹主动脉在延伸途中分出以下脏支：腹腔动脉(分布于胃、肝、脾、胰、十二指肠)、肠系膜前动脉(分布于空肠、回肠、盲肠和结肠的大部分)、左右肾动脉(分布于左右肾和肾上腺)、肠系膜后动脉(分布于结肠后段和直肠)、左右睾丸动脉(精索内动脉，母牛称为卵巢动脉，分布于左右睾丸或卵巢)。腹主动脉在第5、6腰椎腹侧分为左右髂外动脉、左右髂内动脉和荐中动脉。髂外动脉主要分布于腹壁肌和股前肌群、皮肤等。左右髂内动脉分布于骨盆腔器官。

(2) 大循环的静脉

大部分静脉与同名动脉并行，最后汇合成前腔静脉和后腔静脉。前腔静脉汇集头颈、前肢、鬐甲和胸壁的静脉血，注入右心房；后腔静脉汇集腹壁、腹腔器官、骨盆腔器官及后肢的静脉血，送回右心房。门静脉是腹腔内不成对脏器血液回流的较大静脉，收集胃、小肠、大肠(直肠后段除外)、胰和脾等静脉血。

此外，尚有一些皮下的静脉，是兽医临床常用穴位的地方，如乳牛腹壁前浅静脉，腹皮下静脉(又常称为乳房静脉)，特别明显。它接受乳房的血液，穿过胸腹皮肌，于剑状软骨部附近注入胸内静脉，进而入前腔静脉。这一静脉发达与否是鉴别产乳性能的标志之一。

颈外静脉，位于颈静脉沟的皮下。临床上常在此处做静脉注射或采血。

7.3 心脏的生理功能

7.3.1 心肌的生理特性

心肌有心肌细胞和自律细胞两种。心肌细胞具有兴奋性、收缩性和传导性，没有自动节律性，只有在自律细胞作用下才有自动节律性。心肌细胞在受到刺激时兴奋产生动作电位，表现出兴奋性。此动作电位可沿细胞膜向外扩散、传播，从而引起整个心脏的心肌纤维收缩，这就是传导性和收缩性。自律细胞在没有外来刺激时，通过本身内部的变化可自动地发生节律性兴奋，称为自动节律性。其中，窦房结的自律细胞自律性最高，是心脏内兴奋和搏动的起源部位，称为正常起搏点。由窦房结中的自律细胞发生的动作电位可按心传导系统传播传到心脏各部位。

7.3.2 心动周期

心脏跳动由心房肌和心室肌节律性收缩和舒张来完成。心脏一次收缩和舒张构成一个机械活动周期，称为一个心动周期。心房肌和心室肌的收缩和舒张是按先后顺序进行的。先是左心房肌、右心房肌同时收缩(心房收缩期)，左心室肌、右心室肌此时处于舒张状态；然后左心房肌、右心房肌舒张，此时左心室肌、右心室肌同时收缩(心室收缩期)，接着左、右两心室舒张，进入心室和心房共同舒张的间歇期，此时完成了一个心动周期。当心房再次开始收缩时，就进入下一个心动周期。心室肌的收缩是推动血液循环的主要动力，故习惯上将心室收缩和舒张的起始作为心动周期的标志。而心脏的舒张期比收缩期时间长，保证了心肌不易发生疲劳。

7.3.3 心音

在每个心动周期中，心肌收缩，瓣膜启闭，血液增加速度和减慢速度对心血管壁的作用所引起的机械振动，可通过周围组织传递到胸壁，用听诊器放在胸壁某一部位可以听到心脏跳动产生的"通—塔"两个声音，这就是心音。前者称为第一心音，后者称为第二心音。

(1) 第一心音

第一心音发生在心室收缩期，音调低，持续时间长。第一心音是由房室瓣关闭、瓣膜和腱索振动及心室肌收缩时血流振动心室壁和动脉壁所产生的。

(2) 第二心音

第二心音是在心室肌舒张时，半月瓣关闭和动脉内涡流撞击动脉壁产生振动而形成的。第二心音音调高，持续时间较短。第一心音与第二心音间隔时间短；第二心音与下次心动周期的第一心音间隔时间较长。当心脏患有各种疾病时，心音将发生改变，出现各种杂音。

7.3.4 心率

心率是指正常动物在安静状态下每分钟心跳的次数，称为心率。牛的心率为45~50次/min，羊为70~80次/min。心率一般因动物的种类、年龄、生理状况和外界环境因素等不同而异。幼年动物心率较快，老龄动物心率较慢；动物安静时心率较慢，紧张、使役时较快；当周围环境温度升高时，心率加快；进食时心率加快。

7.3.5 心脏活动的调节

尽管心脏具有自动节律性，但神经和体液对心脏的活动具有调节作用。

(1) 神经调节

调节心脏活动的高级中枢在延脑，延脑内的心血管活动中枢可分为心脏的兴奋中枢和抑制中枢。当兴奋中枢兴奋时，经交感神经传到心脏的传导系统，使心脏收缩加强、加快。当心脏抑制中枢兴奋时，经迷走神经传到心脏的传导系统，使心脏收缩减弱、减慢。兴奋中枢与抑制中枢互相配合，相互协调平衡，保证了心脏正常活动的进行。

(2) 体液调节

体液中的各种化学物质对心脏活动也有一定的影响。血液中的二氧化碳增多时，可以加强兴奋中枢的兴奋，使心跳加快。血中的 Ca^{2+}、K^+、Na^+ 对心肌细胞有非常显著的影响：Na^+ 维持心肌的兴奋；Ca^{2+} 维持心肌的收缩；K^+ 抑制心肌的兴奋和传导。血中 K^+、Na^+、Ca^{2+} 3种离子必须按一定比例同时存在。血液中的 K^+ 浓度增高时，可使心跳减慢，收缩不全；K^+ 浓度过高时，可引起心动过缓，传导阻滞，心肌收缩不良，甚至使心脏停止于舒张状态；当血中 K^+ 浓度过低时，可引起心肌自动节律性增强，发生额外收缩，即心脏发生一次比正常心律提前的收缩。血液中 Ca^{2+} 浓度增高时，心脏收缩力加强；Ca^{2+} 浓度降低，心脏收缩力减弱；Ca^{2+} 浓度过高时，可使心脏停止于收缩状态。

7.4 血管生理

7.4.1 血压

血管内的血液对血管壁的侧压力称为血压。通常所说的血压是指动脉血压。在一个心动周期中，血压有较大的变化。心室肌收缩时，动脉内血压所能达到的最高值，称为收缩压(最高压)；在心室肌收缩的末期，动脉内血压所能达到的最低值，称为舒张压(最低压)。形成血压的决定性因素有两个：一是心室肌收缩推动血液流动的力量；二是血液流动所遇到的阻力，称为外周阻力。心室肌收缩所产生的压力将血液射入动脉，并推动血液流动。同时，由于外周阻力的存在，射出的血液只有部分通过小动脉进入毛细血管，动脉中还留有部分血液，使动脉充盈，对动脉管施加压力，形成收缩压。当心室舒张时，心室射血停止，这时借助动脉管壁的回缩力使血液继续向外周流动。此时，血液对血管壁仍有一定的侧压力，形成舒张压。舒张压也能使血液继续流动。动脉血压的相对稳定非常重要。如果血压过低，各个器官得不到充足的血液；而血压过高，心脏负担加重，会导致心脏机能障碍，也易使血管破裂。

7.4.2 脉搏

心脏的收缩和舒张使血管产生规律性波动，称为脉搏。脉搏是由心室肌的收缩、舒张和血管壁的弹性产生的。心室肌收缩时，动脉血压升高，动脉血管壁扩张；心室肌舒张时，动脉血压下降，动脉因自身弹性而回缩。检查脉搏一般用手指压在浅表的动脉上。检查动物脉搏常用的部位：牛在尾动脉，羊在股动脉，马在下颌血管切迹。脉搏的频率和心率是一致的，并随心率的变化而变化。

7.4.3 微循环

微循环是指微动脉和微静脉之间的血液循环。这些微细血管包括微动脉、中间微动脉、真毛细血管、直捷通路和微静脉。微动脉是指靠近毛细血管的微小动脉，其管壁有一层完整的平滑肌；平滑肌收缩，起调节微循环血液流量的作用。中间微动脉管壁的平滑肌不完整，分出许多真毛细血管，互相吻合成网。真毛细血管起始部有由少量平滑肌组织构成的前毛细血管括约肌，调节微循环血液流量。直捷通路为中间微动脉的延续部分，和静脉相接，管壁内无平滑肌。

微循环是血液与组织、细胞间进行物质交换的场所。在动物安静时，组织细胞处于低机能状态，血液主要通过直捷通路由微动脉到微静脉，大部分真毛细血管处于关闭状态，只有很少的真毛细血管开放，供给组织代谢需要的血液。在动物活动时，组织处于高机能状态，中间微动脉和前毛细血管括约肌松弛，大量真毛细血管管腔开放，大量血液流经毛细血管网，增加组织内的血流量，进行物质交换，以满足器官活动的需要。所以，微循环能调节血流量，对组织和细胞的营养供应及代谢产物的排出起着重要作用，是血液循环的基本机能单位。

7.5 血液

血液是一种流体组织，在心脏的推动下，不断地在心脏、血管中循环流动着。血液在流动过程中，运输营养物质、激素、气体和代谢产物。

7.5.1 血量

通常说的血量是指体内的血液总量。其中，一部分在心脏、血管循环流动着，称为循环血量；另一部分存在于肝、脾、肺及皮下等处毛细血管和血窦之中，称为储备血量。因此，把肝、脾等器官称为"储血库"。当机体在剧烈运动和失血等情况下，储备血量即可投入循环，使循环血量增多，以适应机体的需要。体内相对稳定的血量，是维持正常血压和保证各器官的血液供应的必需条件。但血量的多少受年龄、性别、营养状况、活动程度、妊娠、泌乳及外界环境（如高原地带）等因素的影响，血量会有所变化。成年时每千克体重血量为：奶牛 57.4mL，绵羊 58.0mL，山羊 70.0mL。

7.5.2 血液的组成及其功能

血液由液体成分血浆和悬浮于血浆中的有形成分组成。如果将流出血管的血液放入盛有抗凝剂的离心管中，经离心沉淀 30min 后（3 000r/min）就可看到血液的主要成分分 3 层：上层淡黄色或无色的液体部分称为血浆；中层呈白色薄层，是白细胞和血小板；下层深红色沉淀物为红细胞。

7.5.2.1 血浆

血浆是血液的液体部分，是机体内环境的重要组成部分。血浆含有 90%～92% 的水，在 8%～10% 的溶质中主要是血浆蛋白质（占 5%～8%），其余是各种无机盐和小分子有机物（2%～3%）。血浆中的主要阳离子有 Na^+、K^+、Ca^{2+}、Mg^{2+}；主要阴离子有 Cl^-、HCO_3^-、HPO_4^{2-} 和 SO_2^{4-}，少数以无机盐分子或与蛋白质结合状态存在。主要的微量元素有铜、锌、铁、锰、碘、钴等，它们主要存在于有机化合物分子中。这些无机离子在维持血浆渗透压、酸碱平衡及神经肌肉正常兴奋性等方面起重要作用。

7.5.2.2 血清

离开血管的血液不作抗凝处理，将在很短时间内凝固成胶冻状的血块，并逐渐紧缩，析出黄色清亮液体，这种液体称为血清。血清与血浆的主要区别是：血清中不含有纤维蛋白原，因为血浆中的纤维蛋白原已转变为不溶性的纤维蛋白，并被留在血凝块中。此外，血液凝固过程中有大量的血小板破裂而释放 5-羟色胺（5-HT），故血清中 5-HT 含量较多，而凝血因子已被消耗或转化，相对减少了。

7.5.2.3 白细胞

（1）白细胞的形态和数量

白细胞是有核细胞，它的体积比红细胞大，相对密度小，数量少。血液中的白细胞大部分为球形，在组织中由于能做变形运动，因而形态多变。根据白细胞胞浆中有无特殊染色颗粒，可将白细胞分为颗粒细胞和无颗粒细胞两类。颗粒细胞按其染色特点，又可分为嗜中性粒细胞、嗜酸性粒细胞和嗜碱性粒细胞；无颗粒细胞包括单核细胞和淋巴细胞两种。白细胞的数量远比红细胞少，白细胞数量与红细胞数量的比例有较大差异，如牛 1：800，绵羊 1：1 300。白细胞数量变动范围较大，常随生理状态和个体特点而发生变化。如一天中晚间白细胞数多于早晨，剧烈运动时多于安静时，进食之后白细胞数量也增多，妊娠和分娩时比正常时高等。白细胞数量在正常时变动幅度虽然较大，但各类白细胞所占比例相对稳定。成年动物白细胞数量及各类白细胞所占比例见表 7-1。

表 7-1 成年动物白细胞数及各类白细胞的比例

动物	白细胞总数 /(×10⁹ 个/L)	各类白细胞所占比例/%				
		嗜中性粒细胞	嗜酸性粒细胞	嗜碱性粒细胞	淋巴细胞	单核细胞
猪	8.5	53.0	4.0	0.6	39.4	3.0
牛	8.0	31.0	7.0	0.7	54.3	7.0
绵羊	8.2	37.2	4.5	0.6	54.7	3.0
山羊	9.6	42.2	3.0	0.8	50.0	4.0

(续)

动物	白细胞总数/($\times 10^9$ 个/L)	各类白细胞所占比例/%				
		嗜中性粒细胞	嗜酸性粒细胞	嗜碱性粒细胞	淋巴细胞	单核细胞
马	14.8	46.1	3.0	1.2	47.6	2.1
犬	9.0	61.0	6.0	1.0	25.0	7.0
猫	18.0	68.25	4.5	0.25	25.8	1.2
兔	7.6	35.0	1.0	2.5	59.0	2.0
公鸡	16.6	25.8	1.4	2.4	64.0	6.0
母鸡	29.4	13.3	2.5	2.4	76.1	5.7

在各类白细胞中，嗜中性粒细胞和淋巴细胞的数量最多，嗜酸性粒细胞很少，最少的是嗜碱性粒细胞。如果白细胞总数及分类计数发生明显变化，表明患有某种疾病。

(2) 白细胞的机能

嗜中性粒细胞具有很强的吞噬能力、活跃的变形运动及敏锐的趋化性，能吞噬入侵的细菌，可将入侵微生物限定并杀灭于局部，防止其扩散。嗜中性粒细胞数目明显增多，常见于急性化脓性感染。

单核细胞也具有运动与吞噬能力，能吞噬坏死细胞和衰老红细胞，有激活淋巴细胞的特异性免疫机能，促进淋巴细胞发挥免疫作用。

嗜酸性粒细胞具有吞噬能力，在寄生虫病、荨麻疹和过敏性疾病中，嗜酸性粒细胞增多。嗜酸性粒细胞与结缔组织中的肥大细胞相似，都含有组胺、肝素和5-羟色胺等生物活性物质。组胺对局部炎症区域的小血管有舒张作用，加大毛细血管的通透性，有利于其他白细胞的游走和吞噬活动。肝素则能防止炎症区域血管内的血液凝固，有利于白细胞吞噬的进行。淋巴细胞是具有特异性免疫机能的免疫细胞，它主要参与机体的免疫过程。

(3) 白细胞的生成与破坏

① 白细胞的生成　各类白细胞由机体不同器官组织生成。颗粒白细胞是由红骨髓的原始粒细胞分化而来；单核细胞大部分来源于红骨髓，一部分来源于单核巨噬细胞系统；淋巴细胞生成于脾、淋巴结、胸腺、骨髓、扁桃体及肠黏膜下的集合淋巴结内。

② 白细胞的破坏　白细胞在血液中停留的时间很短，有的只有几小时或2~4d。衰老的白细胞大部分被单核巨噬细胞所清除，小部分在执行防御任务时被细菌或毒素所破坏，或经由唾液、尿、肺和胃肠黏膜排除。

7.5.2.4　血小板

血小板是由骨髓巨核细胞的胞浆断裂而成的，呈不规则的圆盘形、椭圆形或杆状小体，没有细胞核。血小板的数量可随机体情况而发生变化。在剧烈运动时和妊娠期显著增加，大量失血和组织损伤时则显著减少。血小板参与凝血、止血过程。血小板的寿命很短，在循环血液中通常只存活8~11d。血小板可因衰老而遭到破坏，有的是在发挥生理机能中被消耗。衰老的血小板只有小部分在血液中破坏，绝大部分是在脾、肝和骨髓内被单核巨噬细胞所吞噬。

7.5.2.5 红细胞

(1)红细胞形态与数量

成熟的红细胞为无核、双面内凹的圆盘形细胞,直径 5~10μm。红细胞是各种血细胞中数量最多的一种。各种动物的红细胞数量见表 7-2。

表 7-2 成年健康动物红细胞数量及血红蛋白含量

动物种类	红细胞/($\times 10^{12}$ 个/L)	血红蛋白/(g/L)
猪	6.5(5.0~8.0)	130(100~160)
牛	7.0(5.0~10.0)	110(80~150)
绵羊	10.0(8.0~12.0)	120(80~160)
山羊	13.0(8.0~18.0)	110(80~140)
马	7.5(5.0~10.0)	115(80~140)
犬	6.8(5.5~8.5)	150(120~180)
猫	7.5(5.0~10.0)	120(80~150)
兔	6.9	120
鸡	3.5(3.0~3.8)	100(80~120)

同种动物的红细胞数量常随品种、年龄、性别、生理状态和生活条件等的不同而有差异,幼年比成年的多,雄性比雌性的多,营养状况好的比营养不良的多,高原地带的比平原地区的多。

(2)红细胞的机能

红细胞的主要机能是运输 O_2 和 CO_2,并对进入血液的酸、碱物质起缓冲作用,这些机能均与细胞所含的血红蛋白有关。

(3)红细胞的生成与破坏

①红细胞的生成 动物出生后,红细胞由红骨髓生成。红细胞的平均寿命为 120~130d,血红蛋白是组成红细胞的主要成分。红细胞的生成除了需要骨髓造血机能正常外,还要有充足的原料和促进红细胞成熟的物质。生成红细胞的主要原料是蛋白质和铁,一旦缺乏,红细胞的生成与血红蛋白的合成都会发生障碍,出现营养性贫血。

②红细胞的破坏 主要是由于自身的衰老所致。衰老的红细胞变形能力减退,脆性增大,容易在血液的冲击下破裂。而大部分衰老细胞难以通过微小孔隙,停滞在脾、肝和骨髓的单核巨噬细胞系统中,被吞噬细胞所吞噬。红细胞破坏后,血红蛋白降解为胆绿素、铁和珠蛋白。铁和蛋白可被重新代谢利用,胆绿素进入肝脏,经胆色素代谢,其代谢产物大部分经粪、尿排出体外,小部分经直肠吸收入血被重新利用。

7.5.3 血液凝固

血液由液体状态转变为凝胶状态的过程,称为血液凝固。动物体一旦受伤出血,凝血作用可避免失血过多,因此,凝血也是机体的一种保护机能。血浆与组织中直接参与凝血的物质,称为凝血因子。

(1) 凝血过程

凝血过程基本上是一系列蛋白质有效水解的过程。凝血过程一旦开始，各个凝血因子便一个激活另一个，形成瀑布样的反应，直至血液凝固。凝血过程大致经历3个阶段：第一阶段为凝血酶原激活物的形成；第二阶段为凝血酶原激活物催化凝血酶原转变为凝血酶；第三阶段为凝血酶催化纤维蛋白原转变为纤维蛋白，至此血凝块形成。

血凝块形成后，由于血小板收缩蛋白的作用，使血凝块回缩而变得结实，同时析出清亮的液体，即血清。从凝血过程可以看出血清成分与血浆是不同的，血清中不含有纤维蛋白原，也不含有某些凝血因子，钙离子含量也有所下降。从血液流出血管到出现丝状的纤维蛋白所需要的时间，称为凝血时间。凝血时间，牛为5～6min，绵羊为2～5min。但在正常情况下，循环流动的血液中并不发生明显的凝固，其原因有多方面：①心血管内壁完整光滑，血液在不停地流动，血小板不易破损；②即使在血浆中生成少量活化了的凝血因子，也因不断地被稀释运走，或很快被肝组织清除掉，或被巨噬细胞和白细胞所吞噬，因而难以达到血凝所必需的浓度；③最重要的是血浆中含有肝素和抗凝血酶等物质，通常把这些抗凝物质统称为抗凝系统。

(2) 影响血液凝固的因素

①机械因素　使血液与粗糙面接触，可促进血液凝固，因此临床上常用纱布、棉花按压伤口来止血。

②温度　血凝过程是一系列酶促反应，酶的活性明显受温度影响，适当地提高温度可加速凝血反应。所以，在某些部位的外科手术中，用温生理盐水浸泡的纱布敷伤口，可更有效地止血。

③化学因素　在凝血过程中，几乎每个环节都需有Ca^{2+}存在，除去血浆中的Ca^{2+}，就能阻止血凝。柠檬酸钠能与血浆Ca^{2+}生成不易解离的柠檬酸钠钙，使血浆Ca^{2+}减少，起到抗凝作用。

>>> **练习与思考**

1. 试述体循环和肺循环的路径。
2. 简述牛心脏的形态和位置。
3. 简述血浆渗透压的构成及其生理意义。
4. 简述血液凝固的基本过程。

项目八
免疫系统解剖生理特征观察

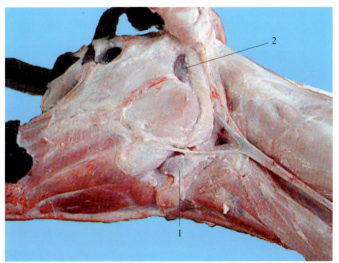

图 8-1 牛的头部淋巴结

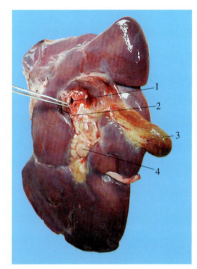

图 8-2 牛的肝门淋巴结

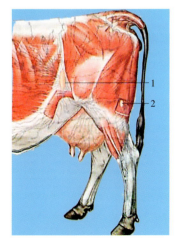

图 8-3 牛的后肢淋巴结

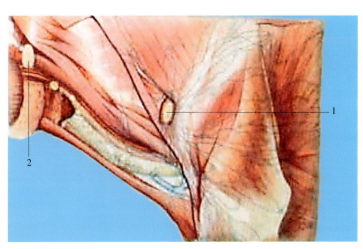

图 8-4 牛的头颈部淋巴结

动物解剖生理

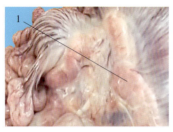

图 8-5 猪的肠淋巴结

图 8-6 马脾（壁面）

图 8-7 猪脾脏

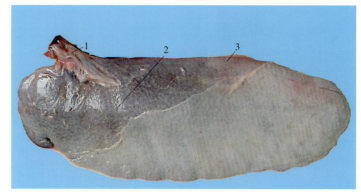

图 8-8 牛的脾脏（脏面）

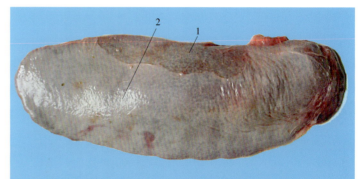

图 8-9 牛的脾脏（膈面）

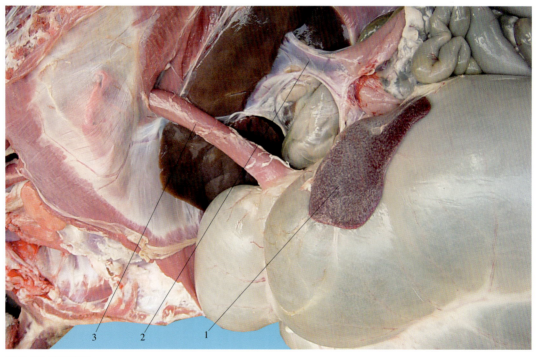

图 8-10 羊的脾脏

项目八 免疫系统解剖生理特征观察

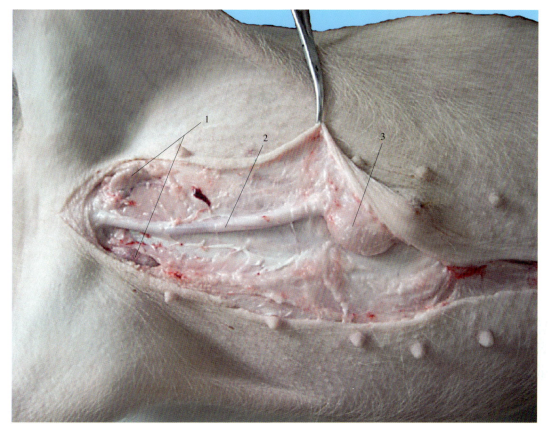

图 8-11 猪的腹股沟部浅淋巴结

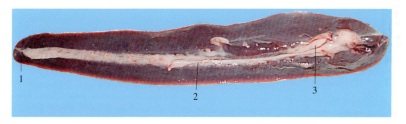

图 8-12 猪的脾（脏面）

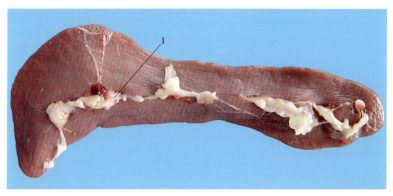

图 8-13 犬的脾（脏面）

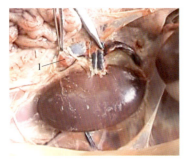
图 8-14 猪肾附近的淋巴结

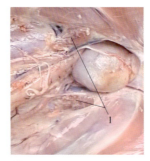
图 8-15 猪的腹股沟部深淋巴结

图 8-16 猪肝附近的淋巴结

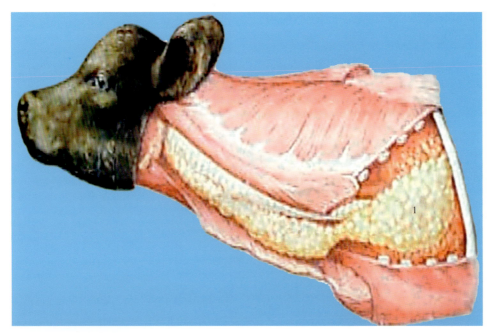
图 8-17 牛颈部免疫器官

图 8-18 羊后肢附近的淋巴结

项目八 免疫系统解剖生理特征观察

任务一 免疫系统解剖结构图片识别

【任务说明】

将学员随机分成小组,各小组在教师规定时间内利用后面的"基础知识"或网络找出本项目中标号所代表的解剖结构名称并使每位组员熟记。教师可以根据课时量选用不同的解剖图片。

【任务内容】

各小组每位组员均须掌握图片中标号所指解剖结构及其生理特征。

【考核要求】

每位成员都必须能独立写出标号所代表的名称,各小组任务完成后随机抽取1~2名成员介绍图片中标号所代表的名称及其生理特征,被抽取成员的成绩计入团队所有成员的平时成绩。

任务二 免疫器官解剖结构标本识别

【目的要求】

分组进行,要求通过观察和互相帮助,使每位组员均能掌握体内最大的淋巴管——胸导管的位置,形态和临床上常检淋巴器官的位置、形态。

【任务材料】

羊免疫器官指示标本。

【方法步骤】

首先在标本上指出胸导管、胸腺、淋巴结和脾,然后详细观察各器官的位置、形态和结构,以及相互关系。

1. 胸导管

胸导管为全身最大的淋巴管,起始部称为乳糜池,位于最后胸椎和前2个腰椎腹侧。胸导管沿胸主动脉的右方向延伸,约在第6胸椎处,越过食管和气管左侧向下,在胸前口处注入前腔静脉。

2. 胸腺

单蹄类和肉食类的胸腺主要在胸腔内,位于心前纵膈中。猪和反刍类的胸腺除胸部外,颈部也很发达,向前可到喉部。

3. 淋巴结

体内浅表的淋巴结主要有:

①下颌淋巴结 位于下颌间隙,颌下腺前端的外侧,猪的位置偏后,表面有腮腺覆盖,每侧有2个。

②颈浅淋巴结 又称肩前淋巴结,位于肩关节上方,表面被臂头肌覆盖。

③髂下淋巴结 又称股前淋巴结、膝上淋巴结,位于膝关节上方,股阔筋膜张肌前缘

的皮下。

④腹股沟浅淋巴结　公畜的位于阴茎两侧，母畜的位于乳腺的后上方，又称乳腺上巴结。

体内深部淋巴结主要有：

①腘淋巴结　位于腓肠肌的后上方，股二头肌和半腱肌之间。

②腋淋巴结　位于肩关节的内后方，大圆肌内侧面。

③支气管淋巴结　有数群，位于支气管末端两侧。

④纵膈淋巴结　分别位于心基背侧和主动脉弓后方的纵膈内。沿食管分布(牛、羊的较大)。

⑤腹腔淋巴结　位于腹腔动脉起始部附近。

⑥胃淋巴结　分布在胃动脉的径路上。

⑦肝淋巴结　在门静脉和肝动脉的附近。

⑧脾淋巴结　分布在脾门部脾血管的经路上。

⑨肠系膜前淋巴结　主要在前肠系膜根部。

4. 脾

脾是体内最大的淋巴器官，各种家畜的脾均位于腹前部、胃的左侧。

5. 血淋巴结

血淋巴结一般为圆形或卵圆形，呈紫红色，主要分布在主动脉附近，胸腹腔脏器的表面和血液循环的通路上，有滤过血液的作用，血淋巴结在反刍动物较多，马属动物也有。

【考核要求】

以小组为单位进行现场考核，随机抽取小组成员指认标本上的主要器官并介绍其解剖生理特征，考核成绩作为全组成员的成绩。

基础知识

免疫系统由淋巴管、免疫器官和免疫组织 3 部分组成，它与心血管系统有着密切联系。血液经动脉输送到毛细血管动脉端时，其中一部分液体进入组织间隙形成组织液，组织液与组织、细胞进行物质交换后，大部分渗入毛细血管静脉端；另一部分则进入毛细淋巴管成为淋巴液。淋巴液沿淋巴管向心流动，最后归入静脉。所以，可将淋巴管看作静脉的辅助导管。在淋巴管的通路上有许多淋巴结。

8.1　淋巴

淋巴是无色或微黄色的液体，由淋巴浆和淋巴细胞组成。未通过淋巴结的淋巴液没有淋巴细胞，只有通过淋巴结后才含有淋巴细胞。小肠绒毛内的毛细淋巴管还可吸收脂肪，其淋巴呈乳白色，称为乳糜。

8.2　淋巴管

淋巴管是淋巴的通道，分为毛细淋巴管、淋巴管、淋巴干和淋巴导管。

(1) 毛细淋巴管

毛细淋巴管以盲端起始于组织间隙，管壁由单层内皮细胞构成。管壁通透性比毛细血管通透性大，可以通过蛋白质、细菌、异物等较大的物质。毛细淋巴管遍布于全身组织器官。

(2) 淋巴管

淋巴管由毛细淋巴管汇集而成。淋巴管管壁结构与静脉相似。淋巴管粗细不一，管壁薄，瓣膜多。淋巴管有浅层淋巴管和深层淋巴管两种。浅层淋巴管汇集皮肤和皮下组织的淋巴，深层淋巴管汇集肌肉、内脏和骨的淋巴。

(3) 淋巴干

淋巴干是机体一个区域内较大的淋巴集合管。淋巴干常与大血管伴行。淋巴干有气管淋巴干、腰淋巴干、腹腔淋巴干和肠淋巴干等。

(4) 淋巴导管

淋巴导管是全身最大的淋巴集合管，有两条，即胸导管和右淋巴导管。胸导管是全身最长的淋巴集合管。胸导管的起始部为乳糜池。乳糜池位于右膈肌脚和主动脉之间，呈长梭形。胸导管入胸腔后，沿胸主动脉的右上方向前延伸，越过食管和气管左侧向下，在胸前口处注入前腔静脉。胸导管几乎收集全身约3/4的淋巴。右淋巴导管短而粗，紧靠胸前口气管的右侧，末端注入前腔静脉起始部或右颈静脉。右淋巴导管汇集右侧头颈部、右前肢和右侧胸部的淋巴。

8.3 免疫器官

免疫器官分为中枢免疫器官和外周免疫器官两大类。

8.3.1 中枢免疫器官

中枢免疫器官包括胸腺和骨髓，是免疫细胞发生、分化和成熟的场所。

8.3.1.1 胸腺

(1) 胸腺的形态和位置

胸腺为灰红色至黄白色的分叶腺体，原为1对，在牛由颅底沿食管、气管两旁经胸前口入胸腔前部，在胸腔内左右合并。性成熟后胸腺逐渐退化。牛的颈部胸腺在8周龄后开始退化，其胸部胸腺可保留到6岁。

(2) 胸腺的组织结构

结缔组织形成被膜和小叶间隔。胸腺小叶的外周为皮质，中间为髓质。皮质由淋巴细胞及少量上皮、网状细胞组成。髓质中淋巴细胞较少，而上皮网状细胞较多。此外，还有胸腺小体，由扁平的网状细胞呈同心圆排列形成。

(3) 胸腺的功能

胸腺产生胸腺激素。转移到胸腺内的骨髓干细胞在胸腺激素影响下，诱导分化为T淋巴细胞，经血液输送到外周免疫器官，参与细胞免疫作用。

8.3.1.2 骨髓

骨髓位于骨髓腔和骨松质间隙内。骨髓是形成各类淋巴细胞、巨噬细胞和各种血细胞的场所。骨髓中的多能干细胞具有很大的分化能力，可分化为：①淋巴细胞，它通过胸腺（哺乳动物）和腔上囊（禽类）分化成 T 细胞或 B 细胞。②髓样干细胞，可发育成红细胞系、粒细胞系、单核细胞系和巨噬细胞系等。

8.3.2 外周免疫器官

外周免疫器官主要包括淋巴结和脾，形成于胚胎晚期，终身存在。

8.3.2.1 淋巴结

(1) 淋巴结的形态、分布

淋巴结呈豆形至长条形，略凹陷处为淋巴结门，输出淋巴管和血管由此进出。淋巴结位于淋巴管的径路上，多分布于器官的门附近、血管干沿途和血管主干的分支处。浅层淋巴结常可在动物体表摸到，特别是因病理情况而肿胀时。深层淋巴结也是病理剖检和卫生检验的重要检查对象。

(2) 淋巴结的组织结构

淋巴结外面包有结缔组织被膜，向内分出小梁构成支架，实质分为外周的皮质和内部的髓质。皮质内的淋巴组织形成的淋巴小结，其中央是生发中心，为 B 细胞聚集处。小结的外周是 T 细胞区。髓质的淋巴组织排成髓索，髓索也为 B 细胞区。

(3) 淋巴结的功能

淋巴结产生淋巴细胞，参与免疫活动和过滤淋巴。

(4) 动物常检浅层淋巴结

下颌淋巴结，位于颞下颌间隙中，下颌血管切迹的后方，左右各 1 个，引流头腹侧部、鼻腔和口腔前半部及唾液腺的淋巴，为动物体头部临床诊断和卫生检验的主要浅淋巴结；颈浅淋巴结（又称肩前淋巴结），位于冈上肌前缘，臂头肌和肩胛横突肌深层，引流颈部、前肢和胸壁的淋巴。髂下淋巴结（又称股前或膝上淋巴结），位于阔筋膜张肌前缘的皮下，引流腹壁、骨盆、股部和小腿皮肤的淋巴。

8.3.2.2 脾

(1) 脾的形态和位置

牛的脾脏呈长而扁的椭圆形，灰蓝色，质较硬，位于瘤胃背囊的左前方，上端位于最后两肋骨椎骨端和第一腰椎横突的腹侧。下端与第 8 或第 9 肋骨相对，离胸骨端约有一掌宽。羊的脾脏为钝角的三角形，红紫色，质地柔软。长轴斜向前下方，约由最后肋骨的椎骨端至第 10 肋间隙的中部。脾有一脾门，神经、血管由此进出。猪的脾脏长而狭窄，紫红色，质较软，位于胃大弯左侧。马的脾脏呈扁平镰刀形，上端宽大，下端狭小，深红色，在胃左侧和左肾之间。

(2) 脾的组织结构

结缔组织构成被膜和小梁，含有较多的弹性纤维和平滑肌，实质称为脾髓，分为红髓和白髓。红髓由淋巴组织构成脾索，是 B 细胞区；白髓形成淋巴鞘和典型的淋巴小结，它们的外周为 T 细胞区，小结的中央称为生发中心，主要为 B 细胞区。

(3) 脾的功能

脾具有造血、滤血、清血、储血功能。

8.4 免疫组织

淋巴组织在体内分布很广，其中一部分并不形成免疫器官，而是分散在其他器官内。有的淋巴组织密集呈球状，称为淋巴小结。有些淋巴细胞排列疏松，称为弥散淋巴组织，主要分布于消化道、呼吸道和泌尿生殖道的黏膜内。淋巴组织起过滤和防卫作用，是机体的一道防线。

8.5 免疫细胞

免疫细胞包括各类淋巴细胞（T细胞、B细胞、K细胞和NK细胞）、单核细胞、巨噬细胞和粒细胞等，而免疫活性细胞则仅指能特异地识别抗原，即能接受抗原的刺激，并随后进行分化、增殖和产生抗体或淋巴因子，产生特异性免疫应答反应的一类细胞群。T细胞和B细胞是最主要的免疫活性细胞。

（1）T细胞

T细胞在周围淋巴结的副皮质区及脾的白髓部分，并可经血液、淋巴不断释放到外周血液循环中。当它受到抗原刺激后，T细胞会进一步分化、增殖，以发挥其细胞免疫功能。

（2）B细胞

B细胞存在外周血液、淋巴结、脾及集合淋巴小结等处，当它受到抗原刺激后，则转化为浆细胞，并产生抗体，从而完成特异性免疫。

（3）K细胞

K细胞具有非特异性杀伤功能，能杀伤与抗体结合的靶细胞，且杀伤力较强，能杀伤肿瘤细胞、被微生物或寄生虫感染的细胞。

（4）NK细胞

NK细胞又叫自然杀伤细胞，它不依赖抗体，在特异性抗体产生以前，就能发挥抗传染和抗肿瘤的作用。对肿瘤细胞及病毒感染细胞具有明显的杀伤作用，能溶解靶细胞。

>>> 练习与思考

1. 比较不同脾脏的形态特征。
2. 动物常检浅层淋巴结有哪些？
3. 简述脾脏的功能。
4. 免疫系统有哪些主要器官？

项目九
神经系统解剖生理特征观察

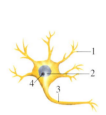

图 9-1 神经元

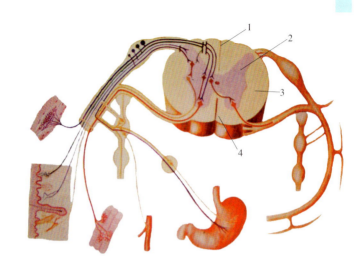

图 9-2 反射弧

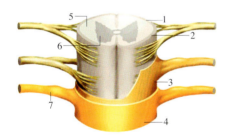

图 9-3 脊髓横断面

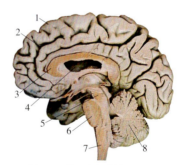

图 9-4 脑正中矢状面

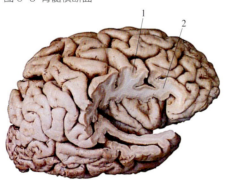

图 9-5 大脑切面

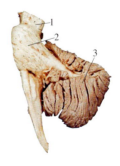

图 9-6 小脑侧面观

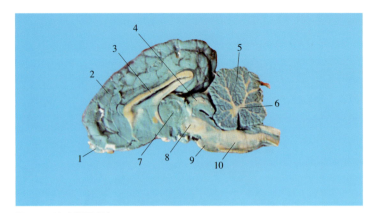

图 9-7 脑（纵面观）

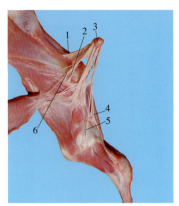

图 9-8 前肢臂神经丛

图 9-9 脑和脊髓

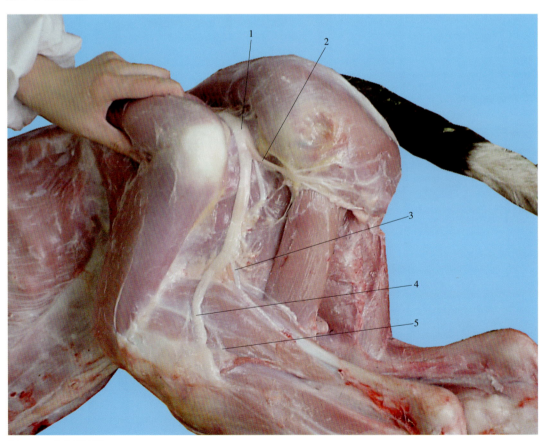

图 9-10 牛坐骨神经

项目九 神经系统解剖生理特征观察

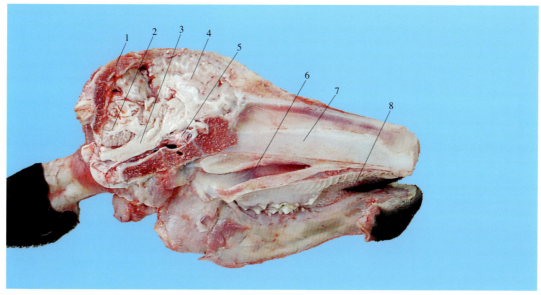

图 9-11 牛脑

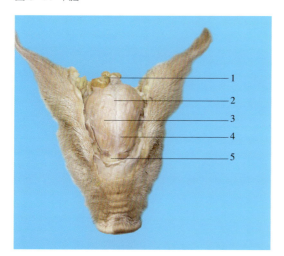

图 9-12 猪的脑（背侧观）

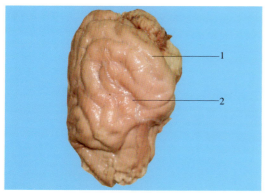

图 9-13 犬的脑

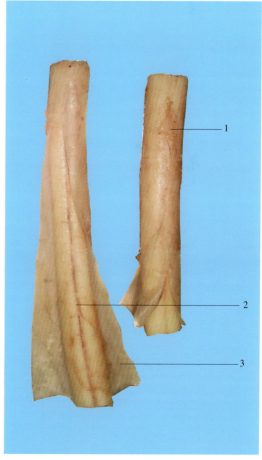

图 9-14 脊髓

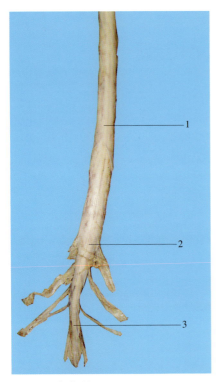

图 9-15 脊髓后段

图 9-16 猪的脑（背侧观）

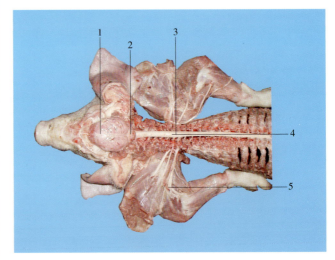

图 9-18 猪的前躯神经

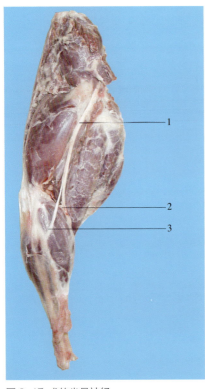

图 9-17 犬的坐骨神经

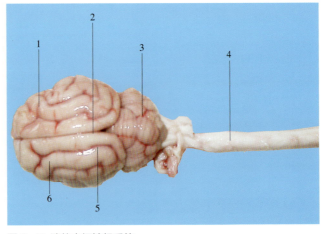

图 9-19 猪的中枢神经系统

项目九 神经系统解剖生理特征观察

任务一 神经系统解剖结构图片识别

【任务说明】

将学员随机分成小组,各小组在教师规定时间内利用后面的"基础知识"或网络找出本项目解剖结构图片中标号所代表的解剖名称并使每位组员熟记。实施过程中组员经过讨论也不能解决的问题可以请教老师。教师可以根据学习对象以及课时量选用不同的图片。

【任务内容】

每位成员均能独立说出标号所代表的解剖结构名称及其生理特点。

【考核要求】

各小组任务完成后由教师随机抽取 1~2 名成员介绍图片中标号所代表的名称,被抽取成员的成绩计入小组所有成员的平时成绩。

任务二 神经系统解剖结构标本识别

【目的要求】

分组进行,要求通过观察和互相帮助,使每位组员均能掌握脑和脊髓形态和结构,以及主要的脑神经、脊神经和自主神经分布情况。

【任务材料】

脑、脊髓的标本或模型。已分离出脑神经、前后肢神经和自主神经的牛或羊尸体标本。解剖器械。

【方法步骤】

首先在标本上指出脑、脊髓、外周神经和自主神经,然后详细观察各器官的位置、形态和结构,以及相互关系。

1. 脑

从脑的背侧面、腹侧面、正中矢状面观察脑的结构及形态。

2. 脊髓

观察脊髓的颈膨大、腰膨大、脊髓圆锥、终丝和马尾等。在横断面上观察灰质、白质和脊髓中央管,以及脊髓两侧成对的脊神经。

3. 脑神经

脑神经有 12 对,在脑腹面观察脑神经根。

4. 脊神经的观察

观察膈神经、臂神经丛和到前肢的主要神经、腰荐神经丛和到后肢的神经、肋间神经和腰神经。

5. 自主神经的观察

观察交感神经干和迷走交感干。

【考核要求】

以小组为单位进行现场考核，随机抽取小组成员指认标本上的主要器官并介绍其解剖生理特征，考核成绩作为全组成员的成绩。

任务三　脊蛙反射与反射弧的分析

【任务要求】

分组进行，要求通过观察和互相帮助，使每位组员均能利用后面的"基础知识"观察脊髓的反射活动，并分析反射弧各部分的作用。

【任务材料】

动物：蛙或蟾蜍。

器材与药品：手术器械、培养皿、小烧杯（250mL、50mL）、铁柱支架、探针、大头针、滤纸、棉花、镊子。0.5%的硫酸溶液、任氏溶液。

【方法步骤】

1. 取材

实验用的青蛙要取新近捕来的，这种青蛙有充沛的生活力，实验效果好。如果冬天做这个实验，必须把蛙放在30~40℃的温水中浸浴2~3min，以加强它的新陈代谢。

2. 破坏脑神经

用剪刀从口角伸入，沿着蛙鼓膜紧后方剪去蛙头（颅壳和脑）或自蛙的枕骨大孔插入探针破坏脑。用蘸有任氏液的药棉盖在伤口上，免得干燥，但不要把药棉从伤口塞入，以免造成脊髓的兴奋状态。

3. 挂蛙体

用大头针制成弯钩，钩住下颌或用线穿过下颌，把无头蛙挂在支架上。待蛙体安静5min左右再做实验。

4. 按下列步骤进行实验

（1）用镊子轻轻地把蛙的左、右后腿夹一下，蛙的后肢就发生收缩，这就是无头蛙的脊髓反射。

（2）用盛有0.5%硫酸的小烧杯浸泡蛙的脚趾，几秒钟后，蛙腿即收缩。而未刺激的后腿则伸直。每次收缩后立即用洗瓶冲洗净硫酸。

（3）用浸有0.5%硫酸的小纸片贴在蛙的左（或右）侧腹部短时间后，可见同侧后肢抬起，向受刺激的部位搔扒，直到将硫酸纸扒掉。

（4）将硫酸纸贴在左侧腹部，同时又将左趾拉住，不让其抬起，这时可以看到右趾搔扒腹部，将硫酸纸扒掉。

5. 反射弧的分析

（1）将蛙的一侧后腿趾部皮肤环切剥下，稍停片刻，再用硫酸纸贴在被暴露的趾部肌肉上，观察有无反应。

（2）刺激另一侧蛙腿，证明其反应正常，然后切断该肢的坐骨神经，再用硫酸刺激，观察其反应。

项目九 神经系统解剖生理特征观察

(3) 最后用针刺入另一只青蛙的脊髓，破坏脊髓，再用硫酸刺激，观察其反应。

【考核要求】

以小组为单位进行现场考核，随机抽取小组成员利用后面的"基础知识"分析所观察到的现象产生的原理，考核成绩作为全组成员的成绩。

基础知识

神经系统是动物机体的重要调节系统，一方面使机体适应外界环境的变化，另一方面也调节着机体内环境的相对平衡，以保证生命活动的正常进行。神经系统由神经组织组成，广泛分布于脏器、皮肤、肌肉和感觉器官等。

9.1 概述

9.1.1 神经细胞

神经细胞是神经系统结构和功能的基本单位，通常又称神经元。神经元分胞体和突起两部分。

9.1.2 神经系统的组成

神经系统按其所在位置和机能分为中枢神经(脊髓和脑)和外周神经(脊神经、脑神经和内脏神经)两部分。脑又分为大脑、小脑和脑干(延脑、脑桥、中脑、间脑)，内脏神经(自主神经)按机能又分为交感神经和副交感神经。

9.1.3 神经调节的形式——反射

神经调节的基本形式是反射。在神经系统的参与下，机体受到刺激后所发生的全部应答性反应，称为反射。完成反射活动的物质基础称为反射弧。反射可分为条件反射和非条件反射。非条件反射是动物在种族进化过程中，适应个体所处的生活环境而逐渐建立起来的反射，它有固定的反射途径，不易受客观环境的影响。条件反射则是在非条件反射基础上，经后天训练而获得的，没有固定的反射弧。反射弧由感受器、传入(感觉)神经、中枢、传出(运动)神经、效应器组成。

(1) 感受器

感受器是感受刺激的装置。任何一个反射活动，首先起自感受器，它能把体内外各种刺激转化为神经冲动。

(2) 传入神经

传入神经是连接感受器和反射中枢的神经纤维，它能把感受器所转化的冲动传到中枢。

(3) 神经中枢

神经中枢是指脑和脊髓内一定部位执行某种机能的神经细胞群。其神经细胞间存在复杂的联系，能对传入的冲动进行分析和综合。

(4) 传出神经

传出神经是连接效应器与反射中枢的神经纤维，它能将中枢发出的冲动传导到效应器（肌肉、腺体等）。动物的传出神经分为躯体运动神经和自主神经（内脏运动神经）。躯体运动神经支配骨骼肌；自主神经支配心肌、平滑肌和腺体等。

(5) 效应器

效应器指肌肉和腺体，它接受传出神经传来的兴奋，引起肌肉的收缩或腺体的分泌。

9.2 中枢神经系统

9.2.1 脊髓的构造和功能

脊髓位于椎管内，前端在枕骨大孔处与脑相连，后端到达荐骨中部。

9.2.1.1 脊髓的外形

脊髓呈背、腹略扁的圆柱状。根据所在的部位分为颈髓、胸髓、腰髓、荐髓和尾髓。脊髓有2个膨大，位于颈髓后部和胸髓前部的称为颈膨大，它与前肢的神经相连；位于腰髓和荐髓间的称为腰膨大，它与后肢的神经相连。脊髓在腰膨大之后逐渐变细形成圆锥状，称为脊髓圆锥。自脊髓圆锥向后的细丝称为终丝。荐神经和尾神经排列在脊髓圆锥和终丝的周围，呈马尾状，称为马尾。

脊髓的背侧正中有纵向的浅沟，称为背正中沟。腹侧正中有纵向的深裂，称为腹正中裂。在背正中沟的左右侧分别有一背外侧沟，脊神经背侧根（感觉根）经此沟进入脊髓。在腹正中裂的左右侧也分别有浅的腹外侧沟，是脊神经腹侧根（运动根）发出的部位。

9.2.1.2 脊髓的内部构造

脊髓由灰质和白质构成，灰质呈"H"形，颜色灰暗，位于脊髓的中央；白质呈白色，位于灰质的外周。

灰质的中央有一条纵贯脊髓的中央管，中央管很细，向前与脑室相通。脊髓的灰质在横断面上观察，有对称的背角和腹角，胸腰段还有侧角。在整个脊髓中，这些角都顺着脊髓延伸成柱状，称为背柱、腹柱和侧柱。背柱由联络神经元的胞体组成，腹柱由运动神经元的胞体组成，胸腰段脊髓的侧柱内有交感神经节前神经元的胞体，荐段脊髓的侧柱内有副交感神经节前神经元的胞体。脊髓左右两半的白质，是脊髓和脑之间的上行或下行纤维。

9.2.1.3 脊髓的机能

(1) 传导机能

脊髓位于椎管中，通过白质形成上行和下行传导径，将脑的各部和躯干、四肢联系起来，起上传和下达的传导作用。上行传导径为感觉径，将躯干部、四肢和内脏器官受到的刺激产生神经冲动，通过脊髓的白质传导到脑各部；而下行传导径是运动径，将脑各部的神经冲动通过脊髓白质传到躯干部、四肢部和某些内脏器官的效应器，使之发生效应。

(2) 反射机能

脊髓灰质内存在着许多重要的低位躯体反射中枢和内脏反射中枢，可以完成许多基本的非条件反射，统称脊髓反射。脊髓反射可概括为屈肌反射和牵张反射。

①屈肌反射 用去脑的青蛙做实验，以针刺激其肢跖侧皮肤，可引起该肢屈曲，这种现象就是屈肌反射。此反射的发生是由于肢部传入神经进入脊髓后，通过一个联络神经元，传至支配运动神经元，使屈肌收缩。

②牵张反射 当骨骼肌被拉长而受到牵拉时，刺激了肌肉、肌腱内的肌梭感受器而发生兴奋，经感觉神经传入脊髓中枢后，又经运动神经传至被牵张的肌肉，引起该肌的反射性收缩。这种反射称为牵张反射，它是维持动物姿态的最基本反射。

9.2.2 脑的构造和功能

大脑位于脑干前背侧，后以大脑横裂与小脑分开，背侧正中的大脑纵裂将大脑分为左、右大脑半球，纵裂的底部是连接两半球的横行纤维板，称为胼胝体。大脑半球表层的灰质称为大脑皮质；皮质的深部是白质；白质中有一些核团，称为基底核；大脑深部的腔隙为侧脑室。每侧大脑半球包括大脑皮质和白质、嗅脑、基底核和侧脑室等结构。

9.2.2.1 大脑皮质

皮质表面凹凸不平，凸起处为脑回，凹陷处为脑沟，分布于大脑半球的背外侧面和内侧面，可增加大脑皮质的面积。背外侧面的皮质根据功能不同可分为四叶，前部为额叶，后部为枕叶，背侧部为顶叶，外侧部为颞叶。一般认为，额叶是运动区，枕叶是视觉区，顶叶是感觉区，颞叶是听觉区，各区的面积和位置因动物种类不同而异。内侧面位于大脑纵裂内，与对侧半球的内侧面相对应。内侧面上有位于胼胝体背侧并环绕胼胝体的扣带回。

（1）嗅脑

嗅脑位于大脑腹侧，包括嗅球、嗅束、嗅三角、梨状叶、海马等结构。

①嗅球 呈卵圆形，位于左、右大脑半球前端。嗅球中空为嗅球室，与侧脑室相通。来自鼻黏膜嗅区的嗅神经纤维通过筛板而终止于嗅球。

②嗅束 短而粗，自嗅球向后伸延，分为内侧嗅束和外侧嗅束。

③嗅三角 为内、外侧嗅束之间的三角形灰质隆起，其表面有许多小血管的穿孔，称为前穿质。

④梨状叶 为位于大脑脚和视束外侧的梨状隆起，表面为灰质，内部有腔，是侧脑室的后角。梨状叶的内侧缘向背侧面折转至侧脑室成为海马。

⑤海马 呈双角状，也称海马角。起自梨状叶深面，沿丘脑的后端和背侧向前背内侧伸延，形成侧脑室后部的底壁。

（2）大脑半球的内部结构

大脑皮质的深面为白质，由各种神经纤维构成。在大脑基底部有一些灰质团块，称为基底核。大脑半球内各有1个内腔，称侧脑室。

①白质 大脑半球内的白质主要由联络纤维、连合纤维和投射纤维3类纤维构成。联络纤维是连接同侧大脑半球各叶间相互联系的纤维；连合纤维是连接左、右大脑半球之间的纤维，如胼胝体等；投射纤维是大脑皮质与皮质下中枢相联系的纤维，分上行（感觉）和下行（运动）两种。

②基底核 为大脑半球内部的灰质核团，位于大脑半球基底部，丘脑和大脑脚的前

方，包括尾状核、豆状核、屏状核和杏仁核等，是皮质下运动中枢。基底核有维持肌紧张和协调肌肉的作用。

③侧脑室　为左、右大脑半球内不规则的腔隙。侧脑室的内侧壁是透明隔；顶壁为胼胝体；底壁的前部为尾状核，后部是海马。

(3) 大脑的机能

①基底核的机能　基底核是大脑皮质下的高级运动中枢，主要对骨骼肌的运动有抑制作用，调节姿势反射。它协调大脑皮质，统一低级中枢活动，调节肌紧张和复杂肌肉活动，保证动物维持各种适当的姿势。基底核受到损坏时，可引起特殊的运动紊乱，出现肌紧张度增高和震颤、运动失调、复杂的反射活动不能完成等。

②大脑皮质的机能　根据机能不同，把大脑皮质分为感觉区、躯体运动区、视觉区、听觉区和内脏运动区，这些区域都是神经中枢所在部位，是一切生理活动的最高"指挥部"，在管理机体各项机能活动中起着主导作用。

大脑皮质是最高级感觉中枢。全身各部位的感受器接受体内外各种刺激，都是通过上行的特异性传导系统和非特异性传导系统集中到大脑皮质感觉区，产生各种感觉。各区之间都有广泛的神经联系。分析就是从复杂的环境中把无数个刺激，特别是很多极相似的刺激加以区分辨别，并把对机体有意义的刺激区分出来，形成一个新的复合刺激，并对这种复合刺激发生反应，产生精确的感觉。

大脑皮质对来自体内外的各种刺激进行分析整合后，产生各种不同的感觉。再通过大脑皮质运动区的最高级运动中枢发出广泛的下行传导径。一方面可通过锥体系和锥体外系把信息传至脑干和脊髓的运动神经元，以整合全身骨骼肌活动；另一方面由大脑皮质内脏运动区通过交感神经纤维、副交感神经纤维及脑垂体来整合各内脏器官的活动，并使内脏器官密切地配合躯体活动。

9.2.2.2　小脑

小脑位于延髓和脑桥背侧，略呈球形。小脑表面有许多凹陷的沟和凸出的回。小脑分为中间较窄且卷曲的蚓部和两侧膨大的小脑半球。小脑由灰质和白质构成，灰质主要覆盖于表面，称小脑皮质；白质在深部，呈树状分布，称小脑树。白质中有分散存在的神经核。小脑通过它与大脑、脑干和脊髓之间丰富的传入和传出联系，参与躯体平衡和肌肉张力(肌紧张)的调节，以及随意运动的协调，摘除小脑狗走路会失去协调能力。

9.2.2.3　延髓和脑桥的结构和机能

(1) 结构

延髓前连脑桥，后连脊髓，前宽后窄，背面是小脑。延髓与小脑之间形成腔隙，构成第4脑室，并与脊髓中央管相连。腹面有纵走的圆形隆起，称为锥体。锥体后部的神经纤维左右侧相互交叉，称为锥体交叉。

脑桥为位于延髓前面的横行隆起，两端向上连于小脑，背侧凹陷与小脑之间构成第4脑室。

(2) 机能

延髓和脑桥通过上行、下行传导径和发出8对脑神经，将脊髓、脑的各部分、外周感受器和效应器联系起来。它具有传导机能、反射机能，是实现反射活动的重要生命中枢。

①传导机能　由中枢神经系统的高级部位至脊髓的下行传导径，以及由脊髓到脑的上行传导径都必须经过延髓和脑桥。它主要由联系中枢神经系统前后各部分和小脑间的神经传导纤维构成，将中枢神经系统前后各部分联系起来，进行神经传导。

②反射机能　在延髓和脑桥内存在很多最基本的生命活动中枢，如呼吸中枢、心血管中枢、运动中枢、吞咽中枢及呕吐中枢等，管理着机体与内脏的许多反射活动，其反射中枢比脊髓反射更加复杂多样，比脊髓反射更加重要。特别是延髓中的心血管中枢和呼吸中枢尤为重要。因此，延髓有生命中枢之称。当延髓损伤时，会导致生命危机。

9.2.2.4　中脑的结构和机能

中脑位于脑桥与小脑的前面，前连间脑，背面被大脑半球所覆盖。中脑分上、下两部分：上部分是四叠体，为2对圆形隆起，前面1对为前丘，后面1对为后丘；下部是大脑脚，大脑脚内有红核。四叠体与大脑脚之间为前后贯通的中脑导水管，前连第3脑室，后通第4脑室。

（1）四叠体

前丘是视觉反射中枢，也是视觉传导至大脑皮质的中间联络站。后丘是听觉反射中枢，也是听觉传导到大脑皮质的中间联络站。

（2）大脑脚

大脑脚内有上、下行纤维传导束，可进行上传下达的传导机能。在大脑脚内还有重要的皮质下运动中枢，如红核和黑质等，其主要机能是维持平衡和保持动物的正常姿势。

9.2.2.5　间脑的结构和机能

间脑位于中脑和大脑之间，被两侧大脑半球所遮盖，内有第3脑室。间脑分为上丘脑、丘脑、后丘脑和下丘脑。

（1）上丘脑

上丘脑位于第3脑室顶部周围。主要包括松果体、缰三角、缰连合和丘脑髓纹。松果体呈卵圆形，位于中脑顶盖正中沟的前端与第3脑室顶部的后端之间，属内分泌腺。

（2）丘脑

丘脑为1对卵圆形的灰质团块，由许多灰质核团组成，是上行传导径的总中转站，是皮层下重要的感觉中枢，接受来自脊髓、脑干和小脑的纤维，由此发出纤维至大脑皮质。丘脑还有一些与运动、记忆等功能有关的核群。如果丘脑损伤，会引起感觉机能障碍，如剧痛、感觉过敏或感觉消失。

（3）后丘脑

后丘脑位于丘脑后部的背外侧，由两个小丘状的内侧膝状体和外侧膝状体组成。内侧膝状体较小，位于外侧膝状体的后下方，后端经后丘臂与后丘相连，接受由耳蜗神经核发出的纤维至大脑皮质，是听觉传导径中的最后一个中继站。外侧膝状体较大，位于前丘的前外侧，前腹侧连视束，发出纤维至大脑皮质，是视觉冲动传向大脑皮质的联络站。

（4）下丘脑

下丘脑位于间脑的腹侧部，构成第3脑室的底壁和侧壁腹侧部。从脑底面观察，由前向后有视交叉、视束、灰结节、漏斗、垂体和乳头体。

下丘脑大部分细胞呈弥散分布，但也组成一些核团，主要有视上核和室旁核。视上核位于视交叉的前方，室旁核位于第3脑室侧壁内。两核的细胞为神经内分泌细胞，分泌催产素和抗利尿素。此外，下丘脑还含有许多其他重要核团，共同参与调节复杂的代谢和内分泌活动。

9.2.2.6 脑脊膜和脑脊液

在脑和脊髓的外表有3层膜，称为脑脊膜。脑脊膜由表及里依次为硬膜、蛛网膜和软膜。

(1) 硬膜

硬膜是一层较厚的结缔组织膜。脑硬膜与颅腔的骨膜相愈合。脊硬膜与椎管的骨膜之间形成较大的硬膜外腔，腔内有结缔组织和脂肪。临床上进行局部麻醉时，将麻醉药由腰荐间隙注入硬膜外腔。

(2) 蛛网膜

蛛网膜是一层很薄的膜，与硬膜组成硬膜下腔，内含淋巴。

(3) 软膜

软膜很薄，紧贴于脑和脊髓的表面。软膜与蛛网膜之间的腔隙，称为蛛网膜下腔，内含脑脊液。

(4) 脑脊液

脑脊液充满于脑室、脊髓中央管和蛛网膜下腔内，是无色透明的淋巴样液体，有保护和营养脑、脊髓的作用。

9.3 周围神经系统

9.3.1 躯体神经

9.3.1.1 脑神经

脑神经由脑发出，共有12对，依次为嗅神经、视神经、动眼神经、滑车神经、三叉神经、外展神经、面神经、前庭耳蜗神经(听神经)、舌咽神经、迷走神经、副神经和舌下神经(概括脑神经口诀：一嗅二视三动眼，四滑五叉六外展，七面八听九舌咽，十迷一副舌下全)。按其所含神经纤维的不同分为感觉神经、运动神经和混合神经3种。有的脑神经中还含有副交感神经纤维。

9.3.1.2 脊神经

脊神经从脊髓发出，在椎间孔附近由背侧根(感觉根)和腹侧根(运动根)集合而成。背侧根与腹侧根汇合之前有一膨大，主要由假单极神经元的胞体聚集而成，称为脊神经节，属感觉神经节。脊神经节内的神经元发出的中枢突构成背侧根，自脊髓背外侧沟进入脊髓；外周突与腹侧根组成脊神经。腹侧根由脊髓的腹外侧沟发出，内含运动神经纤维，在胸腰段还有交感神经节前纤维，后者在脊神经穿出椎间孔后离开脊神经。脊神经内含感觉神经纤维、运动神经纤维和交感神经节后纤维，属混合神经。脊神经由椎间孔或椎外侧孔伸出后，分为背侧支和腹侧支。背侧支分布于脊柱背侧的肌肉和皮肤，腹侧支分布于脊柱腹侧和四肢的肌肉及皮肤。根据部位，将脊神经分为颈神经、胸神经、腰神经、荐神经

项目九 神经系统解剖生理特征观察

和尾神经(表9-1)。

表9-1 家畜脊神经分类数目 对

名 称	牛	马	猪	狗	兔
颈神经	8	8	8	8	8
胸神经	13	18	14~15	13	12
腰神经	6	6	7	7	7~8
荐神经	5	5	4	3	4
尾神经	5~6	5~6	5	5~6	6
合 计	37~38	42~43	38~39	36~37	37~38

(1)颈神经

①背侧支 分内侧支和外侧支。内侧支位于头半棘肌的内侧;外侧支在头半棘肌与夹肌之间,分布于颈背外侧的肌肉和皮肤。

②腹侧支 分布于颈腹外侧的肌肉和皮肤,并穿通臂头肌,分布于皮肤。颈神经的腹侧支主要有以下分支:耳大神经、颈横神经、膈神经。

(2)胸神经

①背侧支 分为内侧支和外侧支。内侧支在背颈棘肌和背腰最长肌的内侧,外侧支从髂肋肌沟穿出后,分布于脊柱背外侧的肌肉和皮肤。

②腹侧支 较大,又称肋间神经。位于肋间隙,沿肋骨后缘向下伸延,与同名血管并行,主要分布于肋间肌,本干穿过肋间肌,分布于腹壁肌、躯干皮肌和皮肤。最后肋间神经又称肋腹神经,经腰方肌背侧面向外伸延,在第1腰椎横突顶端的前下方分深、浅两支,深支分布于腹内斜肌、腹横肌和腹直肌,浅支分布于腹外斜肌、躯干皮肌及皮肤。

(3)腰神经

①背侧支 内侧支在背腰最长肌内侧,外侧支在背腰最长肌的外侧缘,分布于脊柱背外侧的肌肉和皮肤。后3对腰神经的背侧支形成臀前皮神经。

②腹侧支 第1~4腰神经的腹侧支形成髂腹下神经、髂腹股沟神经、生殖股神经和股外侧皮神经,第4~6腰神经的腹侧支参与构成腰荐神经丛。

髂腹下神经为第1腰神经的腹侧支。在腰大肌与腰小肌之间穿出,牛的行经第2腰椎横突腹侧及末端的外侧缘,分为浅、深两支。浅支沿腹横肌外侧面向后下方伸延,穿过腹内斜肌、腹外斜肌和胸腹皮肌,分支分布于上述肌以及腹侧壁和膝关节外侧的皮肤;深支在腹横肌和腹膜之间向后下方伸延,进入腹直肌,分支分布于腹横肌、腹内斜肌、腹直肌和腹底壁的皮肤。

髂腹股沟神经为第2腰神经的腹侧支。在腰大肌与腰小肌之间向后下方伸延,分出分支到该二肌后,在第3腰椎横突末端(马)或第4腰椎横突末端外侧缘(牛)分为浅、深两支。浅支分布于膝外侧及其以下的皮肤;深支分布的情况与髂腹下神经相似,分布区域略靠后方。

生殖股神经由第2~4腰神经腹侧支的分支组成。沿腰小肌腹侧向后伸延,分为肌支和腹股沟支。肌支分布于腹内斜肌和提睾肌,腹股沟支进入腹股沟管与阴部外动脉一起分布于阴囊和包皮(雄性动物)或乳房(雌性动物)。

股外侧皮神经由第3、第4腰神经腹侧支的分支组成。经腰大肌与腰小肌之间穿出,伴随旋髂深动脉的后支,沿阔筋膜张肌的前内侧面向下伸延,分布于股外侧和膝关节区域的皮肤。

第4、第5、第6腰神经的腹侧支较粗,参与构成腰荐神经丛。

(4) 荐神经

①背侧支　很小,经荐背侧孔出椎管,分布于荐尾背侧的肌肉及其荐臀部、股外侧的皮肤。

②腹侧支　经荐腹侧孔出椎管,第1、第2荐神经的腹侧支参与构成腰荐神经丛,第3、第4对荐神经的腹侧支大部分纤维形成阴部神经与直肠后神经,少部分纤维构成盆神经。最后1对荐神经的腹侧支分布于尾的腹侧。

(5) 尾神经

背侧支相互连合,形成尾背侧神经干,在荐尾背外侧肌和尾横突间肌之间向后伸延,分布于尾背侧的肌肉和皮肤。

(6) 前肢的神经

分布于前肢的神经由臂神经丛发出。臂神经丛位于肩关节的内侧,由第5~8颈神经的腹侧支和第1胸神经(猪),第6颈神经到第2胸神经(牛)的腹侧支构成。由此丛发出的主要神经有。

①肩胛上神经　由臂神经丛前部发出,纤维来自第6、7、8颈神经的腹侧支,经肩胛下肌与冈上肌之间,绕过肩胛骨前缘,分布于冈上肌、冈下肌及肩关节。

②肩胛下神经　由臂神经丛发出,位于肩胛上神经的后方,纤维来自第6、7、8颈神经的腹侧支,有2~4支分布于肩胛下肌。

③腋神经　由臂神经丛中部发出,纤维来自第7、8颈神经的腹侧支,经肩胛下肌与大圆肌之间,在肩关节后方分出数支,分布于肩胛下肌、大圆肌、小圆肌、三角肌和臂头肌等。

④胸肌神经　分为胸肌前神经和胸肌后神经。胸肌前神经为胸肌神经的前部,有数支,分布于胸浅肌、胸深肌及肩关节囊。胸肌后神经为胸肌神经的后部,包括胸长神经、胸背神经、胸外侧神经。胸长神经分布于胸腹侧锯肌;胸背神经分布于背阔肌;胸外侧神经分布于躯干皮肌和皮肤。

⑤肌皮神经　由臂神经丛的中部发出,在腋动脉下方与正中神经相连,形成腋袢,并合成一总干,分布于喙臂肌、臂二头肌、臂肌以及前臂背内侧的皮肤。

⑥桡神经　纤维来自第8颈神经和第1胸神经的腹侧支,由臂神经丛的后部发出,与尺神经一起沿臂动脉的后缘向下伸延,在臂内侧中部,经臂三头肌长头和内侧头之间进入臂肌沟,沿臂肌后缘向下伸延,分出肌支,分布于臂三头肌。主干在臂三头肌外侧头深面分为深浅两支。深支分布于腕、指的伸肌。浅支分布于第2、3、4指及前臂外侧面的皮肤。桡神经易受压迫,在临床上常见桡神经麻痹。

⑦尺神经　纤维来自第1、2胸神经的腹侧支,与正中神经一同起于臂神经丛的后部。在臂部内侧,沿臂动脉后缘下行,至臂中部分出前臂后皮神经,分布于前臂后内侧的皮

项目九 神经系统解剖生理特征观察

肤。主干在臂部远端分出肌支，分布于腕尺侧屈肌、指深屈肌和指浅屈肌后，随同尺侧副动脉、静脉进入前臂部的尺沟并向下伸延，至腕关节上方分为背侧支和掌侧支。

⑧正中神经 由第8颈神经和第1、2胸神经的腹侧支构成，从臂神经丛后部分出，为前肢最长的神经。与臂动脉、正中动脉伴行。沿臂动脉前缘下行，至沿肘关节内侧进入前臂骨和腕桡侧屈肌之间的正中沟中，分布于腕桡侧屈肌、指深屈肌、前臂骨骨膜等。

(7) 后肢的神经

分布于后肢的神经由腰荐神经丛发出。腰荐神经丛为第4~6腰神经和第1~2荐神经的腹侧支构成。前部为腰神经丛，在髂内动脉之前，位于腰椎横突和腰小肌之间；后部为荐神经丛，位于荐结节阔韧带内和外侧。

①股神经 由腰荐神经丛前部发出，其纤维主要来自第4、5腰神经的腹侧支。经腰大肌与腰小肌之间向后下伸延，在缝匠肌深面，分支分布于髂腰肌、缝匠肌、股部、小腿及跖内侧面皮肤。主干进入股直肌与股内肌之间，分支分布于股四头肌。隐神经从股神经分出，进入缝匠肌，伴随股动脉通过股管后，在后肢的内侧面下行，分布于膝关节、小腿和股部内侧面的皮肤。

②坐骨神经 纤维主要来自第6腰神经和第1荐神经腹侧支的分支，为全身最粗大的神经。从坐骨大孔出盆腔，沿荐结节阔韧带外侧向后下方伸延，经股骨大转子与坐骨结节之间绕过髋关节后，下行于股后部，在股二头肌、半膜肌和半腱肌之间向下伸延，沿途分布于半膜肌、股二头肌和半腱肌。在股骨中部分为胫神经和腓总神经。

③闭孔神经 由第4~6腰神经腹侧支的分支组成，沿髂骨内侧面向后下方伸延至闭孔，途中有分支分布于闭孔外肌骨盆内部，穿出闭孔后，分布于闭孔外肌、耻骨肌、内收肌和股薄肌。

④臀前神经 由第6腰神经和第1荐神经腹侧支的分支组成，出坐骨大孔，分布于臀肌和股阔筋膜张肌。

⑤臀后神经 由第1、2荐神经的腹侧支分支组成，出坐骨大孔，沿荐结节阔韧带外侧面向后伸延，分支分布于股二头肌、半腱肌和臀肌。

9.3.2 内脏神经

调节内脏活动的神经称为内脏神经，又称自主神经。内脏神经包括周围部和中枢部。周围部又分为传入神经和传出神经。

自主神经因机能和来源不同，分为交感神经和副交感神经。大多数内脏器官受交感神经和副交感神经的双重支配。表9-2为自主神经和躯体运动神经比较。

表9-2 家畜自主神经和躯体运动神经比较

自主神经	躯体神经
不受意识支配	受意识支配
分布于平滑肌、心肌和腺体	分布于骨骼肌
需要更换神经元，即需要两个神经元	不需要更换神经元
由脑干、胸、腰和荐部脊髓发出	由脑和全部脊髓发出

自主神经的第一个神经元的胞体位于中枢，称为节前神经元，其轴突称为节前神经纤维；第二个神经元的胞体位于外周神经节内，称为节后神经元，发出的神经纤维称为节后神经纤维。交感神经的低级中枢位于胸、腰部脊髓灰质的侧角内，它的神经节距离其所分布的器官较近，因此交感神经的节前纤维较短，节后纤维较长。副交感神经的低级中枢位于脑干和荐部脊髓的灰质侧角中，它的神经节距离其所分布的器官较远，所以，副交感神经的节前纤维较长，节后纤维较短。交感神经与副交感神经在机能上是对立的，也是相互协调的。

(1) 交感神经

交感神经有左右交感神经干，位于脊柱的腹外侧，由寰椎向后伸至尾部，由许多椎旁神经节和两神经节间的神经节间支组成，呈串珠状。交感神经干有灰、白交通支与脊神经相连。交感神经的节前纤维由脊髓灰质侧角发出，构成白交通支。节前纤维有两种去向：一种在椎旁神经节内更换神经元，其节后纤维随脊神经分布到血管平滑肌、汗腺和竖毛肌；另一种节前纤维通过椎旁神经节至椎下神经节（腹腔肠系膜前神经节、肠系膜后神经节等），与其中的节后神经元构成突触，发出节后纤维随血管分布于腹腔和盆腔器官的平滑肌。

(2) 副交感神经

副交感神经可分为荐部和颅部副交感神经。

荐部副交感神经自脊髓荐部发出，出椎管后，形成盆神经，分布于盆腔器官（膀胱、直肠和生殖器官）。

颅部副交感神经从脑干发出后，节前神经纤维混入动眼神经、面神经、舌咽神经和迷走神经内，随这些神经进入器官附近或器官内的神经节内。动眼神经分布于瞳孔括约肌和睫状肌；面神经分布于颌下腺、舌下腺和泪腺；舌咽神经分布于腮腺；迷走神经分布于心、肺、食管、胃、肝、胰、脾、小肠、大肠、肾和肾上腺。副交感神经不分布于四肢和体壁的血管、皮肤汗腺、竖毛肌。

9.4 神经生理

9.4.1 神经系统活动的基本形式

反射是神经系统活动的基本形式。神经系统对机体全部生理活动的调节都是通过反射活动实现的。

所谓反射，是指机体内外感受器受到内外环境变化的刺激，通过神经系统的活动而发生的反应。实现反射活动的物质基础是反射弧，包括感受器、传入神经、中枢、传出神经和效应器五部分。反射弧一般由两个或三个神经构成。机体内的任何反射都不是孤立的动作，而是整个机体在大脑皮质的控制下所发生的复杂反应。

感受器是感受刺激的装置。它能将体内外各种刺激转化为神经冲动。全身各处都有感受器，种类很多，如皮肤的痛、温（包括冷和热）、触、压觉感受器，眼内的视觉感受器，耳内的听觉与平衡觉感受器，以及体内的化学、机械性感受器等。不同的感受器，感受不同的刺激，如舌的味觉感受器（味蕾）感受酸、舌、苦、咸等。

中枢是指脑和脊髓内执行一定机能的神经细胞群，是反射的中心环节，决定反射的性质、复杂程度和范围。神经细胞间有着复杂的联系，能对传入兴奋进行分析与综合。不同的反射活动有不同的中枢，如视觉中枢、听觉中枢等。

传入和传出神经是把中枢神经系统与感受器和效应器联系起来的通路。传入神经能把感受器接受刺激转入的冲动传到中枢。传出神经能将中枢发出的冲动传导到效应器。

效应器是发生反应的组织器官，如肌肉、腺体等。

动物的一切反射活动都是先由感受器接受刺激，沿着反射弧的顺序相继活动，最后完成相应的动作，来调节各器官的机能。反射弧各部分的完整是保证实现反射活动的必要条件。反射弧的任何部分受到损伤或阻断，都将使反射消失。

9.4.2 神经纤维的机能

9.4.2.1 神经纤维的兴奋传导

神经纤维的基本生理特征是具有高度的兴奋性和传导性。当神经纤维某一点受到适宜刺激而发生兴奋时，兴奋就自动沿神经传播，这种传播的兴奋波在生理学上，叫作神经冲动。神经冲动传到肌肉就引起肌肉收缩；传到腺体，就引起腺体分泌。兴奋传导的本质，实际上就是神经纤维的膜依次产生动作电位的结果。当神经纤维某一部位受到适宜刺激而兴奋，产生动作电位时，兴奋部位与邻近的静息部位之间出现电位差，产生局部电流。因其有足够强度，本身可作为一个新刺激，可刺激其邻近的静息部位，引起兴奋，产生动作电位。这样动作电位就从一点移至另一点，顺序地沿神经纤维传导。

9.4.2.2 神经纤维兴奋传导的特征

（1）神经纤维的完整性

神经纤维传导冲动时，首先要求纤维在结构上和生理功能上都是完整的。如果神经纤维被切断，破坏了结构的完整性，冲动即不可能通过断口；如果神经纤维受到机械压迫、局部低温或麻醉药等作用，发生机能改变，破坏了生理功能的完整性，冲动传导也会发生降低或阻滞。

（2）绝缘性

一条神经干内含有许多条神经纤维，但是任何一条纤维的冲动，只能沿本身传导，而不波及相邻的纤维，基本上互不干扰，这种现象叫作传导的绝缘性。

（3）传导的双向性

刺激神经纤维的任何一点，所产生的冲动可沿纤维向两端同时传导，这就叫作传导的双向性。

（4）相对不疲劳性

在实验条件下用适宜的频率和强度的电刺激，连续刺激神经纤维达 9~12h，观察发现神经纤维始终保持其传导能力，这足以说明神经纤维不容易疲劳，具有相对的不疲劳性。

（5）神经纤维传导冲动的不减性

神经纤维在传导神经冲动时，不论传导距离多远，其冲动的大小、数目和速度自始至终不变，这就叫作冲动传导的不衰减性（非递减性）。这种特性保证了机体机能的调节作用及时、迅速和准确。

9.4.2.3 神经纤维兴奋传导的速度

神经纤维的传导速度主要受两方面影响,一是有无髓鞘,有髓鞘者传导快,无髓鞘者则传导慢;二是神经纤维的粗细,直径大者传导快,直径小者传导慢。

9.4.3 神经系统对内脏活动的调节

神经系统不仅控制调节着机体的躯体运动,同时也调节机体的一切内脏器官的活动。调节内脏活动的传出神经,就是经常所说的植物性神经,内脏的传入纤维即混在脑、脊神经内。

9.4.3.1 植物性神经的机能

植物性神经的机能在于调节平滑肌、心肌、腺体(消化腺、汗腺及部分内分泌腺等)的活动。内脏器官一般是受交感神经和副交感神经的双重支配,这两种神经对同一内脏器官的调节作用是相反的,是互相协调统一的。植物性神经的中枢活动之间也存在有交互抑制的作用。各处传入的信息,凡能使交感神经中枢活动加强的同时,也能使副交感神经中枢活动减弱,反之亦然。从表面来看是彼此相反作用的调节,却并不是对抗,而是彼此相互影响,使脏器活动既不过分增强,也不过分减弱,而保持动态平衡,相对稳定状态,有利于动物的正常生活。

表 9-3 为植物性神经的主要机能。

表 9-3　植物性神经的主要机能

器官	交感神经系		副交感神经系	
	支配神经	机能	机能	支配神经
泪腺	颈部交感神经	血管收缩	分泌增多	头部副交感神经
瞳孔		散大	缩小	
睫状肌		舒张	收缩	
面部血管		收缩	舒张	
唾液腺		黏稠分泌物	水样分泌	
心房	胸部交感神经	兴奋(心室收缩力增强)	抑制	迷走神经
		收缩力增强	收缩力减弱	
冠状血管		扩张	扩张	
支气管平滑肌		弛缓	收缩	
食管肌		弛缓(?)	收缩	
肠运动		抑制	兴奋	
胃、肠、胰的分泌		抑制(?)	增加	
肾上腺髓质	内脏神经	分泌增加	—	
脾		收缩	—	
胃肠括约肌		收缩	弛缓	

(续)

器官	交感神经系		副交感神经系	
	支配神经	机能	机能	支配神经
膀胱	腹后神经丛	弛缓	收缩	盆神经
雄性生殖器官		射精	勃起	
子宫		不定	不定	
体躯、四肢血管	脊髓神经	收缩（骨骼肌肉的血管除外）	—	—
汗腺		分泌增多	—	
竖毛肌		收缩	—	

由表9-3看出，交感神经与副交感神经的机能活动有如下特点：

①交感神经的机能活动一般比较广泛，主要作用在于促使机体能适应环境的急骤变化。例如，动物在剧烈运动、窒息和大失血等情况时，交感神经兴奋，出现心率加快，皮肤与腹腔内脏血管收缩，血压上升，血流加快，促进大量血液流向脑、心及骨骼肌，支气管扩张，肺通气量增大，肾上腺素分泌增加，肝糖原分解加速，血糖升高等。同时，消化及泌尿系统的活动受到抑制。上述一系列的活动，说明交感神经在应激状态下，即环境急骤变化的条件下，它的主要机能是动员许多器官的潜在力量来应付环境的急变。

②副交感神经的机能活动比较局限，主要在于使机体休整，促进消化，储存能量等方面。例如，动物在安静状态时，副交感神经的活动相对占优势，因而心率减慢，血液循环变慢，糖类分解减少，胃肠运动增强，消化液分泌增加等，这些活动有利于营养物质的同化，增加能量物质在体内的积累，提高机体的储备力量。

9.4.3.2 植物性神经末梢的兴奋传递

植物性神经末梢的兴奋传递与躯体运动神经末梢兴奋传递一样，都是通过神经末梢释放某种化学递质来实现的。当中枢发出神经冲动，沿植物性神经的节前纤维传至植物性神经节，在神经节内，节前纤维末梢释放递质，使节后神经元兴奋，然后再沿节后纤维传至效应器，节后末梢又释放递质使效应器(心肌、平滑肌、腺体)兴奋或抑制。

目前已查明，全部植物性神经的节前纤维和副交感神经的节后纤维末梢所释放的化学递质都是乙酰胆碱；支配汗腺的交感神经的节后纤维末梢也是释放乙酰胆碱；大多数交感神经的节后纤维末梢释放的递质是去甲肾上腺素。因此，从递质的角质可将体内的传出神经纤维分两类：即凡是末梢释放去甲肾上腺素的为肾上腺能纤维。

神经末梢兴奋时所释放的化学递质，首先和效应器细胞上的"受体"物质结合，然后才能使效应器兴奋或抑制。由于各效应器的受体不同，因而同一递质在不同器官能引起不同效应。交感神经兴奋时之所以可使皮肤血管收缩而使冠状血管舒张，其原因就是因为血管上的受体不同。

化学递质作用于受体之后，很快被破坏或移去，以保证兴奋传递的准确性。在正常情况下，胆碱能纤维所释放的乙酰胆碱在发挥作用后，在极短的时间内就被存在于组织中的胆碱酯酶所水解而失去作用。根据这一原理，我们可以知道有机磷农药中毒，就是因为有机磷与胆碱酯酶发生结合，使其失去活性，致使乙酰胆碱不能被水解，在体内大量蓄积，出现支气管痉挛、呼吸困难、瞳孔缩小、流涎、出汗、大小便失禁等一系列副交感神经极度兴奋的现象。出现这种情况时，可用阿托品和解磷定类药物急救。

去甲肾上腺素在发挥作用后，也在体内被破坏或移去，主要由神经末梢重新吸收回到轴浆中，小部分被组织中的单胺氧化酶和其他酶所破坏，但速度较慢。

9.4.4 皮质下各级中枢的机能概述

9.4.4.1 脊髓的机能

脊髓是中枢神经系统的低级部分。脊髓的主要机能是传导兴奋和完成一些简单的反射活动。

(1) 传导功能

除头部外，来自全身及大部分内脏的感觉，都是通过脊髓白质上行纤维束传到脑，进行分析综合，产生感觉。而脑对躯干、四肢的运动及内脏器官的支配，也要通过脊髓白质下行纤维束的传导，才能实现。

(2) 反射功能

脊髓灰质内有许多低级反射中枢，能完成某些简单反射，如骨骼肌运动反射、排粪排尿反射、性反射、血管运动反射等。但这些反射很不精确，调节能力差，正常情况下，需受高级中枢的控制。

由此可见，脊髓是大脑皮质高级中枢调节全身生理活动的中间枢纽，如果脊髓某段受损时，上传下达的传导功能发生障碍，受损以下部位的感觉和运动都消失，如动物腰荐部脊髓损伤时，除臀部和尾部感觉消失和后躯运动麻痹外，还会发生排粪失禁和不能主动排粪。

9.4.4.2 脑干的机能

(1) 延髓

因由脊髓到脑的前行纤维或脑到脊髓的后行纤维都要通过延髓，所以延髓具有传导功能。此外，延髓内还有较多的与生命活动关系密切的中枢，如呼吸中枢、心活动中枢、血管运动中枢、消化液分泌中枢、胃肠运动中枢等，故延髓称为"生命中枢"。若延髓严重损伤，将使动物迅速发生死亡。

(2) 脑桥

脑桥内有角膜反射中枢、呼吸调整中枢等。此外，脑桥内还有许多神经纤维，是联系中枢神经系统前后各部和小脑的重要通道。

(3) 中脑

中脑的前丘是视觉中枢，可完成视觉反射。中脑的后丘是听觉中枢，可完成听觉反射。中脑的一些神经核可调节骨骼肌的紧张性，维持动物的正常姿势。中脑的大脑肢内有前行纤维和后行纤维，故为神经冲动传导的通路。

(4) 间脑

①丘脑　一切感觉冲动(嗅觉例外)均必须在此更换神经元再投射到大脑皮质的一定部位，引起相应的特定感觉，或弥散性投射到大脑皮质，使之保持兴奋状态。丘脑除能传递感觉冲动外，还对传入的冲动能进行粗略的分析和综合，即有一定的感觉机能。

②丘脑下部　丘脑下部的机能非常复杂，它有调节植物性神经、水的代谢、体温和摄食行为等功能；并且在动物的性行为、生殖过程以及情绪反应等方面起着重要的作用。此外，下丘脑还通过分泌激还给间接影响内脏的活动。下丘脑能够进行细致和复杂的整合作用，使内脏活动和其他活动联系起来，完成许多复杂生理过程的控制和调节，是较高级的调节内脏活动的中枢。

9.4.4.3 小脑的机能

小脑的主要机能是调节肌紧张，维持身体平衡，并使各种随意运动准确和协调。小脑损伤时，则出现骨骼肌紧张性降低，肌肉无力，平衡失调，站立不稳等。经动物实验，小脑半球损伤后的动作性协调障碍，称为小脑性共济失调。

9.4.5 大脑皮质的机能

大脑皮质是中枢神经系统的最高部位，其结构和功能远比中枢其他部位复杂。全身各部感受器接受刺激产生的冲动经传入神经传至大脑皮质后，它都可以加以高度分析、综合，产生精确的感觉；与此同时，它又可以通过其后行纤维，不断地向外周组织器官发出信息，控制、调节全身各器官的活动。由此可见，大脑皮质是主宰机体一切正常生命活动的最高级中枢。但应该注意的是，由脊髓前传到大脑皮质的前行纤维和由大脑皮质后传到脊髓的后行纤维都在脊髓或脑干左右交叉。因此，大脑皮质对躯干、四肢的感觉和运动调节是交叉性的，即左半球皮质感受右侧的刺激和支配右侧肌肉运动，而右半球皮质则感受左侧的刺激和支配左侧的肌肉运动。

9.4.5.1 非条件反射和条件反射

反射活动是神经系统的基本方式。反射活动就其形成过程来说，可分为非条件反射和条件反射两大类。

非条件反射是通过遗传而获得的先天性反射，是动物生下来就有的，也是同种动物共有的。这种反射比较恒定，也有固定的反射弧，不易受客观条件的影响而改变，只要遇到一定强度的相应刺激，就会出现反射。其反射中枢多在皮质下部位。如饲料入口引起唾液分泌反射；机械刺激角膜引起的角膜反射；排粪排尿反射等都属于非条件反射。

条件反射是动物出生后获得的。这种反射无固定的反射弧，易受外界环境的影响而改变。因此，条件反射可以建立，也可以消失，数量无穷。而且不同个体有不同的条件反射，如表9-4所示。

表9-4　条件反射与非条件反射区别要点

序号	非条件反射	条件反射
1	先天遗传，不需训练，生下来就有，同种动物共有	后天获得，在一定条件下形成的，有个体差异
2	有固定的反射弧，恒定	无固定的反射弧，易变，不强化就消退
3	大脑皮质下各级中枢就能完成	必须通过大脑皮质才能完成
4	非条件刺激的数量有限，适应性差	条件刺激引起的，数量无限，适应性大
5	是形成条件反射的基础	能影响非条件反射活动

9.4.5.2 条件反射的形成

条件反射是建立在非条件反射基础上的。以动物吃食为例，食物进入口腔即引起唾液分泌，这是非条件反射。食物就是引起非条件反射的刺激物，称非条件刺激。如在每次吃食前都先给以灯光，然后立即给食，这样结合多次以后，动物只要见到灯光就会自动跑到槽前等候吃食，并有消化液分泌，这是条件反射。灯光就成为引起条件反射的刺激，称条件刺激。当把两种刺激结合作用于动物时，动物大脑皮质内就同时发生两个强度不等的兴奋性。一个是由非条件刺激作用的口腔感受器，产生冲动，沿传入神经到达大脑皮质形成一个较强兴奋灶；另一个是由条件刺激作用于视觉感受器，产生冲动，沿传入神经到大脑皮质形成一个较弱兴奋灶。较强的兴奋灶把较弱的兴奋灶扩散的兴奋吸引过来，形成了神经的暂时的功能上的联系。因此，灯光一出现，就引起消化液分泌，至此，条件反射形成。

由此可见，形成条件反射必须具备一系列条件：

①非条件反射是形成条件反射的基础。

②条件刺激必须在非条件刺激之前出现，而且两者要多次结合作用于机体。

③条件刺激的生理强度必须比非条件刺激的生理强度弱。

④已建立的条件反射，要经常用非条件刺激强化巩固，否则，条件反射会逐渐消失。

⑤动物必须是健康的，大脑皮质是清醒的。有病或昏睡状态的动物不易形成条件反射。

⑥要形成条件反射，应避免其他刺激对动物的干扰。

9.4.5.3 条件反射的生理意义

在动物一生中，纯粹的非条件反射，只有在生下来一个不长的时间内可以见到，以后由于条件反射不断地建立，条件反射与非条件反射越来越不可分地结合起来。实际上动物活动都是条件反射和非条件反射融合在一起的复杂反射活动。非条件反射只能适应较恒定的环境，而条件反射则能随环境的变化，消退不适合生存的旧条件反射，不断形成多种多样的条件反射，这就大大地扩大了机体反射活动的范围，增加了动物活动的预见性和灵活性，从而使其能更广泛和更完善地适应环境的变化，有利于生存。

在动物生产实践过程中，可根据条件反射的原理，对动物进行各种调教和训练，使其形成一定的条件反射。如可以用呼唤、口哨等作为条件刺激，训练动物形成定时外出运动、吃食、定点排粪和排尿的条件反射。通过各种口令、手势的刺激，使牛、马形成一整套条件反射，有助于提高使役能力。对各种野生动物的驯化，也可动用条件反射的原理进行。

9.4.5.4 动物的行为

动物的行为，是指动物具有适应性意义的行动或活动状态，亦即动物有机体对内在和外部环境条件的改变所作出的调整性活动。"适者生存"是生物进化过程中的一条重要规律，具有适应意义的行为，对于动物的生存与发展，都有着十分重大的生物学意义。例如，动物的觅食行为、避敌行为，有利于个体的生存；而求偶、交配等性行为、育幼行为等，则有利于种族的繁衍。

行为是进化的产物，最初的行为是由外界特定的刺激所决定，其中有生物学适应意义的内容,在世代交替中被稳固下来,成为由遗传决定的定型行为。例如,动物一出生就具有的吸吮行为,一旦幼龄动物攫住乳头,就激发出一系列的定型行为,口、舌、咽的相应活动以及吞咽动作与呼吸活动的相互配合等。

行为在个体生命过程中得到完善与丰富。这就是通过学习、积累经验而丰富和改变原有的行为模式。例如,觅食行为在幼龄动物开始时仅是一种定型的本能行为,随着个体成长,遇到种种不同食物,于是成年动物就学会了寻觅,挑选恰当的食物,使得原有简单的本能行为,变得丰富多彩,而且形成有"个性"色彩的食物偏好。

动物行为主要有如下的功能性行为:①摄食行为:包括采食,放牧和饮水行为。②性行为:包括雌雄动物的性行为模式。③母性行为:包括分娩行为、哺乳行为、育仔(雏)行为。④群体行为或社会行为:包括依恋行为、争斗行为等。⑤应激状态下的行为:包括母仔分离、断奶、种群变动、拥挤、运输、圈禁以及屠宰场条件下的行为特征。

既然"行为"是对内外环境条件改变的一种适应性活动,那么可以把"行为"看成是对来自环境的刺激的反应,因而它不仅需要像肌肉这样的运动器官,需要像耳、眼、鼻、皮肤以及体内各种感受器装置等这样能"感知"体内、外信息的感觉器官,而且还需要在这二者之间进行联系的神经与内分泌系统。因此,神经系统与其联系的感觉器官和效应器官(肌肉与腺体),就是行为的物质基础,而这些器官、系统的功能特征,也就构成了行为的生理学基础。任何一种行为的出现,首先必须感知体内外环境的中信息,并加以处理,最后才做出反应。

这些年来在长期观察、研究野生动物的生态习性基础上,出现了一门以动物的行为为研究对象的新兴学科,即动物行为学。它运用生态学、生物气候学、神经学、内分泌学、跗学及营养学等学科的新进展,研究在不同条件下动物的行为规律。目的在于应用这些规律,指导动物生产实践,创造条件满足动物在行为上的需求,改善饲养管理,为促进畜牧生产服务。动物行为学的研究,也有助于动物疾病的诊断和治疗,因为疾病状交,在行为上也必将有异常的表现;而且有的病直接原因就是由于种种行为异常行为:异食癖、嗜毛、啄肛(禽)、自淫(牛、羊多见)、咬槽(马)等。研究这些行为的发生、发展与控制,作针对性的防治,也是行为学的任务。另外,研究上述的应激状态下的行为,可为动物种群的编制、屠宰场管理、养殖场的设计等提供有益的建议。

>>> 练习与思考

1. 简述脑神经主要包括哪些。
2. 自主神经和躯体神经的主要区别有哪些?
3. 简述神经系统的组成和机能。
4. 简述脊髓的位置、形态和结构。
5. 简述大脑皮质的主要机能。
6. 简述小脑的机能。

项目十
内分泌系统解剖生理特征观察

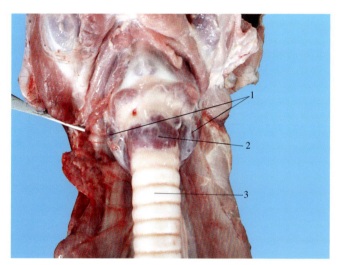

图 10-1 牛的甲状腺

图 10-2 猪的甲状腺

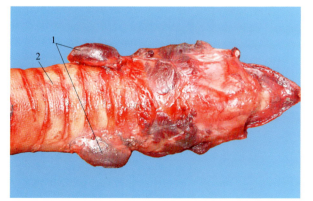

图 10-3 马的甲状腺

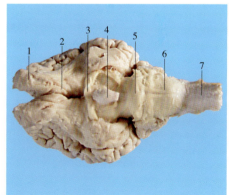

图 10-4 牛脑腹侧面

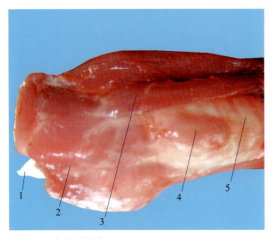

图 10-5 犬的甲状腺

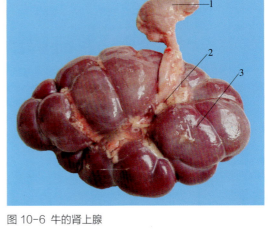

图 10-6 牛的肾上腺

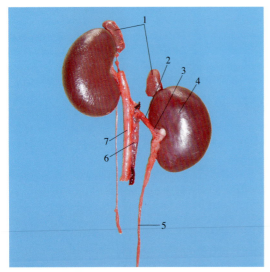

图 10-7 羊的肾上腺

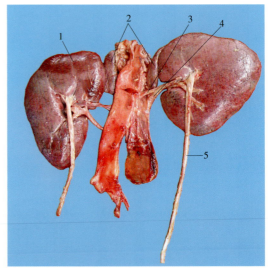

图 10-8 马的肾上腺

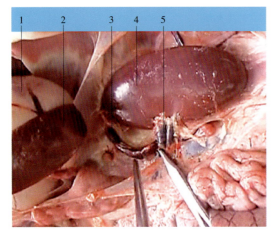

图 10-9 猪的肾上腺

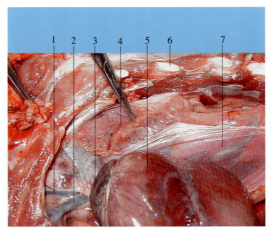

图 10-10 猪胸腺

项目十 内分泌系统解剖生理特征观察

【项目说明】
将学员随机分成小组,各小组在教师规定时间内利用后面的"基础知识"或网络找出本项目解剖结构图片中标号所代表的解剖名称并使每位组员熟记。实施过程中组员经过讨论也不能解决的问题可以请教老师。教师可以根据学习对象以及课时量选用不同的图片。

【项目内容】
每位成员均能独立说出标号所代表的解剖结构名称及其生理特点。

【考核要求】
各小组任务完成后由教师随机抽取 1~2 名成员介绍图片中标号所代表的名称,被抽取成员的成绩计入小组所有成员的平时成绩。

基础知识

10.1 内分泌系统概述

内分泌系统由机体内的内分泌腺和散在的内分泌细胞组成。内分泌腺无输出管,属无管腺,其分泌物称为激素。激素分泌出来后,经血液或淋巴带到特定的细胞、组织、器官,激活或抑制其中有生理价值的反应。通常,将激素作用的细胞、组织、器官分别称为靶细胞、靶组织和靶器官。体内单独存在的内分泌腺有脑垂体、甲状腺、甲状旁腺、肾上腺和松果体等。位于其他器官内的内分泌组织有胰腺内的胰岛、卵巢内的卵泡细胞和黄体细胞、睾丸内的间质细胞等。

激素在体内含量虽少,但非常重要,它对机体的代谢、生长、发育、繁殖等生理活动具有调节作用。

激素的作用有一定的特异性,即某种激素只能对某些组织细胞或某些代谢过程发生调节作用;激素是一种高效能的生物活性物质,很小的剂量就能产生很强的作用;激素本身不是营养物质,不能产生能量,只对某些生理机能有促进或抑制作用;不同的激素,在体内的分泌速度、作用快慢和灭活速度不同。

激素的种类繁多,来源复杂,按其化学本质分为:①含氮激素,包括多肽类激素、蛋白质类激素和胺类激素;②类固醇激素,包括固醇类激素、类固醇激素;③脂肪酸衍生物激素,也包括不饱和脂肪酸的衍生物激素。

10.2 脑垂体及其功能

牛的脑垂体为深色的卵圆形,位于间脑的下丘脑腹侧,并以垂体柄与之相连接,分为腺垂体和神经垂体两部分。腺垂体由多种细胞构成细胞团和索,分泌不同激素;神经垂体由神经纤维和神经胶质细胞组成。脑垂体分泌的激素及其作用见表10-1。

表 10-1 脑垂体分泌的激素及其作用

种类	激素的种类	化学性质	主要作用
腺垂体	生长激素(GH)	多肽	①促进生长：促进骨、软骨、肌肉及肝、肾等组织细胞的分裂增殖 ②促进代谢：促进蛋白质合成，减少其分解；加速脂肪分解、氧化和供能；抑制糖的分解利用，升高血糖
	催乳素（PRL、LTH）	蛋白质	①促进乳腺生长发育并维持泌乳 ②刺激 LH 受体生成
	促甲状腺激素(TSH)	糖蛋白	①促进甲状腺细胞的增生及其活动 ②促进甲状腺激素的合成与释放
	促肾上腺皮质激素(ACTH)	多肽	①促进肾上腺皮质的生长发育 ②促进肾上腺糖皮质激素的合成与释放
	促卵泡激素(FSH)	糖蛋白	①促进卵巢生长发育，促进排卵 ②促进曲细精管发育，促进精子生成 ③促进雌激素分泌
	促黄体生成素(LH)	糖蛋白	①在 FSH 协同下，使卵巢分泌雌激素 ②促使卵泡成熟并排卵 ③使排卵后的卵泡形成黄体，分泌孕酮 ④刺激睾丸间质细胞发育并产生雄激素
	促黑色素细胞激素(MSH)	多肽	①促进黑色素的合成 ②使皮肤和被毛颜色加深
神经垂体	抗利尿激素(ADH)	多肽	①抗利尿：增加肾小管、集合管对水的重吸收，使尿量减少 ②升高血压：使除脑、肾以外的全身小动脉强烈收缩
	催产素(OXT)	多肽	①使乳腺肌上皮和导管平滑肌收缩引起排乳 ②促使妊娠子宫强烈收缩，利于分娩；促进排卵期的子宫收缩，有利于精子向输卵管移动

10.3 甲状腺及其功能

牛的甲状腺位于气管前端和喉附近，淡褐红色。甲状腺由单层上皮围成许多腺泡，泡内贮有分泌的胶质。甲状腺分泌甲状腺素和降钙素。甲状腺滤泡细胞分泌两种激素：四碘甲状腺原氨酸（即甲状腺素，T4）和三碘甲状腺原氨酸(T3)。它们的主要原料之一都是碘，所以当碘缺乏时，就会影响甲状腺激素的合成，此时甲状腺细胞增生肥大，造成甲状腺肿。甲状腺激素的作用很广泛，几乎遍及全身各组织，而且缓慢持久。甲状腺激素的主要作用是促进机体的新陈代谢及生长发育。

甲状腺激素可促进蛋白质合成，这对维持机体的生长发育非常重要。但当分泌过多，超过生理剂量时，反而能加速蛋白质分解，特别是骨骼肌蛋白质大量分解。因此，甲状腺机能亢进的动物，常表现消瘦，容易疲劳。

甲状腺激素能促进血糖的吸收，增加糖原分解和糖异生作用，可使血糖升高。同时，它也能促进糖的氧化利用，使血糖降低。因此，甲状腺机能亢进时，血糖并不高。

甲状腺激素能促进脂肪的分解氧化和胆固醇的转运及排泄。所以，甲状腺机能亢进时，皮下脂肪减少，血中胆固醇低于正常。

甲状腺激素可促进幼畜生长发育，特别是对骨骼、神经和生殖器官的发育影响最大。实验证明，切除幼畜甲状腺，不但生长停滞，体躯矮小，而且反应迟钝，形成"呆小症"。

甲状腺激素能加强交感神经的活动。因此，当机能亢进时，动物容易激动，表现烦躁不安、心搏加快等现象。

甲状腺激素对性腺的发育、副性征的出现都有一定影响。幼畜缺乏甲状腺激素，性腺发育停滞，不出现副性征。在碘缺乏地区，动物常生弱仔或死胎。

甲状腺激素对水盐的排出有调节作用。若甲状腺机能减弱，可出现黏液蛋白、水和电解质在皮下蓄积，形成黏性水肿。

甲状腺内滤泡旁细胞，能分泌降钙素，有增强成骨细胞活性，促进骨组织钙化和血钙降低的作用。

10.4 甲状旁腺的位置、形态和功能

甲状旁腺多位于甲状腺附近，很小，呈圆形或椭圆形。牛有内外2对甲状旁腺，猪只有1对，马有2对。甲状旁腺外面有一层结缔组织被膜，细胞排列成团或索状，可产生甲状旁腺素。甲状旁腺的生理机能如下：

甲状旁腺分泌的甲状旁腺素主要作用是调节血钙浓度，促进骨钙溶解，升高血钙。所以，当切除动物甲状旁腺后，可使血钙浓度降低，使神经肌肉兴奋升高，四肢抽搐，可导致死亡。

甲状旁腺升高血钙的作用与甲状腺内滤泡细胞分泌的降钙素可降低血钙的作用有着密切的关系，二者分泌都受着血钙浓度的调节。当血钙浓度升高时，可抑制甲状旁腺的分泌，使降钙素分泌增加。血钙浓度降低时，可促进甲状旁腺素的分泌，使降钙素分泌减少。

10.5 肾上腺及其功能

10.5.1 肾上腺的位置和形态

肾上腺为成对的红褐色器官，位于肾的前内侧。牛的左肾上腺呈肾形，右肾上腺呈心形。肾上腺在剖面上可见外周部为黄色的皮质，有放射状纹；内部为红色的髓质；中央有较大的中央静脉。皮质分泌糖皮质激素和盐皮质激素，髓质分泌肾上腺素和去甲肾上腺素。

10.5.2 肾上腺激素的功能

（1）盐皮质激素

盐皮质激素以醛固酮为代表。这类激素主要参与体内水盐代谢的调节。因为它可促进肾小管对钠和水的重吸收，抑制对钾的重吸收，有"保钠排钾"的作用，从而可维持体内血量的相对恒定。当盐皮质激素分泌不足时，可使大量钠和水由肾排出，而钾的重吸收增

加。由于失钠和失水，可出现血浆减少，血液浓缩，血压降低，循环衰竭等症状。因此，盐皮质激素是维持生命必不可少的。

（2）糖皮质激素

糖皮质激素对糖代谢有较强的调节作用。它可促进肝糖异生作用，增加肝糖原贮存，同时还能抑制葡萄糖氧化，减少细胞对糖的利用，因此，有升高血糖对抗胰岛素的作用；糖皮质激素可促进脂肪的分解，它也能促进肌肉等组织蛋白质的分解。大量使用糖皮质激素，可引起生长缓慢、机体消瘦、皮肤变薄、骨质疏松、创伤愈合迟缓等现象；糖皮质激素能增强机体对有害刺激的适应能力，抑制淋巴组织，减少抗体生成，故有抗过敏反应；能降低毛细血管通透性，抑制纤维组织增生，故有抗炎症作用；此外，也有"保钠排钾"作用，但较醛固酮弱得多。

（3）肾上腺素和去甲肾上腺素

①对心血管的作用　肾上腺素和去甲肾上腺素都能使心跳加快、血管收缩和血压上升。在临床上，由于肾上腺素有较好的强心作用，所以常用作急救药物。去甲肾上腺素可使小动脉收缩，增加外周阻力使血压升高，因此是重要的升压药。

②对平滑肌的作用　肾上腺素能使气管和消化道平滑肌舒张，胃肠运动减弱。此外，肾上腺素还可使瞳孔扩大及皮肤竖毛肌收缩，被毛竖立。去甲肾上腺素也有这些作用，但较弱。

③对代谢的作用　两者均能促进肝脏和肌肉组织中糖原分解为葡萄糖，使血糖升高；并能分解脂肪。但去甲肾上腺素在前者作用较弱，在后者却较强。

④对神经系统的作用　两者都能提高中枢神经系统的兴奋性，使机体处于警觉状态，以利于应付紧急情况。

10.6　胰岛激素的功能

胰岛是分散于胰腺中大小不等的细胞群。主要有α和β两种细胞。α细胞分泌胰高血糖素，β细胞分泌胰岛素。

10.6.1　胰岛素的作用

促进肝糖原生成和葡萄糖分解，以及由糖转变为脂肪，从而使血糖降低。因此，胰岛素分泌不足时，血糖升高，导致糖尿病；促进体内脂肪的贮存，抑制脂肪的分解，使血中游离脂肪酸减少。因此，胰岛素分泌不足时，脂肪即大量分散，血内脂肪酸增高，在肝内不能充分氧化而转化为酮体，出现酮血症并伴有酮尿，严重时导致酸中毒和昏迷；促进氨基酸进入细胞内，使细胞内蛋白质合成加快。

10.6.2　胰高血糖素的作用

胰高血糖素的作用与胰岛素相对，它能加速肝糖原分解，促进脂肪分解和糖的异生，因而可使血糖升高。

10.7 性激素的作用

性腺是指雄性的睾丸和雌性的卵巢，是维持生殖机能的主要器官，除产生生殖细胞——精子和卵子以外，还具有分泌性激素的机能。睾丸可以产生雄激素，卵巢产生雌激素。性激素对于家畜的生长、发育、生殖和代谢等方面都起着十分重要的作用。

10.7.1 雄激素的作用

雄激素由睾丸的间质细胞分泌，其中主要成分是睾酮。雄激素的主要机能是：促进雄性副性器官（如前列腺、精囊、尿道球腺、输精管、阴茎和阴囊）的生长发育，并维持其成熟状态；刺激公畜产生性欲和性行为；促进精子的发育成熟，并延长附睾内精子的寿命；促进雄性动物特征（如发达的肌肉，较重的骨骼，较凶猛的习性和发达的犬齿等）的出现，并维持其正常状态；促进蛋白质的合成，使肌肉和骨骼比较发达，并使体内贮存的脂肪减少；促进公畜皮脂腺的分泌加强，特别是公羊和公猪比较明显。

10.7.2 雌激素的作用

雌激素由卵巢内卵泡细胞所分泌，其中作用最强的是雌二醇。雌激素能促进母畜生殖器官的生长发育；促进雌性动物特征（如个体较小、乳房饱满、骨盆宽阔，皮下脂肪多，肌肉柔软、性情温和等）的出现，并维持正常状态；促进母畜发情；刺激母畜发生性欲和性兴奋。

10.7.3 孕激素

由排卵后的卵泡形成的妊娠黄体细胞所分泌，故又称孕酮或黄体酮。其主要成分是类固醇。另外，孕马的胎盘也可以产生孕酮。孕酮的主要机能是：在雌激素作用的基础上，进一步促进排卵后期子宫内膜的增殖肥厚（血管和腺体的增生），并在子宫黏膜上皮细胞中出现较多的糖原和其他营养物质，腺体分泌子宫乳，为受精卵在子宫壁上种植和发育准备条件；抑制子宫平滑肌的自然活动和对催产素的反应，保证胚胎的安全发育，故有保胎作用；在雌激素作用的基础上，进一步刺激乳腺腺泡的生长，使乳腺发育完全，准备泌乳。

10.7.4 松弛激素

主要是在妊娠过程中由黄体分泌。随妊娠期而逐渐增加，到妊娠后期大量出现，分娩后随即消失。松弛激素的生理机能是扩张产道，使子宫颈和骨盆联合韧带松弛，便于分娩。

>>> 练习与思考

1. 简述激素在体内的作用特点。
2. 简述甲状腺激素的生理作用。
3. 内分泌系统由哪几部分组成？
4. 肾上腺可分泌哪些激素？各有何作用？

项目十一
被皮系统和感觉器官的解剖生理特征观察

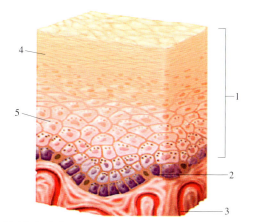

图 11-1 表皮

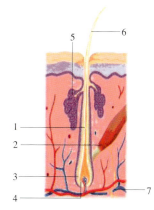

图 11-2 毛

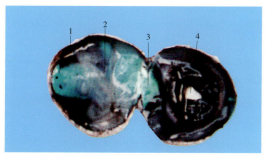

图 11-3 玻璃体

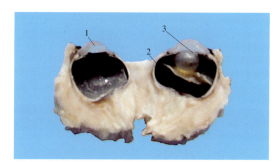

图 11-4 角膜

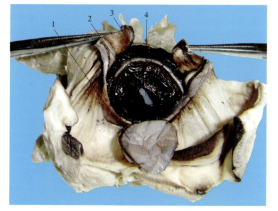

图 11-5 虹膜

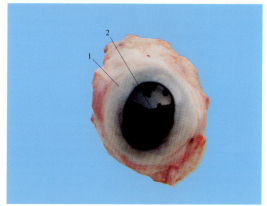

图 11-6 纤维膜

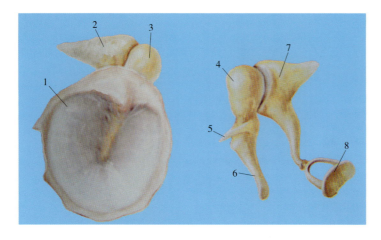

图 11-7 听小骨

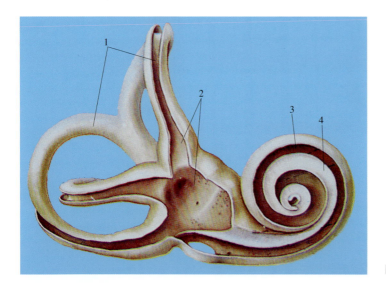

图 11-8 耳窝

图 11-9 眼肌

项目十一　被皮系统和感觉器官解剖生理特征观察

任务一　被皮系统和感觉器官解剖结构的图片识别

【任务说明】

将学员随机分成小组，各小组在教师规定时间内利用后面的"基础知识"或网络找出本项目解剖结构图片中标号所代表的解剖名称并使每位组员熟记。实施过程中组员经过讨论也不能解决的问题可以请教老师。教师可以根据学习对象以及课时量选用不同的图片。

【任务内容】

每位成员均能独立说出标号所代表的解剖结构名称及其生理特点。

【考核要求】

各小组任务完成后由教师随机抽取1~2名成员介绍图片中标号所代表的名称，被抽取成员的成绩计入小组所有成员的平时成绩。

任务二　被皮系统和感觉器官解剖结构的标本观察

【目的要求】

通过观察，认识被皮系统和感觉器官的基本结构。

【任务材料】

皮肤切片、显微镜、牛蹄。眼、耳的标本或模型。解剖器械。

【方法步骤】

1. 皮肤切片的观察

（1）低倍镜

可见表皮、真皮、皮下组织3层的结构。真皮内有毛囊、毛球、管状的汗腺和泡状的皮脂腺。皮下组织有大量的脂肪组织。

（2）高倍镜

表皮由复层扁平上皮构成，一般分为角质层、透明层、颗粒层和生发层。真皮由致密结缔组织构成，分为乳头层和网状层。乳头层与表皮互相嵌合，网状层主要由胶原纤维和弹性纤维构成。皮下组织由疏松结缔组织构成，内含脂肪，脂肪被胶原纤维分隔成许多小叶。

2. 蹄的观察

牛蹄是偶蹄。每肢的指（趾）端有2个主蹄和2个悬蹄。重点观看主蹄。

（1）蹄匣

观看蹄缘、蹄冠、蹄壁、蹄底和蹄球。整个蹄呈三面棱形。

（2）肉蹄

观看肉底、肉球和肉壁。

3. 眼的观察

观察眼球壁的结构和眼球内折光装置（睑结膜、角膜、巩膜、瞳孔、晶状体、玻璃体等）。

4. 耳的观察

观察外耳、中耳和内耳的主要结构。

【考核要求】

各小组任务完成后由教师随机抽取 1~2 名成员考核本任务所学内容，被抽取成员的成绩计入小组所有成员的平时成绩。

基础知识

被皮系统由皮肤和皮肤的衍生物构成。皮肤的衍生物是由皮肤演化来的特殊器官，包括毛、皮肤腺、蹄、角等。感觉器官主要包括眼、耳、鼻、舌、皮肤等。

感觉器官是指机体内能感受视觉、听觉、味觉等特殊感受器，如眼、耳等。动物的感受器广泛地分布于动物体各部，其构造也不同，有的结构很简单，如皮肤内与痛觉有关的游离神经末梢，即仅为感受神经的简单末梢；有的则较复杂，如视觉器官，除眼球外还有泪腺和眼球外肌等，最后这一种通称特殊感觉器，或称感觉官。

11.1 皮肤

皮肤由表皮、真皮和皮下组织构成。

11.1.1 表皮

表皮位于皮肤的表层，由复层扁平上皮构成。表皮的厚薄因部位不同而不同，凡长期受摩擦的部位，表皮较厚，角化也较显著。表皮内无血管和淋巴管，但有丰富的神经末梢。皮肤的表皮由外向内依次为角化层、颗粒层和生发层。

角化层：是表皮的最外层，由数层已角化的扁平细胞构成，细胞内充满角质蛋白。老化的角质层不断脱落，形成皮屑。

颗粒层：由数层已开始角化的梭形细胞构成，细胞界限不清，胞质内含嗜碱性的透明角质颗粒。

生发层：由数层形态不同的细胞组成。其中，最深一层（基层）细胞呈立方形，能不断分裂，产生新的细胞，以补充表层脱落的细胞。生发层深部细胞间有星状的色素细胞，含有色素。色素决定皮肤的颜色，并能防止日光中的紫外线损伤深部组织。

11.1.2 真皮

真皮位于表皮的深面，由致密结缔组织构成，坚韧而富有弹性，是皮肤最厚的一层。皮革就是由真皮鞣制而成的。真皮分布有汗腺、皮脂腺、毛囊及丰富的血管、淋巴管和神经等。临床上所进行的皮内注射，就是把药液注入真皮层内。牛的真皮厚，绵羊的薄；老龄的厚，幼龄的薄；公畜的厚，母畜的薄；同一家畜，背部和四肢外侧的厚，腹部和四肢内侧的薄。真皮又分为乳头层和网状层，两层互相移行，无明显的界限。

乳头层：紧靠表皮，由纤细的胶原纤维和弹性纤维交织而成，形成许多圆锥状乳头伸入表层的生发层内。乳头的高低与皮肤的厚薄有关，无毛或少毛的皮肤，乳头高而细；反

项目十一　被皮系统和感觉器官解剖生理特征观察

之,乳头则小或没有。该层有丰富的毛细血管、淋巴管和感觉神经末梢,具有营养表皮和感受外界刺激的作用。

网状层:位于乳头层的深面,较厚,由粗大的胶原纤维束和弹性纤维交织而成。内含有较大的血管、神经、淋巴管,并分布有汗腺、皮脂腺和毛囊。

11.1.3　皮下组织

皮下组织位于真皮之下,由疏松结缔组织构成。皮肤借皮下组织与深部的肌肉、筋膜、腱膜相连接。皮下组织结构疏松而有弹性,利于皮肤作有限度的往返滑动。在皮下组织发达的部位,如颈部,皮肤易于拉起形成皱褶,临床上常在此进行皮下注射。

皮下组织内除较大的血管、淋巴管和神经外,还有较多的间隙以容纳组织液,或贮存大量的脂肪。皮下脂肪的多少是动物营养状况的标志。

11.1.4　皮肤的功能

皮肤包被身体,既能保护深层的软组织,防止体内水分蒸发,又能防止有害物质侵入体内,是畜体和周围环境的屏障。此外,皮肤能产生溶菌酶等免疫物质,对微生物有较强的抵抗力。因此,皮肤是畜体重要的保护器官。

皮肤中存在着各种感受器,能够感受触、压、温、冷、痛等不同刺激。因此,皮肤是畜体重要的感觉器官。

皮肤能吸收一些脂类、挥发性液体(如醚、酒精等)和溶解在这些液体中的物质,但不能吸收水和水溶性物质。只有在皮肤破损或有病变时,水和水溶性物质才会渗入。因此,应用外用药物治疗皮肤病时,应当注意药物浓度和擦药面积的大小,以防止吸收过多而引起中毒。

皮肤还能通过排汗排出体内的代谢物,并具有调节体温、分泌皮脂、合成维生素 D 和贮存脂肪的功能。

11.2　皮肤的衍生物

11.2.1　毛

毛是一种角化的表皮组织,坚韧而有弹性,是热的不良导体,具有保温作用。

11.2.1.1　毛的形态和分布

畜体的毛可分为被毛和长毛两类。牛的被毛短而直,均匀分布;长毛粗而长,生长在特殊部位,如唇部的触毛、尾部的尾毛等。马的被毛为短而直的粗毛,在一些部位长有特殊的长毛,如马的鬣、鬃、尾等。在马的唇、眼睑、鼻孔附近还有一种长而粗的触毛,触毛的毛根有丰富的神经末梢。

11.2.1.2　毛的构造

各种毛都斜插在皮肤里,可分为毛干和毛根两部分。露在皮肤外面的为毛干,埋在真皮和皮下组织内的为毛根。毛根周围有由上皮组织和结缔组织形成的管状鞘,称为毛囊。在毛囊的一侧有一束斜行平滑肌,称为竖毛肌,该肌收缩可使毛竖立。毛根的末端膨大部称为毛球，细胞分裂能力很强，是毛的生长点。毛球的底部凹陷，真皮的结缔组织突入其内形成毛乳头，内含丰富的血管、神经，可营养毛球。

11.2.1.3　换毛

毛有一定的寿命，生长到一定时期，就会衰老脱落，为新毛所代替，这个过程称为换毛。

换毛的机制：当毛长到一定时期，毛乳头的血管萎缩，血流停止，毛球的细胞停止增生，并逐渐角化和萎缩，最后与毛乳头分离，毛根逐渐脱离毛囊向皮肤表面移动，同时紧靠毛乳头的细胞增殖形成新毛。最后，旧毛被新毛推出而脱落。

换毛的方式：换毛分季节性换毛和经常性换毛。季节性换毛发生在春、秋两季，全身的粗毛多以此种方式脱换；经常性换毛不受季节的限制，随时脱换一些长毛。

11.2.2　皮肤腺

皮肤腺包括汗腺、皮脂腺和乳腺。

（1）汗腺

汗腺位于真皮和皮下组织内，为盘曲的单管状腺，开口于毛囊或皮肤表面。绵羊的汗腺发达，黄牛次之，水牛没有汗腺。猪的汗腺较发达，且蹄间分布最集中。在腕的内侧面皮肤内还有腕腺。汗腺的主要机能是分泌汗液，以散发热量调节体温。汗液中除水（98%）外，还含有盐和尿素、尿酸、氨等代谢产物。故汗腺分泌还是畜体排泄代谢产物的一个重要途径。马的汗腺比牛发达，几乎分布于全身，多数开口于毛囊。汗腺分泌的汗液含有较多的蛋白质，当出汗多时，被毛就呈黏胶状。由于汗液中含有氯化钠，马在出汗多时易造成体内氯化钠的丧失。

（2）皮脂腺

皮脂腺位于真皮内毛囊附近，为分支的泡状腺，开口于毛囊。皮脂腺分布广泛，其分泌物称为皮脂，是一种不定形的脂肪性物质，有滋润皮肤和被毛的作用。绵羊分泌的皮脂与汗液混合为脂汗。脂汗对羊毛的质量影响很大，若缺乏，则被毛粗糙、无光泽，而且易折断。猪的皮脂腺不发达。

11.2.3　蹄

蹄是指（趾）端着地的部分，由皮肤演变而成。蹄包括蹄匣和肉蹄两部分，蹄匣是蹄的角质层；肉蹄套于蹄匣的内面，蹄的真皮和皮下层，内含丰富的血管、神经，呈鲜红色，可提供蹄匣营养，并有感觉作用。蹄有单蹄和偶蹄两种类型。

马属动物为单蹄，每肢只有一个蹄。蹄匣可分蹄壁、蹄底和蹄叉三部分。蹄壁是站立时可见的蹄匣部分，有3层结构，其内层是由许多纵行排列的角质小叶构成的，称为小叶层。小叶层的角质小叶色白而较柔软，与肉壁上的肉小叶互相嵌合。蹄壁的近侧缘，称蹄冠，蹄冠与皮肤相接的部分，称蹄缘，蹄缘的角质柔软而有弹性，以减少蹄壁对皮肤的压迫。蹄壁的底缘直接接触地面，在底缘和蹄底之间有一浅色的环状线，称为蹄白线。蹄白线是确定蹄壁厚度的标准，装蹄时，蹄钉不得钉在蹄白线以内，否则就会损伤肉蹄引起钉伤。蹄底是蹄向着地面而略凹陷的部分，位于蹄壁底缘与蹄叉之间。蹄叉位于蹄底的后方，呈楔形，角质较软，当对家畜(马骡)管理不良时，可发生蹄叉腐烂。

肉蹄的形态与蹄匣相似，可分为肉壁、肉底和肉叉3部分。肉壁、肉底和肉叉分别与蹄匣的蹄壁、蹄底和蹄叉相嵌合。

牛(羊猪)是偶蹄动物，每肢有两个主蹄和两个悬蹄。主蹄位于第三指(趾)和第四指(趾)的指(趾)端，与地面接触由蹄壁、蹄底和蹄球3部分组成，没有蹄叉。肉蹄的形态与蹄匣相似，分肉壁、肉底和肉球3部分。母牛在产犊季节常发生肉蹄的无菌性炎症(蹄叶炎)。

悬蹄小而呈圆锥状，位于主蹄的后上方，不与地面接触，其构造与主蹄相似。

11.2.4 角

角是皮肤的衍生物，套在额骨的角突上。角可分为角根、角体和角尖3个部分。角根与额部皮肤相连，角质薄而软，并出现环状的角轮；角体是角根向角尖的延续，角质逐渐变厚；角尖由角体延续而来，角质层最厚，甚至成为实体。

角的表面有环状的隆起，称为角轮。母牛角轮的出现与怀孕有关，每一次产犊之后，角根就出现新的角轮。牛的角轮仅见于角根；羊的角轮明显，几乎遍及全角。

11.3 眼

眼是结构极其复杂的感觉器官，由眼球和辅助结构组成。

11.3.1 眼球

眼球由眼球壁和折光体构成。

11.3.1.1 眼球壁

眼球壁由外向内分为3层。

(1) 纤维膜

纤维膜由致密结缔组织构成，为眼球的外壳，分前部的角膜和后部的巩膜。

①角膜 透明无色，占前1/5，稍向前隆凸，组织排列成层，无血管分布；前、后被覆上皮，后面的上皮能不断将组织液泵出，维持透明。

②巩膜 白色不透明，占后4/5，后部稍下方有视神经穿过的筛区。

(2) 血管膜

血管膜由后向前可分3区：

①脉络膜 后区，占大半部分，贴于巩膜内面。由致密的血管网和有色素的结缔组织构成。牛在眼底的背侧部有呈蓝绿色金属光泽的反光区，称为照膜。

②睫状体 中区，与巩膜、角膜的交界处相贴，成稍厚的环形；形成许多辐射状排列的睫状突，悬于晶状体周围，睫状体内具有平滑肌，称为睫状肌，可控制晶状体的凸度。

③虹膜 内有瞳孔开大肌；虹膜游离缘处有较集中的瞳孔括约肌。虹膜中央有一孔，称为瞳孔。

(3) 视网膜

视网膜后部为视部，前部为盲部。视部贴于脉络膜内面，结构复杂。盲部很薄，贴于睫状体和虹膜内面。

11.3.1.2 眼球内容物

眼球内容物是眼球内一些无色透明的折光结构,包括晶状体、眼房水和玻璃体,它们与角膜一起组成眼的折光系统。

(1) 晶状体

晶状体呈双凸透镜状,透明而富有弹性,位于虹膜和玻璃体之间。外包有弹性的透明囊,周缘由晶状体韧带连于睫状突上。其实质由多层晶状体纤维所构成。晶状体具有弹性和聚光作用,如发生混浊(称为白内障),则影响视力。

(2) 房水和眼房

眼房位于角膜和晶状体之间的腔隙,被虹膜分为眼前房和眼后房。眼房水为无色透明液体,充满于眼房内,主要由睫状体分泌产生,然后在眼前房的周缘渗入巩膜静脉窦而至眼静脉。眼房水有运输营养物质和代谢产物、折光和调节眼压的作用。如房水循环发生障碍,房水量积留过多,眼内压过高,严重时可造成视力减退甚至失明,称为青光眼。

(3) 玻璃体

玻璃体为无色透明的胶冻状物质,充满于晶状体与视网膜之间,外包一层透明的玻璃体膜。玻璃体除有折光作用外,还有支持视网膜的作用。

眼的屈光装置由角膜、房水、晶状体和玻璃体4部分构成,共同特点是无色、透明,允许光线通过,故统称为眼的屈光装置。任何一部分的病变,均会影响视力,形成屈光不正,如近视或远视。

11.3.2 辅助构造

眼的辅助结构有以下几种。

(1) 眼睑

由皮肤、眼轮匝肌和睑结膜构成。睑结膜移行被覆于眼球前面,成为球结膜,两结膜间形成结膜囊。

(2) 第三眼睑

为眼内角处的结膜褶,内有软骨和第三眼睑腺。

(3) 眶骨

构成的眶和致密结缔组织构成的眶骨膜,保护眼球及其辅助结构。眶脂肪体具有充填和缓冲等作用。

(4) 眼球外肌

眼球外肌为横纹肌,位于眶内,附着于眼球赤道和后面,有上、下2块斜肌,上、下、内、外4块直肌,眼球退缩肌和上睑提肌。

(5) 泪器

泪器包括泪腺和泪道两部分。泪腺在眼球的背外侧,位于眼球与眶上突之间,以十余条排泄管开口于结膜囊。泪腺分泌泪液,借眨眼运动分布于眼球和结膜表面,有润滑和清洁的作用。泪道为泪液排出的管道,由泪小管、泪囊和鼻泪管组成。

11.4 听觉和位觉器官

耳是听觉和位觉的感觉器官。由外耳、中耳构成的传音器和内耳感音、平衡器所组成。外耳和中耳是声波传导器官,内耳是感受声音和位觉的感受器。

11.4.1 外耳

外耳包括耳郭、外耳道、鼓膜3部分。

(1) 耳郭

耳郭一般呈圆筒状,上端较大,开口向前;下端较小,连于外耳道。耳郭以耳郭软骨为支架,内外均覆有皮肤。耳郭内面的皮肤长有长毛,但在耳郭基部毛很少而含有丰富的皮脂腺。耳郭软骨基部外面包有脂肪垫,并附着有许多耳肌,故动物耳郭活动灵活,便于收集声波。

(2) 外耳道

外耳道是耳郭基部到鼓膜的一条管道。外侧部是软骨管,内侧部是骨管,内面衬有皮肤,在软骨管部的皮肤含有皮脂腺和耵聍腺。

(3) 鼓膜

鼓膜是构成外耳道的一片椭圆形的半透明薄膜,坚韧而有弹性,外面被覆皮肤,内面衬有黏膜。鼓膜将外耳与中耳分隔,随音波振动把声波刺激传导到中耳。

11.4.2 中耳

中耳包括鼓室、听小骨和咽鼓管3部分。

(1) 鼓室

鼓室为位于岩颞骨内部的一个不规则的小腔,内面衬有黏膜。外侧壁有鼓膜,内侧壁与内耳为界。

(2) 听小骨

鼓室内有3块听小骨,与鼓膜接触的称为锤骨,与内耳前庭窗相连的称为镫骨,连于两骨之间的称为砧骨。这3块听小骨以关节连成一个听骨链。当声波振动鼓膜时,3块听小骨的连串运动,将声波的振动传入内耳。

(3) 咽鼓管

咽鼓管为中耳与鼻咽部的通道,衬有黏膜的软骨管,一端开口于鼓室的前下壁,另一端开口于咽侧壁。中耳与外界空气压力可通过咽鼓管取得平衡,防止鼓膜被冲破。马属动物咽鼓管的黏膜向外突出,形成咽鼓管囊,位于颅底腹侧与咽的后上方之间。咽部炎症可经咽鼓管蔓延至中耳。

11.4.3 内耳

内耳是盘曲于岩颞骨内的管道系统,形态不规则,构造极复杂,由骨迷路和膜迷路构成。

(1) 骨迷路

骨迷路包括前庭、骨性半规管和耳蜗，是颞骨岩部内不规则的腔隙和隧道，腔面覆以骨膜。

①骨性半规管　分为上、后、外侧 3 个半规管，互成直角。各半规管两端均与前庭相连。一端膨大为壶腹。上与后半规管相对的一端合并为一个总脚，故 3 个半规管共有 5 个开口于前庭。

②前庭　是骨迷路中间扩大的部分，其后外侧与 3 个半规管相通，前内侧与耳蜗相连。前庭后上方有 4 个小孔通骨性半规管；前下方有 1 个孔通耳蜗。

③耳蜗　形如蜗牛壳，中央系一锥体形骨质的蜗轴，由耳蜗螺旋管围绕蜗轴盘旋数圈形成。各种动物的耳蜗螺旋管的圈数不同，马、羊 2.25 圈，猫 3 圈，狗 3.25 圈，牛 3.5 圈，猪 4 圈。管的起端与前庭相通，盲端位于蜗顶。沿蜗轴向螺旋管内发出骨螺旋板，将螺旋管不完全地分隔为前庭阶和鼓阶两部分。

(2) 膜迷路

膜迷路是一系列的膜性管和囊，悬于骨迷路内，两者之间为外淋巴间隙，内充满外淋巴。骨性半规管内有膜性半规管，前庭内有球囊和椭圆囊，耳蜗内有蜗管。椭圆囊、球囊、膜半规管的内壁有位觉感受器，在耳蜗管内壁有听觉感受器。

①椭圆囊和球囊　在前庭内有两个小囊，分别称为椭圆囊和球囊。椭圆囊与 3 个半规管相通，球囊与耳蜗管相通，椭圆囊与球囊之间也相通。椭圆囊和球囊附着于前庭壁的部分增厚，称为椭圆囊斑和球囊斑。斑由毛细胞（神经上皮细胞）和支持细胞组成。这两个斑能感受直线运动开始和终止时的刺激，是位觉感受器。

②膜半规管　形状与骨半规管相似，在膜壶腹处管壁增厚，呈嵴状突入壶腹称为壶腹嵴。壶腹嵴感受头部旋转运动开始和终止时刺激，也是位觉感受器。

③耳蜗管　是耳蜗螺旋管内的一个膜管。耳蜗管属于膜迷路，为一盲管，仅一端借小管与球状囊相通。前庭阶和鼓阶均以一端与前庭相通，另一端则耳蜗顶互相交通。前庭阶和鼓阶内有外淋巴。耳蜗管的横断面呈三角形，可分顶壁、底壁和外侧壁。顶壁为前庭膜，底壁为骨螺旋板和基膜，外侧壁为复层柱状上皮称为血管纹。在底壁的基膜上有螺旋器，是听觉感受器。螺旋器由毛细胞（神经上皮细胞）和支持细胞组成。

由外耳传入的声波使鼓膜振动，并经听小骨传至前庭窗，导致前庭阶的外淋巴振动，再经前庭膜使耳蜗管的内淋巴液发生振动。前庭阶外淋巴的振动也经耳蜗孔传至鼓阶，使基底膜发生共振，基底膜的振动使盖膜与毛细胞的纤毛接触，引起毛细胞的兴奋，冲动经耳蜗神经传至中枢，产生听觉及听觉反射。

如果上述的任何部位有病变，即可造成传导性耳聋。例如，有些中耳炎病人，由于鼓膜穿孔或听小骨功能障碍，传音能力减退，因而听力减退。如果听神经或大脑皮层颞叶感受声音有关的神经细胞功能减退或丧失，将造成神经性耳聋。当前庭器官受到过强、过长时间的刺激时，会引起恶心、呕吐、眩晕、皮肤苍白等症状，称为前庭植物神经性反应。有些人前庭机能非常敏感，前庭器官受到轻微刺激就可引起不适应反应，严重时称为晕动症，如晕车、晕船等。

11.4.4 声波在耳中的传递

耳的每一个部分都有其特定的功能，可以允许声波进入，转换为大脑可以理解的电脉冲信号。外耳收集声波，将其直接送至中耳。此后，中耳放大这些声音信号并传达至内耳。内耳将声音的振动转换为电脉冲，电脉冲信号会沿着听觉神经被传输到大脑。耳各个部分的功能以及声音的传导过程如下：

①有凹陷的耳郭可聚集和反射声波，使声音增强，并传到外耳道。

②呈 S 形的外耳道使声波产生折射作用，可使声音稍微增强，并传到鼓膜。

③声波引起鼓膜的振动。

④中耳内的听骨感受到这些振动，并使声音不能以原有的模式放大，从而减少大声对内耳的伤害。

⑤振动到达耳蜗后，在运行中设定内部的流动速度。这让特定的神经细胞将声波转换为电脉冲信号。

⑥听觉神经发送这些电脉冲信号到达听觉中枢（大脑），在那儿，这些信号就变成了听得见的声音。

>>> 练习与思考

1. 简述皮肤的构造和功能。
2. 牛蹄有何特点？由哪几部分构成？
3. 蹄白线位于蹄的哪一部位？在生产上有何意义？
4. 简述眼球的结构。
5. 眼的辅助结构有哪些？各有何作用？
6. 简述耳的结构。

项目十二
常用生理指标的测定

【项目要求】

使每位学员均具备正确测定体温、心率和呼吸频率,听取心音、胃肠音、呼吸音的技能,为动物疫病防治员、执业兽医岗位疾病诊断打下基础。

【项目材料】

牛、羊、猪、马、犬、猫、兔(根据当地条件选择)。体温计、酒精棉球、听诊器、听诊布、保定器械、石蜡油。

【方法步骤】

1. 体温的测定

学会观察体温计内的水银柱,熟悉体温计的刻度。

测温前,应甩动体温计使水银柱降至35℃以下,用酒精棉球擦拭消毒并涂以润滑剂后再行使用。测温时,被检动物应加适当的保定,检查者通常位于动物的左侧后方(如被检动物是牛应站在后方),以左手提起尾根部并稍推向对侧,右手持体温计经肛门徐徐捻转插入直肠中,再将附有的夹子夹于尾毛上,经3~5min后取出,用酒精棉球将体温计上的粪汁和黏液擦去,然后读取度数。用后再甩下水银柱并放于消毒瓶内备用。

2. 脉搏数的测定

测定每分钟脉搏的次数,以"次/min"表示。

牛通常检查尾中动脉,检查者站在牛的正后方,左手拉起牛尾,右手拇指放在尾根部的背面,用食指和中指在距尾根10cm左右处尾的腹面正中,用手指指肚感知后进行检查。

马属动物可检颌外动脉(面动脉),检查者站在马头一侧,一手握住笼头,另一手拇指置于下颌骨外侧,食指、中指指肚伸入下颌支内侧,在下颌支血管切迹处,前后滑动,用指轻压即可感知。

中小动物(如羊)可在后肢内侧的股动脉处检查。

3. 心跳频率测定和心音的听取

被检动物取站立姿势,使其左前肢向前伸出半步。心脏的听诊方法有两种:

①直接听诊法 将听诊布盖于左侧胸前部,检查者面向动物后方(前方),左(右)手将听诊布固定于鬐甲部,身弯弓向下,以左(右)耳紧贴心区,细心听取。

②间接听诊法 是最常用的一种方法。检查者带好听诊器,以右(左)手固定鬐甲部,

左(右)手持听诊筒在心区听取。计数每分钟心跳次数,以"次/min"表示。注意区别第一心音与第二心音的特征。

4. 呼吸频率的测定、呼吸式的观察和呼吸音的听取

①呼吸频率的测定 即测定动物每分钟的呼吸次数。一般可根据腹部的起伏动作而测定。在动物安静时,检查者立于动物的侧方,注意观察其腹肋部的起伏,一起一伏为一次呼吸,在寒冷季节也可以观察呼出气流来计算。

②呼吸式的观察 注意呼吸过程中的胸腹壁的起伏情况以判断呼吸式。健康动物通常呈胸腹式呼吸,而且每次呼吸的深度均匀,间隔的时间均等。

③呼吸音的听取 一般用听诊器进行间接听诊。对动物的两侧肺区,应普遍进行听诊,每一听诊点的距离为3~4cm,每一听诊点应连续听诊2~3次呼吸周期。整个肺区均可听到肺泡呼吸音,但以肺区的中部为最明显。健康动物可听到微弱的呼吸音,于呼气阶段较清楚,状如吹风样或类似"夫、夫"的声音。

5. 胃肠音的听取

牛的瘤胃音,可在左臁部(饥窝)听取,健康牛的瘤胃音似风吹或远雷声,每两分钟2~3次。瓣胃在牛的右侧第7~9肋间沿肩关节水平线上、下3cm范围内听诊,正常的瓣胃蠕动音呈断续性细小的捻发音。真胃音在真胃区听取,类似肠音,呈流水声或含漱音。大肠音犹如雷鸣音或远炮声。

6. 反刍的观察

反刍是反刍动物复杂的内脏运动反射现象。一般于采食后30~60min才开始反刍,每次反刍持续时间在20~60min不等,每昼夜进行反刍6~8次。每次回口的食团再咀嚼40~60次(水牛40~50次)。高产乳牛反刍的次数较多且每次持续的时间长。一般每小时有15~30次的嗳气活动。因此,观察时应注意反刍开始出现时间、每次持续时间、昼夜反刍的次数、每次食团的再咀嚼情况和嗳气的情况等。

【考核要求】

任务必须以小组形式在规定时间内完成,任务完成过程中组员遇到问题可以向教师请教,任务完成后教师随机抽取各小组1~2名成员对操作过程以及所涉及的解剖生理知识进行考核,成绩计入全组成员的成绩。

基础知识

体温是指动物机体深部的平均温度,它是机体在代谢过程中不断产生热能的结果。体热经体表不断地发散到外界环境中,体温恒定的维持有赖于机体产热过程和散热过程的平衡。高等动物体内已建立了一套复杂的体温调节机构,可以精确地调节产热和散热过程,使体温不因环境温度的巨大变化而升降。

项目十二　常用生理指标的测定

12.1　体温及其波动

12.1.1　正常体温

动物品种不同，其体温一般也不相同。在正常情况下，动物的体温是相对恒定的，不会因外界温度的变化而发生明显的改变。机体各部分温度不完全相同，身体表面由于散热较快，其温度比深部组织和内脏器官的温度低。心、肝、肾的温度较高，但由于血液不断循环，可将热量从较高部位带到全身，使机体各部分温度差别不大。直肠温度接近机体深部温度，且比较稳定，可以代表机体体温的平均值，所以在临床上多以直肠温度代表动物的体温（表12-1）。

表12-1　健康动物的体温（直肠内测定）

动物	体温/℃	动物	体温/℃	动物	体温/℃
黄牛	37.5~39.0	山羊	37.6~40.0	猫	38.0~39.5
水牛	37.5~39.5	马	37.2~38.3	兔	38.5~40.0
乳牛	38.0~39.3	骡	38.0~39.0	鸡	40.0~43.3
犊牛	38.5~39.5	驴	37.0~38.0	鸭	41.0~42.5
肉牛	36.7~39.1	猪	38.5~40.0	鹅	40.0~41.3
绵羊	38.5~40.5	狗	37.5~39.5	鸽	41.3~42.2

12.1.2　体温的正常变动

动物的体温是相对恒定的，但在生理状况下，体温受各种因素的影响可在小范围内有一定的变化，称为生理性波动。其变化幅度一般在1℃左右。昼夜、性别、年龄、肌肉活动及机体代谢情况的不同，都可使体温产生一定差异。

(1) 体温的昼夜波动

白天活动的动物，其体温在清晨2:00~3:00最低，16:00最高，一天内温差可达1℃左右。体温的这种昼夜变化，是自然界光线、温度等因素周期性变化对机体代谢率影响的结果。

(2) 年龄

新生幼龄动物代谢旺盛，体温都比成年动物高些。幼龄动物在出生后的一段时间内，由于体温调节机制发育还不完善，体温调节能力还比较弱，所以不能有效地使体温恒定，容易因外界环境温度变化而使体温发生波动。因此，对幼龄动物要加强护理和保温。

(3) 性别

雌性动物由于具有性周期，随着机体中激素的周期性变化，其体温也发生周期性的波动。发情时体温升高，排卵时体温下降，排卵后体温升高。体温的这种周期性波动与性激素的周期性分泌有关。

(4) 肌肉活动

运动、使役时引起肌肉活动，从而使代谢增强，产热量增加，导致体温上升。在剧烈的运动或劳役时,体温可升高1~2℃,如马在奔驰时,其体温可升高到40~41℃,经休息后即可恢复正常。因此,在实践中测定体温之前,需要使动物安静一段时间。

(5)其他因素的影响

环境喧闹、情绪激动、神经紧张、外界温度变化、长时间饥饿、采食、地理气候等因素对体温也可产生影响;麻醉药物可抑制体温调节中枢或传入神经路径的活动,同时还能扩张皮肤血管、加强散热,降低了机体对环境的适应能力。

12.2 体温相对恒定的意义

动物体温的相对恒定对动物的正常生命活动具有重要意义。因为动物体内的新陈代谢和各种生理活动都要求在一定的温度下进行。高等动物体内各种生物化学反应速度与温度高低有密切关系。酶的催化活性也和温度高低密切相关。例如,酶的最适宜温度是37~40℃。在一定范围内,温度降低,酶的活性减弱;而温度升高,酶的活性随之增强,生物化学反应加速,代谢趋于旺盛。但温度过高或过低,酶就会失去活性,使代谢发生障碍,严重时还会危及生命。

12.3 机体的产热和散热过程

动物体温相对恒定,是由体温调节机制调控的,动物机体的产热和散热保持着动态平衡的结果。新陈代谢过程中,不断地产生热量,用于维持体温。同时,体内热量又由血液带到体表,通过辐射、传导和对流以及水分蒸发等方式不断地向外界发散,产热量和散热量取得平衡,体温就维持在一定水平。用于维持体温的热量来自于营养物质在机体代谢所释放出来的化学能,其中大部分以热能的形式用于维持体温。

12.3.1 产热过程

(1)产热和产热器官

机体所有组织器官均处于合成和分解代谢过程中,因而都产生热量。热量主要由机体内的营养物质的氧化而产生,动物机体内所有的组织器官都能进行营养物质的氧化。它们所产的热量主要由糖类和脂肪氧化分解产的热为主。就各器官而言,它们的产热量也有所不同,安静时以内脏器官产生热量较多,其中以肝脏代谢最为旺盛,产热最多,占总产热量的50%。安静时骨骼肌产热量占全身总产热量的20%,运动或使役时,骨骼肌产热量可高达总产热量的2/3以上,成为产热的主要器官。例如,负重100kg的马以30km/h的速度运动10min,产热量较安静时增加101倍。草食动物消化管中饲料由于微生物的发酵分解作用,产生大量热能,是该类动物体热的重要来源。

(2)机体的产热形式

机体在寒冷环境中的散热显著增加,主要依靠战栗产热和非战栗产热,以维持体温。

①战栗产热 战栗是动物受寒冷刺激时,骨骼肌发生的不随意节律性收缩的表现,发生战栗时,代谢率可增加4~5倍,产热量大大增加,这样就维持了机体在寒冷环境中的体温平衡。

②非战栗产热 又称代谢产热,该产热方式与肌肉收缩无关。一方面,寒冷刺激机体

肾上腺素、去甲肾上腺素和甲状腺激素等分泌增多，促进机体组织器官特别是肝脏的产热增加；另一方面，激活了脂肪分解酶系统，使脂肪分解、氧化而产生热量。

（3）等热区

机体的代谢强度随环境温度的变化而改变。环境温度低，代谢加强；环境温度高，代谢适当降低。在适当的环境温度范围内，动物的代谢强度和产热量在生理的最低水平而体温仍能维持恒定，这种环境温度的范围称为动物的等热区，又称等热范围。在此范围内，若气温下降，动物仅靠体表血管的收缩、被毛竖立、汗腺分泌减少等物理性调节即可保持体温恒定。因气温下降而开始提高代谢率、进入化学调节的外界温度称为下限临界温度，通常称为临界温度。实践中，在等热区内饲养动物最为适宜和经济。常见动物的等热区见表 12-2。

表 12-2　常见动物的等热区

种类	等热区/℃	种类	等热区/℃
牛	16～24	狗	15～25
猪	20～23	兔	15～25
绵羊	10～20	鸡	16～25

动物的等热区随种属、品种、年龄、被毛状态、营养水平及管理条件而有差异。耐寒、被毛密集或皮下脂肪厚实动物的临界温度较低；幼年动物的临界温度高于成年动物，这与其皮毛较薄、体表面积与体重比例大而易于散热，以及哺乳为主、产热较少有关。高于等热区上限的外界温度称为过高温度，此时，机体代谢升高，通过增加皮肤血液量和发汗来加强散热，甚至不能有效地调节而导致体温升高。

12.3.2　散热过程

机体的主要散热器官是皮肤。动物机体产生的热量，除供维持体温外，其余热量主要通过血液循环运送到体表由皮肤散发，少部分经呼出的气体和排出的粪尿散发。当外界环境温度低于体表温度时，可通过皮肤以辐射、传导、对流等方式散热。当环境温度接近或高于皮肤温度时，则只能以蒸发方式散热。所以，皮肤是机体热量散失的重要途径，可占全部散热量的 75%～85%。散热过多或散热困难都将严重影响体温恒定。

（1）辐射散热

机体把热量直接放射到周围环境中去的散热方式称为辐射散热。这是体热以红外线的形式传给环境温度较低物体的一种散热方式。辐射散热量取决于皮肤和环境之间的温度差及机体有效散热面积等因素。当机体与环境间的温差增大或有效散热面积增加时，辐射散热量就增多，当环境温度较低时，通过皮肤辐射放散的热量可占总散热量的 70%；反之，则减少。如环境温度高于体表温度时，机体不但不能通过辐射散热，而且还要接收辐射热，从而使体温升高。寒冷天气受到阳光照射或靠近红外线灯等热源，均有利于机体保温。而炎热季节的烈日照射，可使体温升高，发生日射病。

（2）对流散热

动物机体通过与体表接触的气体或液体流动来交换和散发热量的方式，称为对流散热。动物体周围有一层同体表接触的空气层,而其温度又较体温低,则体热可传给这一层空气。受热空气向上流动,温度较低的空气就来填补,体热即可向外界发散。对流散热是传导散热的一种特殊形式。对流散热量受体表和空气之间温差的影响,即空气越冷,对流越强,带走的热量就越多。另外就是风速的影响,风速越大,散发的热量也就越多。所以,修建动物圈舍时要注意夏天能使空气流通以加强散热,冬季能防风、保温以减少热量流失。

(3) 传导散热

传导散热指的是机体的热量直接传给同它接触的较冷物体的一种散热方式。机体深部的热量主要由血液循环将其带到皮肤,再由皮肤直接传给与它接触的物体,如地面、圈舍的墙壁等。传导散热量的多少与物体导热的快慢有关。由于动物平时躺卧在冷凉地面上的时间不多,传导不是热量散失的主要形式。但在某些情况下,可因传导而散失大量热能,使体温降低,如长时间躺卧在湿冷的地板上;保定在金属手术台上的麻醉动物等。水的导热能力较大,因此,临床上常采用冷水浇身的办法,使中暑动物的体温迅速降下来。另外,由于机体脂肪的导热性能较低,所以肥胖动物由深部向表层传导的散热量要少些,动物秋天贮存大量脂肪对冬季防寒保暖、维持体温很重要。

(4) 蒸发散热

动物机体皮肤表面蒸发的水分和呼吸时呼出的水蒸气能将热量散发出去,这种散热的方式称为蒸发散热。水分蒸发是吸热过程,通常每蒸发1g水分可使机体散失2.44kJ的热量,所以体表水分蒸发是一种很有效的散热途径。在通常的温度和湿度条件下,安静的哺乳动物约有25%的热量是由皮肤和呼吸道通过水分蒸发而散失的。

在气温接近或超过体温时,汗腺不发达的动物主要通过口腔、舌面和呼吸道的水分蒸发进行散热;汗腺发达的动物汗腺分泌加强,此时体表蒸发的水分主要来自汗液,通过出汗进行蒸发散热成为唯一有效的散热方式。在这种情况下,辐射、传导和对流方式的热交换已不能顺利进行。汗腺分泌汗液的活动称为发汗。发汗是可以感觉到有明显的汗液分泌,因此又称为可感蒸发或显汗蒸发。汗液必须在皮肤表面蒸发,才能吸收体内的热量,达到散热的效果。如果汗液被擦掉,就不能起到散热的效果。机体发汗的速度受到环境温度、湿度和空气对流的影响,温度越高,发汗速度越快;湿度大,汗液不易蒸发,体热不易散发,会反射性地引起大量出汗;空气对流速度越快,汗液越容易蒸发。

由于机体的一些汗腺是受肾上腺素神经支配的,所以温热刺激和精神紧张都能引起发汗。温热环境引起的汗腺分泌汗液称为温热性发汗;由精神紧张或情绪激动引起的汗腺分泌汗液称为精神性发汗。精神性发汗是通过大脑皮层运动区,与气温和体温无关,即所谓"冷汗"。

引起温热性发汗的主要因素:一是温热环境刺激皮肤中的温觉感受器,冲动传入至发汗中枢,反射性引起发汗;二是温热环境使皮肤血液被加温,被加温的血液流至下丘脑发汗中枢的热敏神经元,可引起发汗。在使役和运动中,温热性发汗和精神性发汗常以混合的形式出现。使役强度和运动也影响发汗速度,强度越大,肌肉产热量越多,发汗量越多。

蒸发散热有明显的种属特异性。马属动物汗腺受交感肾上腺能纤维支配,能够大量出汗；牛有中等的出汗能力，绵羊虽可发汗，但以热喘呼吸散热为主；鸟类没有汗腺，狗的汗腺在高温下不能分泌汗液，也主要通过热喘呼吸来加强散热。

12.4 体温调节

机体通过神经体液调节，使产热和散热保持在相对平衡状态，保证了体温的相对恒定。例如，在寒冷环境下，机体增加产热和减少散热；在炎热环境下，机体减少产热和增加散热，从而使体温保持相对稳定。

体温调节有两种方式：一种方式是不受意识控制的自主性体温调节，涉及感受温度变化的温度感觉器，由有关传导通路把温度信息传达到体温调节中枢，经过中枢整合后，通过自主神经系统调节皮肤血流量、竖毛肌和汗腺活动，通过躯体神经调节骨骼肌的活动，借内分泌系统改变机体的代谢率。在诸方面的综合作用下，调节机体热量的产生和散失，使体温保持相对恒定。另一种方式是靠行为活动来调节体温恒定的行为性体温调节，如动物冬季到向阳避风的地方，夏日到阴凉通风之处。

12.4.1 神经调节

（1）温度感受器

对温度敏感的感受器称为温度感受器。机体的许多部位存在温度感受器，它们的功能是感受外界环境（实为皮温）和机体内部温度的变化，并将产生的信息传向下丘脑体温调节中枢。根据分布分为外周温度感受器和中枢温度感受器。

外周温度感受器存在于机体皮肤、黏膜和腹腔内脏中。有热感受器和冷感受器两种。它们都是游离的神经末梢，分别感受寒冷或温热的刺激，在皮肤中以冷觉感受器为主，所以皮肤对寒冷的刺激更为敏感。当皮肤温度升高时，温觉感受器兴奋。而当皮肤温度下降时，则冷感受器兴奋。

中枢温度感受器存在于脊髓、延髓、脑干网状结构、下丘脑及大脑皮质运动区与体温调节相关的中枢性温度敏感神经元。根据它们对温度的不同，也可分为热敏神经元和冷敏神经元。

（2）体温调节中枢

调节体温的基本中枢在下丘脑。动物体温之所以能维持恒定，是因为丘脑下部前区的体温调节中枢起着决定作用。当外界温度升高时，直接刺激皮肤的温度感受器。这些感受器受到热的刺激而兴奋，产生神经冲动，传到体温调节中枢，通过外周神经传到所支配的器官，结果引起皮肤血管扩张，温度升高，散热过程加强。同时，甲状腺、肾上腺的分泌减少或停止，机体代谢降低，产热减少，使体温不随外界温度的升高而变化。反之，当外界温度降低时，皮肤内的感受器接受了寒冷的刺激而兴奋，产生冲动传到体温调节中枢。体温调节中枢产生冲动减少，使体内散热过程抑制，产热过程兴奋，结果引起骨骼肌紧张性增强，皮肤血管收缩，血流量减少，皮肤温度降低，热的散发减少。同时，甲状腺和肾上腺分泌量增加，代谢加强，产热增多，使体温不会随外界的温度降低而下降。

12.4.2 体液调节

由于机体的代谢强度和产热量受到体内一些激素的影响，所以一些内分泌腺及其分泌的激素和体温调节有密切的关系。

（1）甲状腺激素

甲状腺激素是由甲状腺分泌的含碘化合物，这种激素可加速细胞内的氧化过程，促进分解代谢，产热量增加。1mg甲状腺激素可使机体产热量增加4 186.80kJ。动物长时间处在寒冷环境中，散热增加，需要缓慢而持久地加强产热，这时，通过神经和体液调节，甲状腺激素分泌增加，于是代谢率提高，以适应低温环境。

（2）肾上腺素

肾上腺素是肾上腺髓质分泌的胺类激素，它能促进糖和脂肪的分解代谢，促使产热量增加。动物突然进入冷环境时，由于寒冷刺激，通过交感神经兴奋，促使肾上腺髓质分泌肾上腺素，进而使细胞代谢增强，产热增加。

12.4.3　机体对冷热的体温调节过程

体温能维持相对恒定的状态，是内环境保持稳定的一种表现，当体内温度发生变化时，机体通过体内温度调节系统，发出控制信息以调节产热和散热过程，以维持体温的相对稳定。

12.4.3.1　散热的调节反应

（1）循环系统的调节反应

通过辐射、传导和对流等物理散热机制所散失热量的多少，取决于皮肤和环境之间的温度差，而皮肤温度则由皮肤血流所控制。机体的体温调节机构通过交感神经系统控制着皮肤血管的口径，增减皮肤血流量以改变皮肤温度。寒冷时，体温调节中枢经交感神经的传出信息增加，使皮肤血管收缩，皮肤血流量减少，皮温降低。皮肤和环境之间温差减小，于是传导、对流、辐射散热减少。

（2）汗腺分泌

汗腺分泌汗液的活动称为发汗。发汗是气温高于皮肤温度情况下机体有效的散热途径。机体处于炎热环境中时，汗液蒸发可放散掉大量体热，使体温不致骤升。所以，发汗是减少体内淤热的重要体温调节反应之一。机体随外界环境的变化和机能状态的不同而调节着发汗，汗腺受交感神经支配，控制汗腺的神经中枢在下丘脑。

12.4.3.2　产热的调节反应

机体处于寒冷环境中时，散热量显著减少，此时机体便增加产热以维持体温。

动物在寒冷环境中主要依靠寒战来增加产热量。产热中枢通过躯体运动神经使骨骼肌的肌紧张性加强，肌肉寒战增加产热量，这种形式的产热叫作寒战性产热。寒战之前，先出现肌紧张性增强，如果寒冷刺激持续作用，使在肌肉紧张的基础上出现肌肉寒战，产热量大大增加，这样就维持寒冷环境下的体热平衡。引起寒战的指令信息是由下丘脑发出的。

动物还有行为性体温调节机制，如寒冷时采取蜷缩姿势或集堆以减少散热面积，仔猪和小鸡主动趋向热源等。

12.4.3.3 热平衡破坏

(1) 高温时热平衡破坏

动物通过增加散热、减少产热的体热调节以适应高温环境。但加快呼吸和血液循环以增加散热的同时，会增加机体产热，故动物在高温时的体热平衡区较低温时窄得多。在体热调节机能不足以排除体内多余热量时，体温开始升高，产热反而增加，加速了体热平衡的破坏。当外界温度过高，或作用时间过长时，可引起一系列生理机能失常。在此情况下，动物呼吸变浅、变快，进而出现热性喘息。体内血液重新分配，内脏贫血而周围血管充血，心跳加快，心脏负担加重。消化系统因氯离子的丧失和胃蠕动减弱，造成食欲减退、消化不良及其他胃肠道疾病。泌尿系统尿液浓缩，甚至尿中出现蛋白、红细胞等现象。

在高温条件下，体温升高是体温调节障碍、机体内积热的标志。通常可根据在炎热环境中机体体温升高的幅度作为评定动物的耐热性指标。动物中以绵羊的耐热能力最强，牛和猪较差。当哺乳动物体温升高到 43~44℃ 时，即陷入昏迷，最后衰竭而死。鸟类较耐高温，鸡体温的安全界限为 45℃，这种由高温造成生理失常甚至死亡的现象，称为热射病。

(2) 低温时热平衡破坏

动物对低温的适应能力要比高温强得多。如果饲料供应充足，动物有自由活动机会，低温对动物热平衡的影响较小。当低温时间过长，温度过低，超过动物代谢产热最高限度时，可引起体温下降，代谢率也随之下降，脉搏、呼吸变慢，尿量增加，抵抗力降低，最后因呼吸及血管麻痹而死亡。局部表现为风湿病和关节炎，以及耳、尾、四肢等少毛末梢部位冻伤。营养不良、老弱幼仔、被毛稀疏、饲养密度低、无垫草、贼风、汗后露风、落水等情况都可加重低温的不良影响。

>>> 练习与思考

1. 体温波动受哪些因素影响？
2. 动物体温为什么需要维持相对恒定？
3. 动物在寒冷时是如何调节体温的？
4. 动物热平衡破坏会有哪些表现？

项目十三
家禽解剖生理特征观察

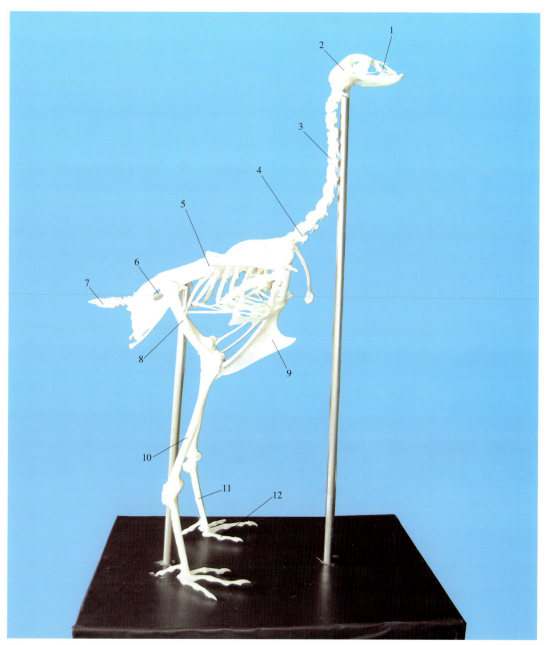

图 13-1 鸡全身骨骼

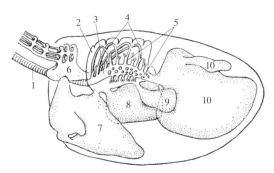

图 13-2 鸡的肺及气囊模式图

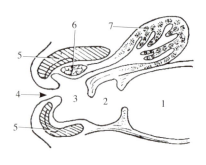

图 13-3 泄殖腔正中矢状面图

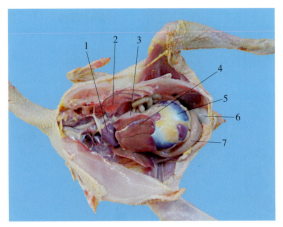

图 13-4 鸡内脏展示

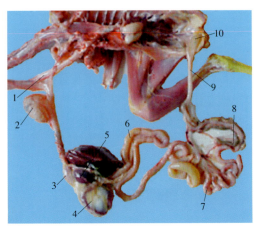

图 13-5 鸡的消化系统

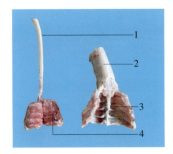

图 13-6 鸡肺部

图 13-7 鸭呼吸器官

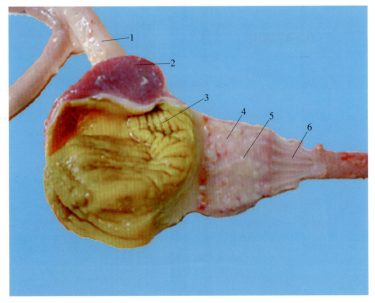

图 13-8 鸡胃黏膜

项目十三　家禽解剖生理特征观察

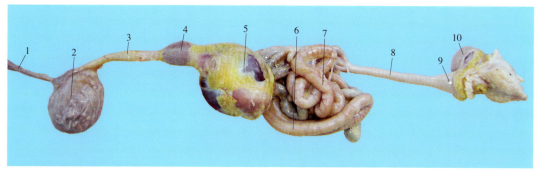

图 13-9　鸡的消化器官

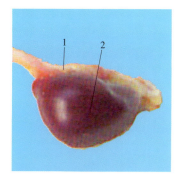

图 13-10　鸡的脾脏

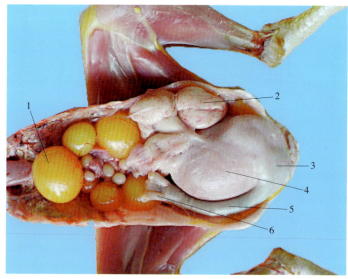

图 13-11　母鸡生殖器官

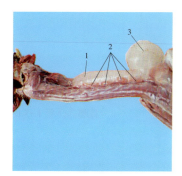

图 13-12　鸡颈部

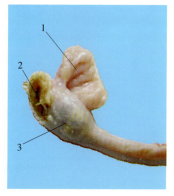

图 13-13　鸡泄殖腔

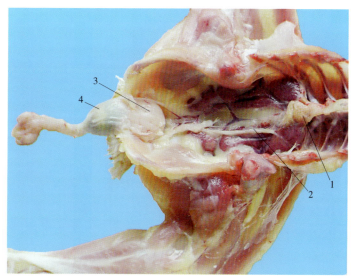

图 13-14　鸡卵巢

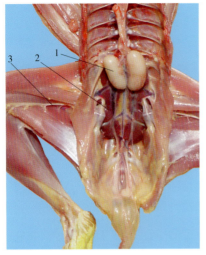
图 13-15 鸡睾丸和肾

图 13-16 鸡子宫、卵巢

图 13-17 鸡子宫

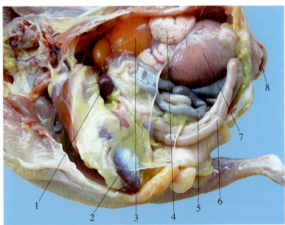
图 13-18 母鹅的内脏

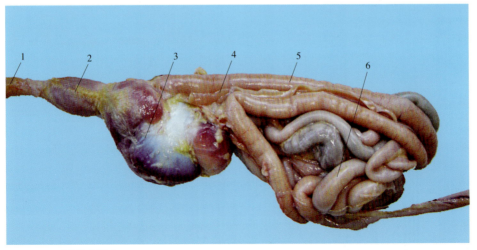
图 13-19 鸡的消化器官

项目十三 家禽解剖生理特征观察

任务一 家禽的解剖结构图片识别

【任务说明】

将学员随机分成小组,各小组在教师规定时间内利用后面的"基础知识"或网络找出本项目解剖结构图片中标号所代表的解剖名称并使每位组员熟记。实施过程中组员经过讨论也不能解决的问题可以请教老师。教师可以根据学习对象以及课时量选用不同的图片。

【任务内容】

每位成员均能独立说出标号所代表的解剖结构名称及其生理特点。

【考核要求】

各小组任务完成后由教师随机抽取 1~2 名成员介绍图片中标号所代表的名称,被抽取成员的成绩计入小组所有成员的平时成绩。

任务二 家禽的解剖结构标本识别

【目的要求】

通过对鸡的解剖观察,掌握消化、呼吸、泌尿、生殖器官的形态结构和位置,认识各内脏器官,学会鸡的解剖方法。

【任务材料】

成年公鸡、母鸡或公鸭、母鸭或雄鹅、雌鹅,仔鸡或仔鸭或仔鹅。解剖器械、搪瓷盘、细胶管(或玻璃管,直径约0.5cm)、盆。

【方法步骤】

①把鸡颈动脉放血致死后,仰卧放于搪瓷盘内。用水把颈、胸、腹部羽毛刷湿,以免毛飞扬。

②自喙尖开始沿颈、胸的腹侧剪开皮肤至肛门,并向两侧剥离至左右翼和后肢与躯干相连处。

③自胸骨后端至泄殖腔剪开腹壁,再由此切口沿胸骨两侧缘及肋骨中部向前剪至锁骨,并剪断心包韧带与胸骨间的联系,然后把胸骨翻向前方(注意勿伤气囊)。

④由喉口插入细胶管(或玻璃管)慢慢吹气,观察各气囊的位置与形状,然后剪除胸骨。

⑤主要器官的观察

● 消化器官、心脏和脾:观察口腔、咽、食管、嗉囊、胃(腺胃、肌胃)、小肠(十二指肠、空肠、回肠)、大肠(盲肠、直肠)、肝、胰、心脏、脾、泄殖腔的位置和结构。然后在食管与腺胃相连处剪断,再切离肝与周围器官的联系,把消化器官及脾从体腔内取出。

● 呼吸器官:观察喉、气管、鸣管(鸭)、支气管及肺的位置和结构。

● 泌尿器官:观察肾的位置和结构。

●生殖器官：观察公鸡睾丸的位置；母鸡卵巢、输卵管的位置和结构。
●胸腺和法氏囊：观察颈部皮下胸腺和泄殖腔背侧法氏囊的形态特征。

【考核要求】

以小组为单位考核，随机抽取小组成员指认标本上的主要器官并介绍其解剖生理特征，并能和家畜的解剖生理特征进行比较，找出不同点，考核成绩作为全组成员的成绩。

基础知识

家禽包括鸡、鸭、鹅和鸽等，属于脊椎动物的鸟纲，与哺乳动物相比有自己独特的解剖生理特点。家禽体型一般较短而深，水禽则稍长而似船形，头能灵活运动，前肢变为翼，后肢与躯干形成坚固的连接和关节，有利于跳跃、行走和划水等。了解家禽的解剖生理特点，对正确饲养家禽、认识家禽疾病以及提出合理的治疗方案和有效预防措施都有重要的意义。本章以鸡为重点，阐述家禽的解剖生理特征。

13.1 被皮系统

被皮系统由皮肤和皮肤衍生物构成，主要机能是保护禽体内的器官不受外界机械因素的侵袭，调节体温、排泄废物及感觉外界刺激等作用。

13.1.1 皮肤

家禽的皮肤较薄，由表皮和真皮构成。皮下组织与肌肉的联系较松，有利于羽毛活动。水禽胸腹部皮肤具有发达的皮下脂肪，在水中起保温作用。禽的皮肤无汗腺，这是对空中活动的一种适应，因汗液会将羽浸湿而不利于飞翔。禽的皮肤还有一些固定的皮肤褶，在翼部为翼膜，在水禽趾间有蹼，翼膜用于飞翔，蹼用于划水。

13.1.2 皮肤衍生物

禽类皮肤的衍生物主要包括羽毛、喙、冠、肉髯、耳垂、鳞片、爪和尾脂腺等。

(1) 羽毛

羽毛是皮肤的衍生物，根据羽毛的形态可分为正羽、绒羽和纤羽。正羽的构造比较典型，有一根羽轴，下部为羽根，着生在皮肤的羽囊内；上部为羽茎，两侧具有羽片。绒羽的羽茎细，羽枝长，主要起保温作用。纤羽细小，只在羽茎顶部有少数羽枝。鸡、鸭和鹅属于早成鸟，幼雏孵出时全身即被覆有毛状的绒羽，到一定时期脱换为成羽。此后每年脱换1～2次，称为换羽，通常发生于春季或秋季。换羽时体内代谢率增加而生产率下降。养禽业常采取人工强制换羽以加速换羽过程，提高产量；或使换羽同步化，便于管理。鸽则属晚成鸟，幼鸽孵出时皮肤基本是裸露的。羽的颜色和图案由遗传性决定，具有品种特征。

(2) 尾脂腺

禽类皮肤缺乏皮肤腺，但有一对尾脂腺，位于尾综骨背侧，成对。鸡的尾脂腺较小，呈豌豆形，水禽的较发达，呈卵圆形。尾脂腺分泌物中的麦角固醇在紫外线作用下能变为维生素 D，可被皮肤吸收利用。禽类常用喙将其分泌物涂布在羽毛上起润泽作用。

（3）其他皮肤衍生物

头部的冠、肉髯和耳垂，都是皮肤的衍生物。冠的表皮薄，真皮厚，健康鸡的冠质地细致，柔润光滑，因真皮浅层含有许多毛细血管丛而呈鲜红色。肉髯和耳垂的构造与冠基本相似。喙、鳞片、爪等均是由表皮角质层加厚所形成的，特别是鸡的喙因高度钙化而显得特别坚硬。为了防止鸡相互啄，在 6～10 日龄借助专用器械将喙尖端断去。

13.2 运动系统

13.2.1 骨骼

禽类骨骼的主要特征是质量轻、强度大。这是由于禽类骨密质非常致密，一些骨相互愈合，形成了牢固的骨架，因而强度大。质量轻是由于气囊扩展到许多骨的内部，取代了骨髓，成为含气骨所致。但幼禽，几乎全部骨都含有骨髓。家禽的骨骼可以划分为头骨、躯干骨、前肢骨（又叫翼部骨骼）和后肢骨 4 部分。

（1）头骨

家禽的头骨也包括颅骨和面骨两部分。其颅骨在早期已愈合为一体，面骨较轻，无齿。上颌各骨联合形成上喙的支架，与颅骨间有活动性。而下颌骨形成下喙的基础。下颌骨与颞骨之间有特殊的方骨，它通过翼骨、腭骨以及颧弓与上喙相连。当开张或闭合口腔时，可同时升、降上喙，以使口腔开张更大。

（2）躯干骨

躯干骨由脊柱、肋骨和胸骨组成。脊柱由一连串的椎骨构成并形成椎管，内藏脊髓。颈部的椎骨多而发达，一般有 14 个以上，因而颈部活动灵活，便于飞翔、采食和梳羽。胸部和腰荐部的椎骨常大部分互相愈合，活动性小而稳固性大。尾椎相互愈合成尾综骨，支持羽毛和尾脂腺。除前 1～2 对肋骨外，每一肋骨由胸肋和椎肋构成，每一肋骨的胸肋与椎肋形成一定角度。除最前和最后 1～2 对肋骨外，椎肋骨都有一钩突与后一肋骨相连，使胸廓比较牢固。胸骨又叫龙骨，非常发达，供强大的胸肌附着，同时又起到协助不发达的腹肌保护内脏的作用。胸骨末端与耻骨末端的距离叫作胸耻间距。

（3）前肢骨

家禽的前肢演变为翼，由肩带部和翼部组成。肩带部包括肩胛骨、乌喙骨和锁骨。肩胛骨狭长，与脊柱平行。乌喙骨是家禽所特有，下端与胸骨形成牢固的关节。两侧锁骨的下端相愈合，常合称为叉骨。翼骨由臂骨、前臂骨（包括桡骨和尺骨）和前脚骨组成。臂骨近端有一气孔与锁骨间气囊相通，故为含气骨。前肢骨以坚强的乌喙骨与胸骨相接，两侧的翼骨在平时折曲而贴在胸旁，起飞时能迅速展开。

（4）后肢骨

后肢骨由盆带部和腿骨组成，以盆带部与脊椎的腰荐骨形成广泛而牢固的骨性结合，适应后肢支撑体重。盆带部包括髂骨、坐骨和耻骨。禽骨盆的底部是开放的，即左右耻骨和坐骨不相连接，便于产卵。胸耻间距、两耻骨间的耻骨间距，是衡量禽的产蛋性能的一个标志。腿骨由股骨、膝盖骨、小腿骨（包括胫骨和腓骨）和后脚骨组成。后脚骨包括跗跗骨和趾骨。家禽的跗骨不独立存在，它分别与胫骨和跖骨相愈合。公鸡跖骨上有发达的距突，趾有4个，第一趾向后。

13.2.2 肌肉

禽体的肌肉体重的30%~40%，可分红肌和白肌两类，其颜色是由其中的肌红蛋白、线粒体的含量所决定的。红肌的血液供应丰富，能较持久地进行收缩活动，善于飞翔的禽类和水禽体内大都是红肌。白肌的收缩作用迅速而有力，但不持久，鸡和火鸡的胸肌属于白肌。家禽的全身肌肉以作用于翼的胸肌和作用于后肢的腿肌最发达，同时有一条特殊的栖肌。有的禽类的胸肌可占到肌肉总重的1/2以上，胸肌中的胸大肌将翼向下向前扑动，胸小肌(又称乌喙上肌)则将翼向上向后提举，两肌交互作用，使翼能连续上下运动，同时也是临床上肌肉注射的主要部位之一。腿部还有一条特殊的栖肌，位于股部内侧，当鸡栖息而蹲下时，膝关节因体重而屈曲，栖肌肌腱紧张，经趾浅屈肌将跗关节和趾关节同时屈曲起来，能牢固地攀持栖架，睡眠时也不致跌落。禽没有类似哺乳动物一样的膈肌，所以禽类的胸腔和腹腔是相通的。

13.3 呼吸系统

禽的呼吸系统由鼻腔、咽、喉、鸣管、气管、肺及和气囊组成。气囊和鸣管都是家禽特有的器官。

13.3.1 鼻腔

鼻腔由鼻中隔分为左、右两半，内有前、中、后3个鼻甲。眶下窦是唯一的鼻旁窦，呈三角形，位于眼球的前下方。眼球上方有特殊的鼻腺，有导管开口于鼻腔，鸡鼻腺不发达。水禽的鼻腺能分泌大量的氯化钠，具有补充肾的排盐作用，维持体内盐和渗透压平衡的机能，故又称为盐腺。

13.3.2 喉

喉位于咽底壁，与鼻孔相对。喉软骨只有环状和勺状软骨两种，被固有喉肌连接在一起。喉口为一纵向裂缝，吞咽时可因肌肉收缩而闭合。周围黏膜上还有乳头，有防止食物误入气管的作用。喉内没有声带，不是发音器官。

13.3.3 气管和鸣管

气管较粗而长，是禽体发散体热的重要地方。壁内有许多气管环构成支架，并顺次互相套叠，因此能够随头颈的活动而任意伸缩和扭动。鸣管是禽类的发音器官，由数个气管环和支气管环以及一块鸣骨构成。公鸭鸣管形成膨大的骨质鸣泡，故发音嘶哑。

13.3.4 肺

禽肺呈鲜红色，左、右各一叶。肺的壁面紧贴在胸壁和脊柱上，肺组织嵌入肋间隙内，肺腹侧面被覆有胸膜。支气管入肺后纵贯全肺，称为初级支气管，后端出肺，通入气囊。从初级支气管分出次级支气管,再从次级支气管上分出三级支气管,相邻的三级支气管间吻合。因此,禽肺内的导管部不像哺乳动物那样形成支气管树,而是互相连通的管道。从三级支气管分出辐射的肺房,相当于其他动物的肺泡,是气体交换的场所。

13.3.5 气囊

气囊是禽类特有的器官,是初级支气管或次级支气管出肺后形成的黏膜囊,多数与含气骨相通。大部分家禽共有9个气囊,即1对颈气囊(鸡是1个),位于前部背侧;1个锁骨间气囊,位于腹前部腹侧;1对前胸气囊,位于两肺的腹侧;1对后胸气囊,位于肺腹侧后部;1对腹气囊,最大,位于腹腔内脏两旁。

气囊是家禽特有的器官,在双重呼吸运动中主要起着空气储备作用。双重呼吸即在吸气时,新鲜空气进入肺毛细管进行气体交换,一部分直接储入后群气囊,而肺内已通过气体交换后的空气则转送入前群气囊;呼气时,前群气囊中的气经气管排出体外,而后群气囊里的新鲜空气又可送入肺进行气体交换。这样吸气和呼气时都能进行气体交换,从而大大增加了肺的通气量,提高了肺内气体交换的效率。此外,它还有调节体温、减轻重量、增加浮力等多种功能。气囊在某些传染病中常发生病变。

13.4 消化系统

家禽的消化系统由消化管和消化腺两部分组成。消化管包括口咽、食管、嗉囊、腺胃、肌胃、小肠、大肠、泄殖腔及肛门;消化腺主要包括胰和肝。

13.4.1 口咽

家禽口腔和咽腔直接相通,无唇、齿、软腭和舌肌。上、下颌表面是喙,为主要的采食器官,因食物性质和采食方法不同而有较大变异,如鸡和鸽的喙为尖锥形,被覆坚硬的角质,便于啄食;鸭和鹅的喙长而扁,大部被覆柔软的蜡膜,边缘则形成锯齿状的横褶,在水中采食时具有过滤作用。口腔内有许多小的唾液腺,开口于口腔顶壁和底壁的黏膜上。口咽顶壁中部有一裂隙,为鼻后孔。其后方有咽鼓管口。

由于家禽采食后很快下咽,口腔的消化作用不大。吞咽动作主要靠抬头伸颈,借助舌的运动和食物的重力,把食物由口咽推向食管。

13.4.2 食管和嗉囊

家禽食管宽大,富有弹性。食管最初位于气管的背侧,然后转到气管的右侧,与之并行。在颈的后半段,气管和食管一起转到颈部的右侧面。胸段食管位于两肺之间、心脏的背侧。食管黏膜分泌黏液,这些都有利于较大的和未经咀嚼的食物通过。

鸡食管在胸前口处有一膨大,称为嗉囊;鸭、鹅没有真正的嗉囊,仅扩大成纺锤形结构;鸽的嗉囊可分泌鸽乳,用以哺乳幼鸽。

嗉囊的主要机能是储存食物,并借黏液的作用软化、浸泡食物,同时黏液的弱酸性和适宜的湿度适合细菌(主要为乳酸菌)的生长繁殖。糖类物质在嗉囊内经细菌和唾液淀粉酶的作用可进行初步消化。

13.4.3 腺胃和肌胃

腺胃又称前胃，位于腹腔的右侧，两肝叶之间，呈纺锤形。腺胃经前面狭窄的贲门通食管，后接肌胃。腺胃黏膜表面分布有乳头，鸡的较大，鸭、鹅的较小、较多。胃壁内含有大量的胃腺，可以分泌胃液，胃液中含有黏液、盐酸和胃蛋白酶。腺胃可推动食物在腺胃和肌胃之间来回移动。

肌胃又称砂囊，位于腹腔偏左，前部腹侧是肝，呈双面凸的圆盘状，经前背侧的腺肌胃口接腺胃，由右侧幽门通十二指肠。肌胃的肌层发达，内腔较小。肌胃黏膜面被覆一角质膜，鸡的为黄白色，易剥离，中药名为鸡内金，鸭的呈黄白色，不易剥离。肌胃不分泌胃液，内容物相当干燥，其中包含砂石。由于肌胃强有力的收缩和其中砂石的作用，起到了代替牙齿研磨食物的机能，同时也供给了身体所需的矿物质，在鸡的育成期喂给一定的砂石，有利于提高鸡对饲料的消化利用。

13.4.4 小肠

小肠分十二指肠、空肠和回肠。十二指肠起始于幽门，向后延伸形成降袢，再折返回来，形成升袢。两袢间为胰。胰管、肝管和胆管由肠袢入肠腔。十二指肠向后为空肠。空肠由多个肠袢组成，被空肠系膜悬吊于腹腔右侧。空肠中部有一小突起叫作卵黄囊憩室，是胚胎时期卵黄囊柄的遗迹。回肠与盲肠等长，两者间有韧带相连。故空、回肠间分界，以展平的盲肠顶端之间连线为标志。小肠黏膜分布有肠腺，但无十二指肠腺。绒毛可具有分支，无中央乳糜管，脂肪吸收后入肝门脉循环。

13.4.5 大肠

大肠分盲肠和直肠。盲肠有两条，长而粗，沿回肠两侧向前延伸。盲肠可分为盲肠基、盲肠体、盲肠尖3个部分。禽没有明显的结肠，只有一短的直肠，又称为结-直肠。

大肠的消化主要部位在盲肠。盲肠内主要由微生物对粗纤维进行酵解，产生低级脂肪酸加以吸收利用。同时，也可以对蛋白质、脂肪和糖类进行分解。直肠对消化的作用不大，能吸收部分水分和盐类，主要作用是形成粪便。粪便形成后排入泄殖腔与尿混合后排出体外。

13.4.6 泄殖腔

泄殖腔位于直肠后方，为一椭圆囊。它是消化、泌尿和生殖三大系统末端的共同通道。从泄殖腔的内部黏膜面，可将其分为粪道、泄殖道和肛道3个部分。前部是粪道，中部是泄殖道，二者间以环形黏膜褶为界。输尿管、输精（卵）管均开口于泄殖道顶壁。后部为肛道，与泄殖道之间以半月形褶为界，顶壁有腔上囊的开口。肛道后部通肛门。

13.4.7 肝和胰

肝脏是家禽体内最大的消化腺，位于腹腔前下部，分左、右两叶，右叶较大，具有胆囊（鸽无胆囊）。成禽肝脏为淡褐色至红褐色。肝门位于脏面横凹内，左叶自肝门发出肝管通向十二指肠，右叶肝管注入胆囊，由胆囊发出，胆管开口于十二指肠。胰腺位于十二指肠升、降袢之间，呈淡黄色或淡红色，可分为背叶、腹叶和脾叶。

13.4.8 吸收

营养物质的主要吸收地点在小肠。由于小肠绒毛中无中央乳糜管，脂肪以及营养物质都是直接吸收入血液。母禽在产蛋期间，肠吸收钙的能力加强。嗉囊、盲肠只能吸收少量水分、无机盐和挥发性脂肪酸，直肠和泄殖腔只能吸收较少的水分和无机盐，胃的吸收能力更差。家禽的肠道长度与体长比值比哺乳动物的小，食物从胃进入肠后，在肠内停留时间较短，一般不超过一昼夜，食物中许多营养成分还未经充分消化吸收就随粪便排出体外，人们常用禽类（鸡）的粪便养鱼或喂猪。添加在饲料或饮水中的药物也同样如此，较多的药物尚未被吸收进入血液循环就被排到体外，药效维持时间短，因此在生产实际中，为了维持较长时间有效浓度的药效，常常需要长时间或经常性添加药物才能达到目的。

13.5 循环系统和淋巴系统

13.5.1 循环系统

家禽心血管系统由心脏、血管和血液组成。与其他动物相比，心脏重占体重的相对比例较大，占4%~8%。哺乳动物心脏重占体重的比例不到1%。禽心脏位于胸腔的腹侧，心基部朝向前背侧，与第1肋相对，心尖斜向后，正对第5肋骨。禽心脏构造与哺乳动物相似，其特点是：右心房有一静脉窦；右房室口上不是三尖瓣，而是一个肌瓣，无腱索。

禽的血管系统也包括动脉和静脉。家禽的动脉特点是主动脉弓偏右；颈总动脉位于颈椎腹侧中线肌肉深部；坐骨动脉较粗，是供应后肢的主要动脉；肾动脉有前、中、后3支，肾前动脉直接发自主动脉，肾中、后动脉发自坐骨动脉。家禽的静脉特点是两条颈静脉位于皮下，沿气管两侧延伸，右颈静脉较粗；臂静脉位于臂部内侧，又称翼下静脉，是临床上禽类采血与静脉注射的部位；具有左、右两条前腔静脉；两髂内静脉间有一短的吻合支，由此向前延为肾后静脉，其向前与由股静脉延续而来的髂外静脉汇合成髂总静脉，两侧髂总静脉合成后腔静脉；肝门静脉有左、右两支；肠系膜后静脉是肝门静脉的一个属支，将体壁静脉与内脏静脉联系一起。

禽类血液总量约占体重的8%。禽红细胞呈椭圆形，有细胞核，寿命只有30~45 d。禽无血小板，有凝血细胞参与凝血过程。心搏频率远高于哺乳动物，每分钟达200（鸽、鸭和鹅）~300次（鸡），孵出不久的幼禽高至300~560次。

13.5.2 淋巴系统

淋巴系统由淋巴组织和淋巴器官组成。淋巴器官包括胸腺、法氏囊、脾、淋巴结和哈德氏腺等。

淋巴组织广泛分布于消化管及其他实质性器官内，有的呈弥漫性分布，有的呈小结节状。盲肠壁内有淋巴组织聚集，形成盲肠扁桃体，禽患某些传染病后此处常形成明显的病变。

胸腺位于颈部皮下气管两侧，向后延续到胸腔入口，主要机能是产生 T 细胞参与细胞免疫。

法氏囊又称腔上囊，为禽类所特有，位于泄殖腔上方并与泄殖腔相通，主要机能是产生 B 淋巴细胞参与体液免疫。鸡传染性法氏囊病主要侵害此部位，引起家禽免疫抑制，导致早期的免疫接种失败和对病原微生物的易感性增强。胸腺和腔上囊都是初级淋巴器官，幼禽孵出时即存在，到性成熟前发育最大，此后逐渐萎缩。

脾位于腺胃与肌胃交界处的右背侧，鸡的脾呈球形，鸭、鹅的脾呈钝三角形，棕红色，脾除具有免疫机能外，还具有制造和贮存血液的机能。哈德氏腺又称瞬膜腺，富含淋巴样细胞，作为一种局部免疫器官，对上呼吸道等处的免疫有重要作用。鸡没有淋巴结；鸭等水禽有两对，一对是颈胸淋巴结，呈长纺锤形，位于颈基部，紧贴颈静脉，另一对是腰淋巴结，呈长条状，位于肾与腰荐骨之间的主动脉两侧，胸导管起始部附近，常被肾前部掩盖。淋巴结的主要作用是产生淋巴细胞，吞噬进入淋巴结内的细菌与异物，参与免疫活动。

13.6 泌尿系统

禽类的泌尿器由肾和输尿管组成，没有膀胱。尿在肾生成后经输尿管入泄殖腔随粪便一同排出体外。

13.6.1 肾

家禽的肾较发达，呈红褐色，长条豆荚状，位于腰荐骨两侧的凹窝内。每侧肾分前、中、后三叶。禽肾无肾门，肾的血管和输尿管直接从肾表面进出。

13.6.2 输尿管

禽的输尿管前连肾前叶的集合管，后通泄殖腔，开口于泄殖道前背侧的两边。与哺乳动物不同，禽类蛋白质代谢的终产物在肝内主要合成尿酸而不是尿素，由血液带到肾内，以分泌的方式排出。尿酸几乎不溶于水，排出时无须大量水分，因而既可减少体内水分丧失，又无须膀胱贮存，有利于减轻体重。尿呈乳白色或乳黄色，经输尿管直接输送到泄殖腔，最后因水分再次被吸收而成半固体状，常与粪一起排出。

13.7 生殖系统

13.7.1 雄性生殖系统

雄性生殖系统包括睾丸、附睾、输精管和交配器官。与哺乳类有明显的区别：雄性睾丸在腹腔内；附睾不发达；阴茎不发达；无副性腺。

家禽的睾丸一对，位于腹腔内，以系膜悬挂于肾的前腹侧，卵圆形，表面光滑。其大小随年龄和季节变化。幼禽睾丸米粒大，淡黄色；成年时长大，在生殖季节可大如鸡蛋，呈白色。鸡睾丸位于最后两肋骨上端。禽附睾呈纺锤形，附于睾丸背内缘。输精管自附睾后端发出，白色，高度曲折，沿脊柱两侧、肾腹侧面与输尿管并行，末端开口于泄殖道顶壁的射精管乳头。雄禽的交配器官随品种不同而异，但均由阴茎体、淋巴褶和输精管乳头附近的泄殖腔旁血管体等组成。公鸡交配器不发达，公鸭和公鹅阴茎较发达，鸽无交配器。刚出壳的雏鸡阴茎体较明显，常可用来鉴别出生后的雏鸡性别。

13.7.2 雌性生殖系统

雌性生殖器包括卵巢和输卵管。其特点是：只有左侧的卵巢和输卵管发达，右侧已退化；无发情周期，可每天排卵；卵巢在排卵后不形成黄体；受精后没有怀孕期；受精卵在雌性体内发育到胚胎期，产卵后停止发育；胚胎在体外经孵化发育为幼禽；不需哺乳。

卵巢位于左肾的前下方，以短的系膜挂在左肾前叶的腹侧。卵巢的体积和形态随年龄的增长和机能状态的变化而有较大变化。雏禽的卵巢较小，表面略呈颗粒状。产蛋鸡的卵巢为葡萄状，上有大小不等、正在发育成熟的和未成熟卵泡。家禽接近性成熟时，卵泡开始迅速生长。排卵前7d内，卵的质量可增长16倍成为蛋黄。蛋黄的颜色可随饲料中叶黄素含量和食入总量的不同而异。当卵泡成熟时，卵泡膜无血管区的排卵点破裂引起排卵。输卵管既是输送卵的管道，又是卵受精的场所，也是受精卵开始卵裂和蛋壳形成的地方。精子和卵在其中靠输卵管的蠕动而移动。

输卵管在母鸡产卵季节很发达，长可达60~70cm。按其结构与机能不同，输卵管可分为漏斗部、膨大部、峡部、子宫部及阴道部5部分。

漏斗部：朝向卵巢，黏膜形成低褶，边缘薄而形成伞状，故又称输卵管伞部。它有摄取卵的机能，卵子在此停留15~25min，并在此受精。

膨大部：又称蛋白分泌部，长而弯曲，黏膜形成略呈螺旋形的纵襞，在繁殖期呈乳白色，有分泌蛋白质的作用。当蛋黄经过此处形成系带、浓蛋白和稀蛋白层，约需要3h。

峡部：较狭窄，腺体分泌少量蛋白，形成纤维性蛋壳膜。

子宫部：较膨大，管壁厚而富有肌肉，呈扩张状态。黏膜内有壳腺，能分泌碳酸盐，形成蛋壳及色素。软蛋在此处停留时间最长，约20h形成蛋壳。

阴道部：为输卵管的末段，是雌禽的交配器官，开口于泄殖腔的左侧。黏膜面在子宫阴道连接部有管状的阴道腺，叫作精小窝，能贮存精子。黏膜内有腺体，分泌物在卵壳的表面形成一层致密的角质膜，有防止蛋水分蒸发、润滑阴道部、阻止微生物侵入等作用。

蛋形成之后，在输卵管的强烈收缩下经泄殖腔排出体外。家禽产蛋大多数是连续的，连续数天后，中断1~2d，然后又连续数天产蛋，如此循环称为产蛋周期。光照是影响禽类产蛋周期的最重要的环境因素，目前在养禽业中，已成功地运用人工延长光照的办法来提高家禽的产蛋率。

就巢性俗称抱窝，为雌禽特有的性行为，是一种遗传特征。抱窝的表现是雌禽的护卵、孵卵和育雏行为。抱窝期间雌禽食欲不振，很少离卵运动和觅食。抱窝期间体重下降，停止产蛋。

>>> 练习与思考

1. 家禽的免疫器官有哪些？简述各自的功能。
2. 简述家禽内脏的解剖生理特征。
3. 结合鸡蛋的形成说明鸡输卵管各部分的机能。

参考文献

陈功义. 2013. 动物解剖[M]. 北京：中国农业出版社.

陈耀星. 2012. 畜禽解剖学[M]. 北京：中国农业大学出版社.

程会昌. 2012. 动物解剖学与组织胚胎学[M]. 北京：中国农业大学出版社.

董常生. 2009. 家畜解剖学[M]. 4版. 北京：中国农业出版社.

刘军. 2012. 动物解剖生理[M]. 北京：中国轻工业出版社.

孟婷，程汉. 2012. 动物解剖生理[M]. 北京：中国农业出版社.

南京农业大学. 2009. 家畜生理学[M]. 3版. 北京：中国农业出版社.

曲强. 2007. 动物生理[M]. 北京：中国农业大学出版社.

曲强，程会昌，李敬双. 2012. 动物解剖生理[M]. 北京：中国农业出版社.

王会香. 2008. 动物解剖原色图谱[M]. 合肥：安徽科技出版社.

王会香，孟婷. 2008. 畜禽解剖生理[M]. 3版. 北京：高等教育出版社.

威廉·里斯. 2014. 家畜生理学[M]. 12版. 北京：中国农业出版社.

张庆茹. 2010. 动物生理[M]. 北京：中国农业出版社.